AF564364

DU RÉGIME
CONSTITUTIONNEL

DE L'IMPRIMERIE DE CRAPELET
RUE DE VAUGIRARD, 9

DU RÉGIME
CONSTITUTIONNEL

DANS SES RAPPORTS

AVEC L'ÉTAT ACTUEL DE LA SCIENCE
SOCIALE ET POLITIQUE

PAR

C.-G. HELLO

CONSEILLER A LA COUR DE CASSATION
ANCIEN PROCUREUR GÉNÉRAL A LA COUR ROYALE DE RENNES

« La Charte sera désormais une vérité. »
(*Proclamation du duc d'Orléans, du 31 juillet 1830.*)

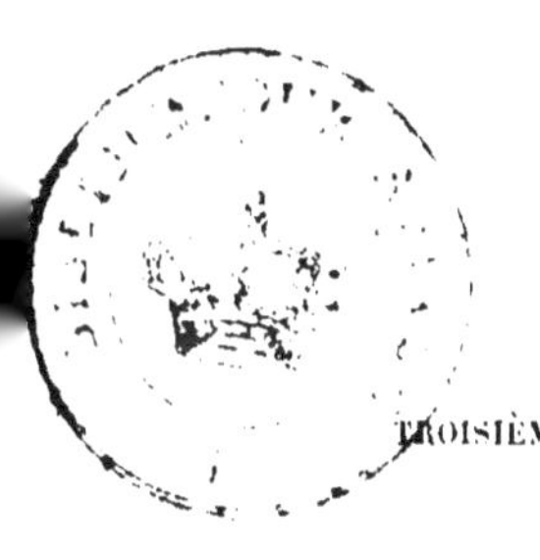

TROISIÈME ÉDITION, ENTIÈREMENT REFONDUE

TOME PREMIER

PARIS
AUGUSTE DURAND, LIBRAIRE
RUE DES GRÈS, 3

1848

TABLE
DES CHAPITRES
DU TOME PREMIER.

PREMIÈRE PARTIE.

TITRE PREMIER.

TITRE DEUXIÈME.

TITRE TROISIÈME.

SECTION PREMIÈRE.

SECTION DEUXIÈME.

SECTION TROISIÈME.

SECTION QUATRIÈME

TITRE QUATRIÈME.

TITRE CINQUIÈME.

TABLE

DES CHAPITRES

DU TOME SECOND.

DEUXIÈME PARTIE.

TITRE PREMIER.

CHAPITRE PREMIER.

CHAPITRE DEUXIEME.

SECTION PREMIÈRE.

SECTION DEUXIÈME

SECTION TROISIÈME.

SECTION QUATRIÈME.

CHAPITRE TROISIÈME.

TITRE DEUXIÈME.

CHAPITRE PREMIER.

SECTION DEUXIÈME.

SECTION TROISIÈME.

CONCLUSION.

FIN DE LA TABLE DES CHAPITRES.

AVANT-PROPOS.

Le régime constitutionnel a deux périodes bien distinctes; elles ont de commun d'être toutes deux militantes; mais elles ne le sont pas de la même manière.

La première a été un long combat livré pour le conquérir; il a fallu l'arracher laborieusement, pièce à pièce, à la violence et à la fraude; nous voici en possession.

Dans la seconde, où nous n'avons encore fait que nos premiers pas, la France étudie sa conquête, et se demande si elle vaut ce qu'elle a coûté. Elle fait son compte, en mettant d'une part les espérances que donnait cette terre promise, et de l'autre les fruits qu'elle porte.

La première période exigeait plus d'enthousiasme et d'abnégation de soi-même ; la seconde veut plus de patience et demande surtout de la sincérité. C'est la reconnaissance après la conquête : épreuve moins agitée et non moins difficile ; moment redoutable pour un grand peuple, où il compte avec sa Révolution, et où, en comparant les effets aux promesses, il risque de découvrir qu'il a traversé un abîme pour embrasser une ombre.

Le roi Louis-Philippe a inauguré la seconde période par un mot auquel toute la France a tressailli :

La Charte sera désormais une vérité.

Jamais crise politique ne fut plus heureusement résumée. Pour deviner avec cet instinct du cœur le secret de notre malaise et son remède, il ne fallait rien moins qu'un prince né de la Charte et pour la Charte, et c'est le singulier bonheur de notre Révolution de 1830. Nous prenons ce mot comme la mesure même des améliorations qu'il annonce. Rechercher la vérité dont il est le précurseur, et qui nous manquait, puisqu'il en fait la promesse, c'est seconder dans sa tâche l'ère qu'il a ouverte, et l'aider à justifier la devise qu'elle en a reçue.

Mais l'œuvre entreprise dans cette pensée se place par cela même sous ses auspices. On ne s'initie pas aux doctrines de la monarchie constitutionnelle, sans apprendre d'elles que, si la responsabilité des fautes se détourne du prince, c'est vers le prince que remontent les prières. Ce n'est point une inconséquence d'écarter le blâme de sa personne, et de la laisser accessible aux vœux des peuples; la Charte se fortifie de tout l'amour qu'elle renvoie au Roi de sa création : « Le mal sera de vous, le bien sera de moi, » disait Charles Ier à Strafford, en l'envoyant en Irlande, et Strafford accepta ce partage, comme la volonté même de la loi. Aussi, dans le cours de ce travail, le premier effet que j'ai ressenti de mes études a été de reporter vers le prince toutes les espérances de l'avenir; il était naturel de lui demander le bien dont le mérite lui est réservé, et il me semblait écrire une pétition sous la forme d'un livre.

Si la logique et la prudence présidaient aux événements de ce monde, les deux périodes se fussent présentées dans un ordre inverse; on eût commencé par s'assurer de la bonté du régime, avant de l'emporter de vive force. Un homme sage n'aventure pas sa fortune et sa vie pour un bien douteux ou inconnu ; mais la destinée d'une nation ne se règle pas sur celle d'un individu ; une nation se risque sur le seul pressentiment de la liberté politique, et la perception distincte ne lui en vient qu'après le dévouement ; elle s'embarque pour la liberté, comme Colomb pour l'Amérique ; heureuse de se convaincre que le dévouement n'a pas été en pure perte ! Le rôle de la doctrine ne manque pas alors de grandeur ; selon qu'elle constate la réalité ou la vanité du résultat, elle justifie ou condamne la Révolution.

Deux éditions de cet ouvrage ont été publiées pendant la première période, dans des circonstances dont elles ont gardé l'empreinte :

L'une en 1827, sous le règne de la censure ; l'annonce du livre fut interdite ; un fait parut assez caractéristique pour être recueilli par M. Duvergier de Hauranne, père, dans son traité *de l'Ordre légal,* publié peu de temps après : l'annonce fut interdite sur le titre seul de l'ouvrage ; l'exemplaire déposé au bureau de censure n'avait point été coupé ; il devenait évident que ces simples mots *du Régime constitutionnel* avaient été proscrits ;

L'autre en 1830 ; le coup d'État du 25 juillet était imminent, et l'on pouvait douter que la publication en fût possible; la Révolution lui permit de paraître.

Il n'en est pas ainsi de la troisième, qui est bien moins une édition nouvelle qu'un nouvel ouvrage. Le régime constitutionnel demande désormais d'autres soins. A peine conquis, il a besoin qu'on le défende, et contre des utopies menaçantes, et contre des amitiés indiscrètes qui en jugent également mal les côtés faibles et les avantages, et même contre des préjugés dont le pouvoir n'est pas exempt, et dont il essaye de faire des principes. Nous avons gagné en 1830 de nous accorder sur le titre et le but du gouvernement; la discussion ne se conçoit plus que sur l'harmonie à établir entre nos institutions; la seule question est si l'œuvre de la loi répond à la pensée de la Charte; car, ce que la Charte a promis, c'est à la loi de le tenir; et, dans cette épreuve, les amis de la Révolution seront les juges les plus sévères du régime constitutionnel : ils sentent mieux que personne qu'un bien immense peut seul balancer tant de maux. Cette pensée m'a donné le courage d'être difficile dans le jugement de mes affections politiques, en me faisant une vertu de la sévérité. Quant à ceux qui ne sortent pas du cercle des querelles contemporaines, si le livre ne répond pas pour moi, je n'ai rien à leur dire.

C'est en tremblant que je hasarde un ouvrage de raisonnement et de doctrine au milieu des préoccupations de notre époque ; les principes sont bien froids près des passions égoïstes qui nous tourmentent, et il n'est pas facile d'intéresser l'intelligence, quand le cœur se rétrécit et se dessèche. Toutefois, comme c'est un acte de conscience que j'entends faire, je m'aperçois que la conscience donne plus de courage que l'amour-propre. Et puis, où serait l'utilité de parler au public, si l'on s'interdisait de lui rappeler ce qu'il oublie? Quel serait le moment de chercher le feu sacré sous la cendre, si ce n'était celui où il menace de s'éteindre? Pour avoir le droit, en s'adressant à son siècle, de consulter ses besoins plus que ses penchants, il faudrait, je le sens bien, une autre autorité que la mienne; mais la première des autorités me dispense d'en avoir une qui me soit propre, celle de la vérité que je cherche.

J'aurais pu écrire dix volumes sur le sujet que j'entreprends; il eût été intarissable, si j'avais voulu remonter à la raison des choses, exposer la théorie et faire l'historique de chaque question. Mais le temps et la force m'eussent manqué; et, quand j'aurais eu tout à souhait pour l'exécution de ce plan, la réflexion m'en eût détourné. Ma prétention n'est pas de tout dire sur le régime constitutionnel, mais d'envisager nos lois sous le seul rapport de la garantie des droits de l'homme; cette garantie n'est autre chose que la vérité promise à la Charte; elle en est la définition même. Dans ce but, ma tâche est de passer nos institutions en revue, prenant chaque question au point où elle se trouve, et supposant le lecteur au courant de ce qui la précède. J'y gagne de resserrer dans un cadre étroit les diverses parties de mon sujet, et de les éclairer l'une par l'autre, en les rapprochant. Je voudrais pouvoir faire de mon livre un syllogisme.

J'aurais encore pu prendre le ton de l'enseignement, poser des axiomes, tirer des conséquences; mais je n'ai pas tardé à m'apercevoir que le temps de la méthode géométrique n'était pas venu pour le droit constitutionnel: il en eût été de cette tentative comme de celle de ce scolastique du XIIIe siècle, qui avait calqué un traité de morale sur les règles du jeu d'échecs. Tant s'en faut que la science constitutionnelle en soit à ce degré d'exactitude, que même le caractère et le nom de science ne lui sont pas unanimement reconnus. Ses éléments existent cependant; je le crois, j'en suis sûr; mais, par une fatalité qui tient moins à elle qu'à l'état des esprits, et qui par conséquent sera passagère, elle n'a pas un principe fondamental, pour lequel elle ne soit encore réduite à combattre. On s'apercevra que ma composition en a pris un ton plus polémique que didactique; et j'avoue que je ne m'en suis pas défendu, car j'ai cru sentir en cela un avertissement de mon sujet.

Au moins me suis-je imposé, en courant les hasards de cette épreuve, une loi que je me sens la force d'observer, celle de n'y porter aucun esprit de système, et d'y rester l'homme des principes, des principes tels que je les vois. Pour me raffermir, je m'appuie sur la fonction même que je tiens du prince. La compagnie, à laquelle j'ai l'honneur d'appartenir, était appelée par nos premières constitutions à signaler chaque année les lacunes ou les vices de nos lois, et n'avait été placée dans le voisinage du corps législatif, que pour lui faire entendre sa voix de plus près. A tort ou à raison, ces référés sont tombés en désuétude. Mais M. le procureur général Dupin vient de reconnaître, dans une occasion solennelle[1], que si la démarche collective et officielle ne se fait plus, il n'en reste pas moins à chacun de nous la mission particulière d'étudier les institutions du pays, *ne fût-ce*, a-t-il dit, *qu'au point de vue de la science et de la philosophie du droit.* Je m'autorise de ces paroles. Le citoyen a sans doute assez de son droit pour dire sa pensée; mais quand l'exercice du droit devient à ses yeux une manière d'opiner comme magistrat, l'esprit judiciaire le rend plus sûr de lui-même. Cet auxiliaire à ses côtés, il lui semble qu'un bon génie l'assiste, l'inspire, le tempère. Me croira-t-on, quand je m'engage à écrire sans préoccupation de parti? L'impartialité, que je ne confonds pas avec l'indifférence, et qui veut au contraire qu'on s'émeuve du bien et du mal, l'impartialité dans la politique semblera-t-elle chose possible? Essayons.

[1] Dans le discours de rentrée du 3 novembre 1847.

DU RÉGIME

CONSTITUTIONNEL.

NOTIONS PRÉLIMINAIRES.

De deux choses l'une : ou le législateur s'attribue la toute-puissance sociale, ou il ne se croit qu'une puissance subordonnée. Il se placera dans l'une ou l'autre de ces hypothèses, selon qu'il envisagera l'homme comme une matière inerte et passive, ou comme un être intelligent et libre. De là la division principale de toutes les constitutions politiques; vues dans leur forme, elles sont d'une variété infinie; considérées dans leur fin, elles se réduisent réellement à deux classes : celles qui se subordonnent au droit naturel, et celles qui le négligent ou qui le méconnaissent.

On peut varier même sur le droit naturel, et le voir ou dans le droit collectif de la société sur chacun de ses membres, ou dans le droit individuel de chacun de ceux-ci. L'homme étant né pour l'état social, on peut se demander si le droit collectif ne procède pas de la nature autant que le droit individuel. Entre ces deux manières de concevoir le droit, la différence est du tout au tout : d'après l'une, le principe du droit est dans la société ; d'après l'autre, dans l'individu. Si la première a la vérité pour elle, la société ne risque jamais d'abuser, quoi qu'elle exige, car elle n'exige que ce qui lui appartient ; si c'est la seconde, l'abus est possible de la part de la société à l'encontre de ses membres, car elle demande un sacrifice, et toute idée de sacrifice est restrictive et se renferme dans les limites mêmes de la nécessité. Là l'allégation de l'utilité publique est péremptoire et absolue ; ici l'utilité publique se discute et se mesure ; elle peut s'exagérer ou même n'être qu'un prétexte.

J'insiste sur cette différence, car elle est fondamentale.

Dans les constitutions de la dernière espèce, le législateur se choisit lui-même son but ; il le choisit selon sa passion ou sa philosophie, et il le poursuit à travers et malgré tous les obstacles. Il dispose des hommes comme d'un moyen ; il les prend, les dompte, les façonne, les dresse : ce sont des roseaux flexibles qu'il rassemble et lie en faisceau. L'unité sociale absorbe les unités individuelles; personne n'a rien en propre, ou plutôt il n'y a dans l'État qu'une personne, l'État même; l'intérêt du prince ou de la patrie est la seule mesure du juste et de l'injuste. Le législateur s'empare de l'éducation; il crée une morale; il détruit la vie privée; chaque individu est classé sans aucun souci de sa vocation; le vol n'est pas toujours un crime; l'enfant infirme ou malsain n'a pas le droit de vivre; la plus grande partie de la population peut être destituée de l'humanité; il peut y avoir, il y a esclavage.

C'est l'inverse dans les constitutions de la première espèce : l'homme n'y est plus un moyen, mais un but; le législateur, au lieu de se l'asservir, se subordonne aux lois de sa nature; dans les attributs de l'être intelligent et libre, il voit une révélation des vues du Créateur sur la créature, et la source de ses propres devoirs. Chaque faculté innée contient pour lui le principe d'un droit : de la liberté morale il déduit la liberté politique, de l'égalité devant Dieu l'égalité devant la loi, de la faculté de locomotion le droit d'aller et de venir, de la personnalité humaine la sûreté individuelle et la propriété des biens, de l'inviolabilité de la conscience la liberté religieuse, de la nature communicative de la pensée la liberté de la presse, et de la perfectibilité de l'espèce la perfectibilité du gouvernement. Il en conclut que Dieu ne lui a pas laissé le choix du but, puisqu'il le lui a si clairement indiqué, et que, pour lui, la seule manière de répondre aux vues de la Providence, c'est de garantir les droits de l'homme et de le maintenir libre tel qu'il est sorti des mains de Dieu. Dans la langue moderne, c'est la constitution de cette espèce que nous appelons constitution libérale.

La théorie du droit collectif, la plus savante et la plus ingénieuse, ne conduira jamais qu'au despotisme. Comment pourrait-elle conduire à la liberté? La société civile, qui est son point de départ, n'est point un être simple, élémentaire, immédiatement doué de Dieu, recélant en lui un de ces droits primitifs qui ne viennent point des hommes; c'est un être composé qui n'existe que par la réunion des individus, n'ayant de droits que ceux qu'il leur emprunte, ne leur en communiquant aucun, les recevant tous d'eux, et appartenant aux choses contingentes et relatives. Comme l'a très-bien dit M. Royer-Collard, une société éteinte n'existe que dans l'histoire; il ne reste d'elle qu'un souvenir. Prenez les hommes en masse; l'aspect d'une de ces agrégations confuses et tumultueuses ne présentera à votre esprit que l'idée d'un troupeau à conduire, d'un ordre quelconque à y établir, jamais celle d'un droit à respecter. Elle ne rappelle l'idée d'un droit que dans ses rapports avec les autres nations, parce qu'alors elle représente une personne. Le panthéisme n'est pas plus vrai en politique qu'en religion. Dans ce point de vue, le législateur est nécessairement despote, quelque forme politique qu'il adopte; et cette observation est indistinctement vraie du bien comme du mal, depuis le gouvernement le plus paternel jusqu'à l'oppression la plus grossière. Les combinaisons d'un homme de bien et de génie procurent le meilleur des despotismes, mais le meilleur des despotismes n'est pas la liberté. A cette classe de constitutions se rapportent les monarchies absolues, les anciennes républiques, les couvents du moyen âge, les utopies de tous les temps, même celles du nôtre, sans distinction de formes.

Il n'est pas sans intérêt de voir dans quel cercle se renfermaient à cet égard les idées politiques de l'antiquité. Périandre, tyran de Corinthe, demanda aux plus illustres personnages de la Grèce quel était le gouvernement modèle. Ils répondirent :

SOLON. C'est celui où l'injure faite à un particulier affecte tous les citoyens.

THALÈS. Celui où les habitants ne sont ni trop riches ni trop pauvres.

ANACHARSIS. Celui où la vertu est en honneur et le vice abhorré.

PITTACUS. Celui où les dignités ne sont accordées qu'aux gens de bien, et jamais aux méchants.

CLÉOBULE. Celui où les citoyens craignent plus le blâme que la loi.

Chilon. Celui où les lois sont écoutées, et non les orateurs.

Bias. Celui où la loi tient lieu du tyran.

De toutes ces réponses, la dernière, celle de Bias, se rapproche le plus de nos idées; elles ont une tendance commune vers un résultat moral, qui, en lui-même, est incontestablement un bien, mais pour lequel elles supposent chez le législateur une omnipotence dont il ne s'agit que de faire un bon usage ; aussi aucune d'elles ne semble se douter qu'il y ait dans la matière à gouverner des droits préexistants, que la tâche du législateur est de garantir.

Le droit individuel, au contraire, fournit la seule théorie possible de la liberté, parce que seul il donne l'idée d'une loi antérieure, obligatoire et limitant le pouvoir du législateur ; le mot inviolable n'a de sens qu'avec lui. C'est dans l'individu que le droit réside, là qu'il s'affranchit des combinaisons et des conventions humaines, là que le législateur puise la première de ses vertus, ce respect de l'homme, sans lequel il n'enfante que des œuvres arbitraires et intéressées. C'est une idée fausse d'établir un parallèle entre le droit collectif et le droit individuel ; celui-ci est la fin, l'autre n'est que le moyen. Si la société ne peut attenter à un seul de ses membres, si l'injustice qu'elle commet à son encontre ne cesse pas d'être une injustice, c'est que le droit n'est pas en elle.

Sans doute, encore une fois, l'homme est né pour l'état social; mais cette destination nécessaire laisse subsister la distinction des deux titres auxquels il s'y présente. Dans une des hypothèses, il s'aliène complétement au corps social; l'individu s'y perd comme la goutte d'eau dans le fleuve. Dans l'autre, il se dépouille si peu de ses droits, que, le voulût-il, il ne le pourrait pas; ils sont inaliénables, et il ne saurait mutiler en lui l'ouvrage de Dieu. L'inaliénabilité n'est pas seulement de l'individu à l'individu, mais de l'individu à la société. Les droits que la communauté absorbe en elle, l'État les protége dans le gouvernement libre, et il les protége sans les déplacer, dans la personne à laquelle Dieu les a indissolublement unis. Ainsi l'homme reste une personne distincte de la société; il compte avec elle; il dispute sur l'étendue des sacrifices qu'elle lui demande; il lui tient tête: il trouve des juges qui lui donnent gain de cause, et dont la sentence s'exécute; il est inflexible sur la sûreté de sa personne et la propriété de ses biens: il mure sa vie; il se fait une citadelle de son domicile et s'y retranche; il règne dans sa famille, ou du moins il y exerce une véritable magistrature. On lui a découvert une vertu nouvelle, le courage civil, qui n'est que la force de résister à l'arbitraire; le caractère de Hambden était inconnu de l'antiquité.

Cette condition de l'homme est assurément la meilleure, si la meilleure n'est autre que la plus conforme à son origine et à sa destination; mais elle a des conséquences qu'il est impossible d'en séparer.

La réhabilitation de l'individu et de la vie privée a pour écueil l'égoïsme. Ce qui est à craindre, c'est que l'homme, après avoir brisé ses chaînes, ne brise ses liens sociaux; c'est qu'à force de s'affranchir, il ne s'isole; c'est que la vie privée ne réagisse contre la vie publique au point de la détruire, et que l'individu n'annule le citoyen. Non qu'il faille s'alarmer de le voir se retirer des affaires publiques, et en laisser le soin au gouvernement : je crois ce mouvement légitime, comme conséquence naturelle du rétablissement de la vie privée. Cicéron[1] a bien pu exhorter ses contemporains à embrasser la vie publique et à s'y appliquer étroitement; il a pu comparer la politique à la vertu qu'il faut pratiquer; il s'adressait à des hommes que la constitution de l'État déchargeait des soins de la vie privée, et exerçait sans relâche à la vie des camps et du forum. On ne saurait, sans méconnaître notre condition, nous demander une abnégation aussi complète de nous-mêmes. Mais l'excès à redouter, quant aux affaires publiques, serait qu'après avoir renoncé à y intervenir directement, on n'allât jusqu'à les écarter comme étrangères ou indifférentes; la société moderne n'a pas d'ennemi plus dangereux que cet égoïsme, si voisin de notre liberté. Ne serait-ce pas

[1] *De rep.*, lib. I.

une contradiction à jamais déplorable, qu'une constitution qui se pique de réfléchir la nature humaine et de fomenter en elle le sentiment de sa dignité, eût pour premier effet de la livrer aux appétits les plus grossiers de l'intérêt individuel, et que, destinée à l'ennoblir, elle ne parvînt qu'à la dépraver? Pour peu qu'il y songe, l'homme moderne se trouvera d'aussi bonnes raisons d'aimer sa patrie que celles du citoyen romain d'aimer la sienne; ses raisons même sont moralement préférables : son patriotisme est plus pur ; il n'a besoin de s'alimenter ni de l'esclavage des personnes, ni de la sujétion des peuples ; il ne coûte aucun sacrifice au droit naturel, et le gouvernement qu'il aime est aussi le plus digne d'être aimé, puisque sa tâche est de lui procurer la garantie organisée de ses droits. Mais, il en faut convenir, ces vérités si simples ne se sauveront pas toutes seules; elles ont besoin du secours du législateur; si le législateur ne lutte pas contre les tendances de l'intérêt individuel, la propriété dissolvante de celui-ci l'emportera ; si le législateur fait plus, s'il allèche l'intérêt individuel, s'il l'excite, s'il rend les lois complices des mœurs, je ne connais ni de calamité plus grande, ni de tentateur plus coupable.

Autre conséquence de ce mode d'existence sociale : l'individu, qu'on me passe le mot, est hors de tutelle; il reste à son compte. L'affranchissement a ses charges, comme l'asservissement a ses bénéfices, et ce bien si précieux ne se donne pas, il s'achète. La cité qui absorbe tout, doit pourvoir à tout; elle se charge de celui qu'elle dépouille; le maître doit à l'esclave, la communauté doit à chacun de ses membres la satisfaction de ses besoins, et l'on conçoit la réponse de Thalès à Périandre : « Le meilleur gouvernement est celui où les citoyens ne sont ni trop riches ni trop pauvres. » La définition est alors d'une justesse rigoureuse. Mais quand l'individu s'établit à part, sa destinée retombe sur lui; il ne s'appartient qu'à la condition de se suffire; ses facultés ne lui restent propres que pour le sustenter, et il ne les exerce qu'à ses risques et périls. Ainsi, les deux premières conséquences de sa liberté l'atteignent tout d'abord, la nécessité du travail et la responsabilité de ses actes. La bienfaisance publique et privée change de caractère; non pas, à Dieu ne plaise! que l'obligation de secourir la misère soit moins étroite; si mes paroles présentaient ce sens, je les effacerais comme un blasphème. Mais l'obligation ne saurait être de la même nature que sous le despotisme, auquel l'individu s'est aliéné corps et biens, j'allais dire corps et âme; elle devient plus naturelle que civile, plus religieuse que légale. L'individu à son tour perd jusqu'à un certain point le droit d'imputer au gouvernement ses fautes et ses maux : livré à lui-même dans le champ immense de la vie privée, presque toutes ses actions échappent à la discipline.

La Charte appartient à cette espèce de constitutions ; c'est son mérite aux yeux des amis de la liberté, c'est son tort aux yeux des réformateurs modernes; c'est ce qui la condamne ou ce qui la sanctifie. Mais tous, amis ou ennemis, sont également obligés de reconnaître son caractère. Tout en elle respire le droit individuel ; ses promesses et ses garanties ne se conçoivent que par lui. Ce n'est pas collectivement que chacun de nous est égal à chacun des autres ; rien n'est plus individuel que la sûreté des personnes, laquelle en a même pris le nom de liberté individuelle ; rien n'est plus individuel que la conscience, ce principe de la liberté religieuse ; rien ne l'est autant que la pensée, ce principe de la liberté de la presse, et surtout que la propriété des biens, qui est exclusive par essence, et qui devient imparfaite en devenant collective. Quand la Charte a, dans son article 9, appelé du nom de *sacrifice* l'expropriation pour cause d'utilité publique, elle a proclamé clairement le droit individuel ; elle l'a proclamé même par la législation qu'elle a inspirée sur le délit de diffamation : la loi du 26 mai 1819, en permettant la preuve des faits diffamatoires contre les fonctionnaires, en la défendant contre les particuliers, a donné en quelque sorte deux vies à chacun de nous, l'une publique, l'autre privée : celle-là exposée à la censure, celle-ci cachée, impénétrable, ceinte d'un triple rempart, et tellement inviolable, que la vérité même qui vient la troubler n'est qu'une médisance indigne d'être écoutée et ne se distingue plus de la calomnie. Voilà le trait caractéristique du régime constitutionnel.

La Charte, conséquente à cette pensée fondamentale, débute par le *droit public des Français*, titre sous lequel elle énumère les droits de l'homme, puisés au fond de son être moral, comme on inscrit la dédicace sur le frontispice du temple; son premier geste est de montrer la fin à laquelle se rapportera tout ce qui va suivre. Elle relègue au second rang les *formes du gouvernement du roi*, comme le moyen d'institution humaine, dont la bonté ne s'apprécie que relativement à la fin absolue qu'elle se propose.

Dans quel but nos droits sont-ils écrits dans la Charte? Est-ce pour les créer? Mais les droits de l'homme ne viennent pas de l'homme; s'il ne les tenait que de lui-même, ils ne seraient plus des droits naturels. Est-ce seulement pour les déclarer? Mais ils étaient reconnus avant elle, depuis que le genre humain a une conscience. Si c'était là son but définitif, elle ne nous apporterait rien de neuf; une charte ne se fait ni pour dogmatiser ni pour formuler un enseignement. La promulgation des droits de l'homme par le pouvoir constituant a une tout autre portée : elle les transporte de l'ordre légitime dans l'ordre légal; elle fait d'une maxime une loi; transition qui nous conduit à la garantie politique. L'idée de garantie ne peut naître que du droit individuel;

elle est incompatible avec le droit collectif; la communauté, réunissant en elle tous les pouvoirs et tous les droits, n'a rien à garantir. C'est à M. Royer-Collard que revient l'honneur d'avoir signalé le premier cette conversion de la vérité philosophique en un droit positif : « Il s'agit de savoir, disait-il sur la loi de recrutement de 1818, si le principe fondamental de l'égalité civile est destiné à sommeiller dans la *Déclaration des droits publics des Français*, ou s'il en sortira nos institutions et nos lois ; en d'autres termes, s'il restera stérile, ou si, comme l'a dit un orateur, il portera ses fruits... Ce principe n'est pas nouveau parmi nous ; il n'est pas une conquête. L'ancienne monarchie le professait [1], comme la Charte le déclare, et cela seul vous avertit qu'il ne suffit pas qu'un principe soit reconnu pour être efficace... Ici se revèle aux yeux les moins attentifs la différence de la monarchie constitutionnelle à la monarchie absolue. Elles ont l'une et l'autre ou elles peuvent avoir les mêmes principes; la différence n'est pas là; mais le principe, qui dans la monarchie absolue n'est qu'une maxime, prend un autre caractère dans la monarchie constitutionnelle; dès qu'il est reconnu, il crée des droits en faveur des sujets. Ces droits vivent dans les lois qui les définissent, et acquièrent, comme tous les droits,

[1] Je crains qu'il n'y ait ici une erreur : l'ancienne monarchie ne professait pas le principe de l'égalité civile ; nous verrons cela plus tard. Il n'était encore que dans la philosophie.

la garantie de la responsabilité. Ainsi, dans notre monarchie devenue constitutionnelle, l'égale admission aux emplois civils et militaires, d'une maxime qu'elle était, est devenue un droit. Elle est placée à ce titre dans la *Déclaration des droits publics des Français*. Si elle est un droit, elle a nécessairement des effets : qu'est-ce qu'un droit qui pourrait n'en avoir aucun? Ces effets sont l'objet de la loi; les en repousser, ce serait effacer le droit; ce serait au moins le reléguer dans la morale. »

Toutefois il y aurait de l'ingratitude à le méconnaître : si le droit constitutionnel est un progrès sur la vérité philosophique, c'est par la vérité philosophique qu'il a commencé; il n'a revêtu sa nouvelle forme qu'après avoir longtemps vécu sous l'ancienne, comme dans un état nécessaire d'attente et d'initiation. Suivez, depuis Socrate, la longue trace que les philosophes ont laissée derrière eux, et qu'ils ont quelquefois teinte de leur sang, vous les verrez occupés du travail préparatoire de la période constitutionnelle. Ces confesseurs et ces martyrs de la liberté humaine, qu'a dévorés la lutte de la raison contre l'autorité, reconnaîtraient dans la Charte le triomphe de la cause pour laquelle ils ont souffert. Leurs pressentiments sont devenus des réalités, et leurs crimes des faits glorieux. Descartes surtout, dont la brillante synthèse a pour fondement la conscience de l'individu, Descartes se complairait dans nos formules constitutionnelles, pour en conclure, non pas que dans l'ordre intellectuel la raison individuelle se suffit toujours à elle-même, mais que dans l'ordre du droit aucune autorité ne peut s'imposer à elle, ni se passer de son acquiescement. Platon même y verrait l'accomplissement de son vœu le plus cher, avec une amélioration qu'il ne soupçonnait pas. Quand il souhaitait que la philosophie gouvernât le monde, ce qui pouvait paraître une utopie au sein de ses utopies mêmes, il ne la concevait que dans la personne des princes, au lieu qu'aujourd'hui elle s'incorpore à l'institution. Ce n'est pas une induction, c'est un fait : la Charte n'est en réalité que la philosophie devenue loi.

La perfection du droit est d'avoir une sanction ; à l'état de morale pure, il existe sans doute, mais incomplétement. Les sociétés humaines nous le montrent sous trois rapports différents, d'homme à homme, de peuple à gouvernement, de nation à nation. Dans les pays policés, où des tribunaux administrent la justice civile et criminelle, il a des textes qui le manifestent, des juges qui l'appliquent, une puissance qui lui prête main-forte ; il est dans sa perfection. De nation à nation, de souverain à souverain, il existe encore, car il n'est absent nulle part ; mais il n'a ni texte qui le promulgue, ni juge qui le déclare, et il n'a d'issue que dans la guerre. Alors se présente cette contradiction dont la raison se révolte, le droit se résolvant par la force. C'est une imperfection, c'est celle du droit des gens. C'est aussi celle du droit public intérieur sous les gouvernements absolus ; dans leurs rapports avec le peuple, ils n'ont ni texte obligatoire, ni juge commun; alors peut-être l'imperfection est plus grande dans le droit public intérieur que dans le droit des gens; car ici du moins, entre deux souverainetés qui se reconnaissent, les affaires se traitent sur le pied d'une sorte d'égalité de droit, au lieu que de prince absolu à nation, le droit tout entier est revendiqué d'une part, et nié de l'autre. Aussi la guerre civile est-elle pire que la guerre étrangère; la chance d'une solution rationnelle y est moindre. Les gouvernements constitutionnels diminuent cette imperfection du droit public intérieur ; le droit y a un texte ; ce texte, chez nous, est la Charte. Le progrès est évident : toute notion du juste que l'on parvient à fixer dans un acte est une conquête sur l'arbitraire. C'est beaucoup, c'est presque tout, que le peuple puisse réclamer ses droits, titre en main ; car c'est au peuple que la Charte sert de titre, et c'est contre le pouvoir que ce titre lui est remis. Le pouvoir est ici la partie suspecte qu'il faut contenir ; le peuple, la partie faible qu'il faut protéger. La morale constitutionnellement appliquée au législateur, celui qui oblige les autres obligé lui-même, un degré de plus se découvrant dans l'échelle du droit, et s'y découvrant au sommet ; voilà sans doute une nouveauté qui a besoin de réflexion pour être comprise : les habitudes de notre esprit sont contrariées par l'idée d'une puissance supérieure à ce que nous regardions comme la plus haute expression de la puissance. Mais tel est, qu'on y prenne garde, le vrai caractère de la Charte. C'est donc beaucoup que les droits de l'homme soient écrits ; mais ce n'est pas tout : s'il y a un texte, il manque un juge ayant l'empire sur les deux parties. Quand elles ont le malheur de ne pas s'entendre sur le titre, l'esprit cherche avec inquiétude un dénoûment régulier à la difficulté, et ne trouve de réponse que dans la révolution de 1830, comme si les voies de fait étaient le terme nécessaire de toutes les disputes humaines; car la révolution de 1830 semble n'avoir eu qu'à décider lequel du prince ou des chambres avait le dernier mot sur les grands intérêts du pays, et l'on n'est sorti de la question que par un combat. C'est une imperfection sans doute, et nous ajoutons à regret une imperfection peut-être irrémédiable. Nous verrons plus tard qu'elle n'a de palliatif possible que dans la doctrine bien comprise du pouvoir constituant, assis lui-même sur le droit naturel. Si cette doctrine était méconnue, la supériorité réelle de notre régime sur l'ancien redeviendrait problématique.

Une déclaration des droits de l'homme, en tête d'une constitution, est donc à sa véritable place. Nous ne sommes pas de ceux qui regrettent qu'on n'ait pas mis en regard une énumération de ses devoirs; la déclaration des droits est de la loi, l'enseignement des devoirs est de la doctrine. La corrélation est intime entre les uns et les autres, et leur parfait équilibre est une nécessité morale et sociale. Mais le droit est le premier en date, car son type est dans l'individu; et comme l'individu a la vie sociale pour destination, l'idée de devoir se présente la seconde, comme conséquence de celle du droit, le devoir n'étant que le respect du droit d'autrui. L'esprit ne peut s'affecter également de ces deux rapports dans toutes les positions du citoyen; celui que tout autorise à s'occuper d'abord de lui, ne sent que son droit; il est bon de lui rappeler son devoir; celui que tout détache de lui-même n'a que la notion du devoir; il est juste de lui rappeler son droit. Socrate mettait toute la morale dans les devoirs, parce que l'ancien monde n'apercevait que les obligations du citoyen, et, longtemps après, mais par la même raison, le mot de *devoirs* est venu se placer à la tête du beau livre de Cicéron sur la morale. Mais dans le monde moderne, la situation de l'homme est double, et ses rapports sont complexes; il n'est pas facile de décider d'une manière absolue laquelle est la meilleure pour lui, de l'idée du devoir ou de celle du droit, et de laquelle il est le plus sage de renouveler l'impression sur son esprit : nous sommes autres dans la vie privée, autres dans la vie politique. Dans la vie privée, chacun de nous se sent fort, parce qu'à tout prendre, d'homme à homme nous jouissons depuis longtemps de la liberté civile : le danger est que ce sentiment ne s'exagère, et c'est de nos devoirs qu'il est utile de nous parler. Mais est-ce un paradoxe d'avancer qu'il en est autrement dans la vie publique, et dans les rapports du citoyen avec le pouvoir? Le citoyen que ne couvre pas la protection constitutionnelle, n'en sent aucune entre le pouvoir et lui ; c'est de son côté qu'il y a faiblesse. Une récapitulation impartiale de l'histoire donne pour conclusion qu'il a plus d'occasions de revendiquer ses droits que de se rappeler ses devoirs ; il est plus souvent opprimé que séditieux. Pour quelques intervalles d'anarchie, combien de siècles de despotisme ! L'anarchie est éphémère ; elle se fait promptement justice à elle-même ; elle a son terme dans sa propre violence, tandis que le despotisme sait organiser la servitude, mettre de l'ordre dans le mal et remplir ainsi une des conditions de la durée. Il nous a pris furieux, il nous laisse imbéciles. Il faut de longues années pour retremper les courages qu'il a énervés, et il est plus difficile d'effacer ses vestiges que de renverser sa puissance. On se récrie trop sur le danger d'exalter les âmes ; je ne vois de péril réel qu'à les abattre. Ah ! parlons sans scrupule à l'homme des biens qui lui sont dus ; le sentiment de ses droits est trop souvent le premier qui l'abandonne et le dernier qui se ranime. C'est le pouvoir qui a besoin de répression : c'est la liberté qui a besoin de secours. Cette vérité est de tous les temps, même de ceux où la liberté a le plus de chances.

La garantie des droits de l'homme : telle est donc en dernière analyse la fin de la Charte. L'idée de garantie présuppose de nombreuses déceptions et n'a pu venir qu'à des peuples longtemps trompés. Il faut bien en faire l'aveu, dussent les ennemis de la Charte en triompher : le régime constitutionnel est fondé sur la défiance ; la défiance est pour les peuples l'épilogue de leur histoire presque entière. Ce sont là de ces observations qui n'accusent déterminément personne, mais qu'il n'en faut pas moins recueillir comme des vérités de fait, qui fondent des principes de droit.

Pour procurer la garantie, le procédé de la Charte est bien simple : le mal était dans le pouvoir absolu ; le remède est dans la division du pouvoir. La puissance collective serait trop forte contre le droit individuel.

De là deux parties distinctes dans la Charte : le *droit public des Français*, et les *formes du gouvernement du roi;* la première énumère et définit les droits à garantir ; la seconde organise le mécanisme qui doit procurer la garantie. Celle-là tient surtout à la morale sociale, celle-ci à la politique ; toutes deux constituent notre régime. L'étude que nous allons en faire se partagera par conséquent en deux parties correspondant à celles de la Charte.

C'est très-improprement que la première s'intitule *droit public des Français*. Le droit public règle tous les rapports des Français avec le corps social, l'état civil, l'état politique, le droit criminel, le droit administratif, et est bien autrement compréhensif que la division de la Charte à laquelle il sert de titre. Il est manifeste qu'en la rédigeant, on n'a voulu y abriter que les droits naturels de l'homme, dans leur expression la plus simple, ceux dont la garantie est l'objet légitime de son inquiétude; le droit constitutionnel n'est par conséquent qu'une partie du droit public, une partie essentielle sans doute, mais rien autre chose qu'une partie. On a été conduit à cette impropriété de terme par une aversion peu raisonnée pour une locution de nos constitutions républicaines; mais ce n'est que par la forme qu'il faut se piquer de ne pas leur ressembler, non par le but; le but, encore une fois, est le même dans toute constitution qui tient à n'être pas oppressive, et l'on conçoit que M. Royer-Collard n'ait pas hésité à reconnaître dans cette première partie une véritable déclaration des droits.

Nous ne la traiterons pas sans nous heurter à plus d'un obstacle, nous le savons. Mais si, en rentrant dans ces sentiers depuis si longtemps battus, nous y trouvons çà et là de mauvaises semences récemment jetées; s'il y a telle vérité classique, endormie parmi les lieux communs, que des attaques inattendues réveillent tout à coup, inquiète, palpitante et appelant au secours, ne nous en plaignons pas; c'est à ce prix que notre étude aura son intérêt, j'allais presque dire son côté neuf. L'utopie moderne a de commun avec l'utopie antique d'établir l'empire du droit collectif sur tous les membres de la communauté; mais au lieu que celle-ci était en harmonie avec les anciennes républiques, qui reposaient sur la même base, et dont elle ne différait que par ses combinaisons particulières, l'utopie de nos jours heurte le principe fondamental de nos sociétés libres, et ne pourrait se réaliser que par leur subversion complète; elle affecte dans toutes ses variétés deux caractères principaux, par lesquels nous nous trouvons profondément séparé d'elle. Elle élève sa cité sur l'annulation politique de l'individu et sur la négation systématique de ses droits naturels, à plus forte raison de ses droits acquis. Selon elle, il y a certains résultats collectifs, impérieusement réclamés par la justice, que rendrait impossibles la doctrine des droits individuels; elle n'arrive à ceux-là qu'en sacrifiant ceux-ci. C'est le contre-pied de la Charte. A nos yeux, point de droits individuels, point de devoirs, point de morale, tout retombe au niveau des *institutions humaines*, et c'en est fait du droit inviolable. Cette première erreur l'entraîne à une seconde : le régime constitutionnel n'est à ses yeux qu'une satisfaction donnée à un préjugé dominant, qu'un état transitoire qu'il faut traverser le plus rapidement possible, pour arriver à un état meilleur, à un état vrai et qui sera fixe; la nation n'a dressé sa tente aujourd'hui que pour la replier demain et se remettre en voyage vers une région inconnue. Nous croyons au contraire que les peuples civilisés sont parvenus à une situation fixe, où ils doivent goûter un long repos, et ceux-là sont d'indiscrets amis qui, pour porter nos regards vers des biens incertains et éloignés, les détournent de ceux que nous avons sous la main. Bien téméraire assurément celui qui affirmerait que les formes de notre gouvernement resteront éternellement ce qu'elles sont, sans aucune modification possible ; nous ne sommes pas à ce point sceptique, à l'endroit de notre perfectibilité, et, bien que nous croyions, par exemple, à la bonté intrinsèque de la forme représentative, nous allons nous plaindre de son imperfection actuelle. Mais à cette concession près sur la forme, nous demandons grâce pour le but ; quand le législateur a tiré de la constitution même de l'homme la fin qu'il se propose, il y a là quelque chose d'immuable que la tête la plus forte ne remplacera jamais que par des hypothèses. Ces hypothèses mêmes ne recèlent pas un seul perfectionnement raisonnable qui ne soit en germe dans les textes dont nous sommes en possession : la fraternité humaine trouve si peu un adversaire dans la liberté, que même elle ne s'en distingue pas : pourquoi les réformateurs ne la voient-ils qu'à l'horizon lointain qu'ils nous montrent ? Elle est autour de nous, près de nous, en nous ; la Charte n'est que l'écho du christianisme.

Telle est l'influence d'une idée, que même elle agit souvent à leur insu sur ceux qui la repoussent. La doctrine du droit collectif, que combat le législateur constitutionnel, lui surprend à lui-même, sans qu'il s'en aperçoive, des concessions sous le nom d'utilité publique; mais l'utilité publique exagérée n'est autre chose que le droit collectif immolant le droit individuel, et le despotisme ne fait alors que changer de nom et de forme. L'étude que nous allons faire n'aura donc pas seulement pour objet de nous prémunir contre les réformateurs qui innovent, mais aussi quelquefois contre cette tendance du législateur.

Les *formes du gouvernement du roi*, objet de la seconde partie de la Charte, n'ont pas, j'en conviens encore, le même caractère, puisqu'elles sont notre ouvrage. Mais la raison les a suggérées, et la raison les défend. Elles ont pour objet la solution de ce problème : trouver une division du pouvoir telle que les droits à garantir soient toujours au-dessus de chacune de ses fractions, et qu'aucune d'elles n'y puisse atteindre. Les écoles modernes se refusent aussi à la division du pouvoir, et elles y sont entraînées par la négation des droits individuels ; elles ne consentiraient pas à diviser le pouvoir, sans rompre ce faisceau qui est une nécessité de leurs hypothèses, et sans renoncer au despotisme de la cité sur ses membres.

Remarquez que le problème est de détruire le

pouvoir absolu, non de le déplacer; cette observation est fondamentale. S'il ne fait que changer de mains; si, de celles du prince, il passe dans celles du peuple ou d'une assemblée, la solution est manquée; car le pouvoir absolu se retrouvant toujours quelque part sous le nom de royauté, de pouvoir parlementaire, de souveraineté du peuple, toutes variétés du pouvoir absolu, le risque subsiste pour les droits de l'homme, et la garantie, c'est-à-dire la notion de l'inviolabilité, n'est pas obtenue. Le risque sera même plus grand avec le despotisme de plusieurs, qu'avec le despotisme d'un seul; l'épreuve est faite et le jugement porté. La division du pouvoir suppose donc que *personne ne peut tout;* c'est son principe essentiel.

Comment le pouvoir doit-il se diviser? Rien de plus simple, à ne consulter que la nature des choses : faire la loi et l'exécuter, c'est tout le gouvernement. De là la division élémentaire du pouvoir en législatif et exécutif; nous n'ajoutons pas le pouvoir judiciaire, dont l'esprit des parlements, représenté par Montesquieu, avait autrefois tenté de faire un troisième pouvoir; il rentre en réalité dans le pouvoir exécutif, dont il n'est qu'un mode particulier.

La Charte ne transporte pas cette division dans son texte; elle la laisse à la doctrine, à la différence des constitutions de 91 et de l'an III, qui l'énonçaient dogmatiquement, et dont les divisions y correspondaient avec une symétrie presque géométrique. La Charte se contente de déterminer les *formes du gouvernement du roi*, et de sous-entendre la séparation des pouvoirs qui leur donne la vie ; c'est donc à la doctrine à indiquer dans quelles proportions cette vie se communique aux différentes parties du grand corps qu'elle crée, et à trouver, sous ce régime dont le principe est que *personne ne peut tout*, ce que chacun peut et ne peut pas.

Voilà pourquoi la seconde partie de cet ouvrage, qui correspond à la seconde de la Charte, se subdivisera en deux sections : la première section dira ce que, dans son style législatif, la Charte juge à propos de ne pas dire, l'âme que recouvrent les formes politiques, les principes qui les vivifient ; celles-là ne se comprennent qu'à l'aide de ceux-ci. Le roi, les chambres, les ministres, l'autorité administrative, l'autorité judiciaire opèrent dans leur sphère respective, mais la fonction assignée à chacun d'eux a sa mesure dans la portion de pouvoir qui lui est départie. La division du pouvoir est donc logiquement la première notion ; celle des formes n'est que la seconde. La première section traitera de l'excès du pouvoir, ou de la manière dont chaque pouvoir peut empiéter sur l'autre ; idée moins comprise qu'on ne pense, qui s'agrandit et se complique sous notre régime ; car si c'est dans la division du pouvoir que réside la garantie, le régime n'a pas de plus grand ennemi que l'excès du pouvoir même, qui tend à réunir ce qu'il a séparé, c'est-à-dire à reconstituer le pouvoir absolu. C'est alors que la seconde section nous dira avec plus de clarté dans quelles limites et dans quel but vivent et agissent les formes du gouvernement.

En passant de la première partie à la deuxième, des droits de l'homme au mécanisme constitutionnel, on croira changer de sujet, quitter une science pour une autre, la philosophie pour la politique, et cependant, par une loi admirable, le sujet garde son unité. Je ne sache rien qui recommande autant ces deux sciences que leur intimité réciproque; le droit public emprunte sa grandeur à la philosophie, la philosophie sa réalité au droit public; l'une passe chez l'autre sans se dépayser. Que deviendrait le droit public sans la philosophie, à qui seule il doit de n'être pas arbitraire? et à son tour, si elle n'aboutissait à la vie sociale, que serait la philosophie?

Quoique nous portions le même esprit dans toutes les parties de ce vaste et beau sujet, cependant notre tâche variera de la première à la seconde : en traitant du *droit public des Français*, nous serons presque toujours sur la défensive; nous n'aurons guère qu'à repousser d'injustes attaques parties de fausses idées sur notre condition sociale, et à amender quelques formules. Quant aux *formes du gouvernement*, le zèle même de notre régime nous dicte des réserves sur cette partie toute positive de nos institutions; les révolutions contraires dont nous sortons, ont laissé au législateur constitutionnel un choix difficile à faire dans les décombres qu'elles ont accumulés; et si quelquefois nous prenons l'offensive du côté des réformateurs, c'est que, par la faute des temps plus encore que par celle des hommes, le bien est loin d'y être sans mélange.

PREMIÈRE PARTIE.

DROIT PUBLIC DES FRANÇAIS.

Nous conservons ce titre, malgré l'impropriété de ses termes, par respect pour le texte, et parce qu'il est bien entendu qu'on ne le prendra pas à la lettre. Nous n'en raisonnerons pas moins, comme si, au lieu de *droit public des Français*, on lisait *déclaration des droits*.

On peut voir par cette observation préliminaire l'objet précis de la Charte; ce n'est point de donner un code complet de droit public, ni même de droit constitutionnel, mais seulement de recueillir dans quelques formules les droits essentiels de la nature humaine, ceux dont la garantie est le premier besoin des peuples et la première dette du gouvernement. Il y a eu des disputes sans nombre sur la véritable fin d'une constitution libre; la Charte commence par fixer la sienne, et dit en d'autres termes, que si les Français ont l'égalité devant la loi, la liberté de conscience, la liberté de la presse, la sûreté de leurs personnes et la propriété de leurs biens, ils sont libres autant qu'il est possible de l'être, et qu'à ces conditions le gouvernement qu'elle constitue aura satisfait à tout ce qu'exige réellement la nature de l'homme.

Les droits énumérés sous ce titre sont les seuls qu'elle reconnaisse comme naturels. Elle en reconnaît bien quelques autres qu'elle place sous le titre de *droits particuliers*, de *dispositions particulières*, et auxquels elle accorde également sa garantie, tels que la conservation des grades, honneurs et pensions militaires, l'inviolabilité de la dette publique, le maintien des titres de noblesse et de la Légion d'honneur, l'obligation de régir les colonies par des lois, et les principes qu'elle donne pour base aux promesses de l'article 69; mais ces droits, tout constitutionnels qu'ils sont, ont leur source dans la Charte; ils ne lui sont pas antérieurs; elle les accorde plutôt qu'elle ne les déclare; au lieu que ceux qu'elle place sous le titre qui nous occupe nous viennent de Dieu, chacun les apporte en naissant.

Ce n'est donc pas une chose indifférente que le classement des droits, car il se peut qu'il modifie leur régime, et que la loi se croie sur eux plus ou moins de prise, suivant leur origine. Aussi des doutes se sont élevés sur le silence de la Charte à l'égard des uns, et sur la place qu'elle donne à ceux dont elle parle.

On lui a reproché de ne contenir aucune disposition sur la qualité de citoyen, qui cependant est une matière constitutionnelle, puisque l'article 7 du Code civil renvoie à la loi constitutionnelle le droit de la régir. Il faut bien répondre que si la Charte est muette à ce sujet, c'est parce qu'à ses yeux la qualité de citoyen n'est pas au nombre des droits inhérents à la nature humaine, qui sont la fin nécessaire d'une bonne organisation politique, et dont elle doive rigoureusement la garantie. Nous en dirons la raison dans le cours de cette étude.

On lui a reproché encore de ne s'être pas approprié la maxime tutélaire que la loi n'a pas d'effet rétroactif; on a rappelé que la Constitution de l'an III en a jugé autrement, en la plaçant plus haut que la loi même, à qui elle sert de règle. Mais cette maxime, supérieure en effet au législateur, comme la raison et la justice dont elle émane, fort bien placée dans l'article 2 du Code civil et l'article 4 du Code pénal, ne l'eût pas été judicieusement parmi les droits naturels; destinée à protéger les droits acquis, elle ne constitue pas un droit elle-même; c'est une règle à laquelle doit s'asservir tout législateur, absolu ou constitutionnel, pour peu qu'il tienne à être juste. Si elle a été placée dans la Constitution de l'an III, c'est par une raison accidentelle; la loi du 5 floréal de cette année venait d'abolir l'effet rétroactif de celle du 17 nivôse an II; le sentiment de la justice a aussi son emportement. On voulut fortifier la maxime en la rendant constitutionnelle;

mais la nouvelle place qu'on lui donnait ne changeait pas sa nature.

Une autre critique a été faite de la Charte; elle divise encore les esprits et montre tout ce qu'il y a d'important dans un bon classement des droits : on a regretté que la liberté de l'enseignement ne figurât point dans le premier titre, et fût reléguée au titre des *dispositions particulières*, parmi les promesses de l'article 69; on a dit qu'elle était de droit naturel, parce que l'autorité du professeur sur l'élève est identique à celle du père sur son enfant et en est une continuation. Mais cette assimilation est tout aussi fausse que celle de l'autorité royale à l'autorité paternelle. L'éducation de l'enfant par le père est sans doute de droit naturel; au sein de la famille elle est inviolable, et voilà pourquoi l'enlèvement des fils de protestants pour les renfermer dans des maisons de propagande catholique, était un des actes les plus odieux des persécutions religieuses. Mais ce droit, qu'on me passe l'expression, est essentiellement domestique; il ne franchit pas les limites de cette juridiction, qui n'est absolue que chez elle; il est attaché à la personne du père; il ne se délègue dans sa plénitude ni ne se communique identiquement à personne. Quand le père envoie son enfant à une école, il le fait passer sous une autre règle; il le soumet à une discipline qu'il n'a point faite, et qui est si peu la sienne que souvent elle le contrarie. L'éducation domestique ne peut pas rester privée en devenant publique, ni se soustraire à la police de l'État en entrant dans son domaine. Cela est élémentaire. Le droit du père ne s'exerce que sur son enfant, se modifie avec l'âge, et, comme la puissance paternelle dont il est un attribut, cesse à la majorité; tandis que le droit du professeur atteint quiconque, enfant ou homme, se présente dans sa classe. Je demande si, quand le disciple est homme, on aperçoit encore chez le professeur quelque vestige de l'autorité du père? La prétendue identité de ces deux droits est donc une illusion. Quant au droit que le professeur ne tiendrait de personne, et qui serait inné en lui, l'illusion même serait impossible. Où serait dans notre nature le fondement de ce prétendu droit? Comment expliquer cette mission antérieure et supérieure aux lois du pays, que chacun se donnerait à lui-même d'agir extérieurement sur les autres, de diriger leur être intellectuel et moral, et de faire la police à sa guise? car l'enseignement public est une partie de la police d'un État. Le droit d'enseigner publiquement n'est donc un droit naturel, ni comme délégation du père, ni comme personnel au professeur.

Ces principes sont entrés dans l'économie de nos lois; elles ont si bien entendu que l'éducation domestique et l'instruction publique appartenaient à deux ordres d'idées différents, qu'elles se les sont partagées en conséquence. S'agit-il du droit des parents, c'est le Code civil qui se charge de le déclarer, et comme il le présente moins comme un droit que comme la première obligation dérivant du mariage, c'est lui en effet qui devait nous dire, article 203 : « Les époux contractent ensemble, *par le fait seul du mariage* (le mariage est de droit naturel) l'obligation de nourrir, entretenir et *élever* leurs enfants. » L'obligation d'élever implique le droit d'instruire; telle est sa filiation véritable. Mais ce point, une fois réglé, ne reste-t-il rien? Il reste l'instruction publique, et la Charte s'en empare comme d'un principe distinct, en dehors du Code civil, et pour lequel son article 69 promet une loi organique particulière : « Il sera pourvu successivement, par des lois séparées..., aux objets qui suivent... 8° l'instruction publique et la liberté d'enseignement. » *L'instruction publique;* voilà pour la distinction à faire entre elle et l'instruction de la famille; *la liberté d'enseignement*, voilà pour exclure tout privilége, et particulièrement par opposition à celui de l'université; c'est la promesse de la libre concurrence. Le mot *liberté* n'a pas ici d'autre sens. N'en concluons donc pas qu'il en est d'elle comme des autres libertés dont le germe est déposé en nous par Dieu même, ni que le premier venu a le droit d'enseigner publiquement, comme le premier venu est égal aux autres devant la loi, comme le premier venu a la sûreté de sa personne, comme le premier venu a la liberté de sa conscience, comme le premier venu peut publier ses opinions, comme le premier venu peut être propriétaire. La liberté d'enseignement, fût-elle de droit naturel, ne serait pas encore illimitée, car le droit naturel lui-même n'en connaît pas de cette espèce. Mais n'étant pas de droit naturel, elle est plus particulièrement dépendante de la loi positive, qui peut légitimement lui faire des conditions et prendre ses sûretés contre elle. Il y a cette différence entre la liberté de droit naturel et celle qui n'en est pas, que la première a droit à la garantie de la loi, et que la seconde doit à la loi la garantie que celle-ci lui demande.

La Charte a donc pu ne pas comprendre le droit d'enseigner publiquement dans son premier titre, et elle lui a trouvé sa véritable place dans l'article 69.

Il est un autre reproche dont il n'est peut-être pas aussi facile de défendre la Charte. Pourquoi n'a-t-elle pas inscrit la liberté du travail au nombre des droits naturels? Nous n'en avons pas de plus naturel, de plus intime, de plus nécessaire, qui réponde plus directement aux besoins de notre condition, ni aux vues de la Providence. Elle avait été proclamée par le décret du 2 mars 1791; mais cette proclamation ne dispensait pas plus de lui donner sa place dans la Charte, que les nombreux textes qui proclament nos autres droits n'ont dispensé de leur en donner une; et il y avait la même raison de l'y abriter, puisqu'elle avait été, comme eux, méconnue et niée. On avait fait du travail un droit régalien, et l'édit de 1776, par lequel Turgot venait de le rendre au droit naturel, avait été rapporté, peu s'en faut, la veille de notre grande révolution. L'énumération du premier titre ne doit, j'en conviens, rien contenir d'étranger, mais il faut qu'elle soit complète; point d'intrus, mais point d'exclusions. On serait tenté de reprocher cette lacune à la Charte, aujourd'hui surtout, qu'en réclamant l'organisation du travail au nom de l'humanité, on accrédite des idées au fond desquelles se cachent le communisme et le sacrifice des droits individuels; on se demande si l'organisation du travail libre n'est pas un problème insoluble, et si un texte constitutionnel eût été de trop contre de décevantes théories. Cependant on pardonne à la Charte la sobriété de son langage, quand on réfléchit que la liberté du travail est aussi évidemment contenue dans les droits qu'elle proclame que la conséquence dans les prémisses, et qu'à ce titre elle appartient peut-être plus à la doctrine qu'à la loi. Le décret de 91, n'existât-il point, je me ferais fort de la dégager rigoureusement: de l'article 1er de la Charte, qui veut l'égalité devant la loi; la permission de travailler donnée aux uns et refusée aux autres, ne serait-elle pas la plus monstrueuse des inégalités? de l'article 4, qui proclame la liberté individuelle; comment empêcher l'usage des facultés sans faire violence à la personne? de l'article 8, qui déclare toutes les propriétés inviolables; comment la propriété pourrait-elle être inviolable si le travail n'était libre?

Le droit public n'aura jamais de formules complètes et rigoureusement suffisantes, et ce serait la plus vaine des entreprises d'en chercher pour tous les besoins de la vie sociale; la liberté ne peut s'écrire tout entière; il y en aura toujours une partie en dehors des textes, et cette partie, qui resterait éternellement inédite sans la doctrine, en est peut-être la plus importante. Qu'est-ce que la liberté? Ce mot de la langue est le plus difficile à définir, même à ne le prendre que dans son acception politique. Selon les uns, la liberté est le droit de tout faire; définition tellement fausse qu'elle en est inoffensive. Selon d'autres, la liberté est le droit de faire tout ce que la loi ne défend pas; définition pleine de périls, car elle se mélange de faux et de vrai, et la partie vraie en accrédite la partie fausse. Défiez-vous-en, sujets de la loi; défiez-vous-en surtout, vous qui la faites; cette définition renferme dans son sein le plus irrémédiable des despotismes, le despotisme légal; quand il est parvenu à s'envelopper de ce manteau, il n'est rien dont il ne soit le maître, et le maître pour toujours. La définition est vraie, car il n'y a pas de liberté sans limite, et la limite ne peut être posée que par la loi; la définition est fausse, car la loi ne peut pas poser arbitrairement la limite. Chacun de vos pas rencontre la limite, et la limite posée par la loi au point précis qu'il lui a plu de choisir dans tous les actes de la vie civile, la limite prend le nom d'ordre public, et ce qu'est l'ordre public, c'est la loi qui le dit; dans la jouissance du plus absolu de vos droits, de la propriété, la limite prend le nom d'utilité publique, et, ce qu'est l'utilité publique, c'est la loi qui le dit; dans l'exercice le plus fréquent de votre liberté, dans les contrats, vous ne pouvez rien de ce qui est illicite, et, ce qui est illicite, c'est la loi qui le dit; vous êtes capable de contracter si vous n'en êtes pas incapable, et quand en êtes-vous incapable? quand la loi le dit. Si la loi ou ceux qu'elle délègue posent mal la limite, votre liberté est entamée; si elle grossit l'ordre public de ce qui n'en fait pas naturellement partie, si elle enfle l'utilité publique jusqu'à l'étendre sur votre domaine, si elle déclare illicite ce qui est légitime, si elle vous déclare incapable d'un contrat de droit naturel, elle resserre votre droit individuel au point de l'étouffer, et le sentiment de l'injustice que vous subissez n'a d'appui dans aucun texte; le despotisme s'est établi dans les formes mêmes que vous avez imaginées contre lui, et vous demande votre liberté au nom de l'autorité que vous avez instituée pour la garantir. Nous en citerons des exemples, notamment dans le chapitre de la liberté religieuse et de l'inviolabilité du droit de propriété. Quel est donc le remède au mal? Le remède est dans le respect de ce droit primitif que Dieu révèle à notre conscience, que la philosophie peut enseigner, mais qui échappe à nos procédés constitutionnels, et dont la réduction complète en formules est impossible. La liberté est donc autre chose, et quelque chose de plus, que le droit de faire ce que la loi ne défend pas.

Ce bien inestimable et d'une conquête si difficile, la liberté constitutionnelle, n'est pas susceptible de partage; on en jouit dans sa plénitude ou l'on n'en jouit pas. Les lambeaux que l'on croit en déchirer de temps en temps sont en réalité des concessions que laisse échapper le despotisme, et qu'il peut rappeler à lui. Au sortir du moyen âge, quand on a successivement reconquis sur le servage la liberté française, comme on retire les uns après les autres les membres d'un corps enfoui sous des décombres, on a pris le mot de liberté au pluriel, comme synonyme de franchise, parce qu'on voyait une liberté dans chaque fragment obtenu de la liberté entière. Pellisson, enfermé à la Bastille, écrivait à Louis XIV pour demander une plume et de l'encre : « Il y a ici une douzaine de libertés qui, toutes ensemble, ne valent pas la douzième partie d'une liberté entière. On les nomme liberté de la cour, liberté de la terrasse, liberté de s'y promener seul, liberté de l'escalier, liberté d'une fenêtre, liberté d'écrire pour ses affaires, liberté de voir quelqu'un avec un officier, liberté de le voir sans témoin, liberté d'être malade, liberté de s'ennuyer tant que l'on veut: les deux dernières ne sont refusées à personne. » Les libertés ainsi multipliées ne sont que des nuances de la servitude, et nous rejetterions cette locution vicieuse, qui présuppose un état primitif d'assujettissement, si elle n'était restée dans la langue; la tyrannie de l'usage ne nous permet pas d'en purger l'idiome constitutionnel, mais au moins ne nous en servirons-nous qu'après avoir consigné ici nos protestations et nos réserves.

La liberté va donc consister pour nous dans la jouissance des droits garantis par la Charte, de tous ces droits sans exception, et même en y ajoutant la religion du droit naturel, sans laquelle l'organisation constitutionnelle la plus parfaite est inefficace. La liberté est dans la jouissance de tous ces droits, écrits ou non, sans aucun retranchement possible, et elle y est entière et indivisible, car il n'y a de liberté que la liberté. Comme les droits qui la constituent ne nous parviennent qu'à travers un nuage de sophismes qui les grossit ou les rapetisse, et qui toujours les dénature; comme l'éruption de certaines idées dans la science n'a jamais été aussi violente que de notre temps, la notion que nous donnons de la liberté n'en serait pas une, si nous ne nous expliquions sur la nature et l'étendue de ces droits; il importe donc avant tout de les passer en revue. On en compte cinq : l'égalité devant la loi, la liberté individuelle, la liberté de conscience, la liberté de la presse, la propriété des biens; quand nous aurons fixé le sens et trouvé la mesure de chacun d'eux, nous pourrons dire avec assurance : voilà la liberté. La définition sera un peu longue, mais c'est à cette condition qu'elle sera claire et complète.

TITRE PREMIER.

DE L'ÉGALITÉ DEVANT LA LOI.

« Tous les Français sont égaux devant la loi, quels que soient d'ailleurs leurs titres et leurs rangs. » (Art. 1er de la Charte.)

Il y a des textes que la Charte semble adresser aux hommes puissants, comme pour leur servir de frein; *la liberté individuelle est garantie; chacun a le droit de publier ses opinions; les propriétés sont inviolables.* Il en est d'autres que l'on dirait écrits pour les humbles et pour les faibles, dans la vue de les relever et de les soutenir : *Tous les Français sont égaux devant la loi, quels que soient d'ailleurs leurs titres et leurs rangs*, et cet article est le premier de la Charte, comme proclamant la plus pressante de ses vérités.

Par une véritable fatalité, c'est précisément pour ceux à qui il apporte des consolations et des secours, que cet article est le plus difficile à comprendre, et le plus facile à calomnier. Quiconque n'a pas une idée impartiale de la condition humaine, et ne la juge pas avec le désintéressement philosophique ou la résignation religieuse, c'est-à-dire quiconque est mécontent de son sort, lui sait peu de gré de l'égalité de droit, lui demande l'égalité de fait, en d'autres termes, commet la double erreur de ne tenir aucun compte de ce qui s'y trouve, et d'y chercher ce qui ne saurait y être. A celui qui souffre, que parlez-vous de l'égalité devant la loi? Cette abstraction froide et stérile, qui ne procure de satisfaction à aucun de ses besoins, qu'en fera-t-il? La seule manière pour lui d'entendre l'égalité, c'est de ne différer en rien de celui qui ne souffre point. Il est presque téméraire de chercher à le détromper : la douleur a des sophismes qui ne se réfutent pas.

La Charte proclame l'égalité devant la loi; cela signifie-t-il qu'elle la proclame en tout et partout, ou seulement qu'en la garantissant devant la loi, elle ne la garantit que là, et sous-entend ailleurs l'inégalité? Il faut pardonner à ceux qui, dans la répartition des choses de ce monde, ont eu la souffrance sans la sagesse, de ne point comprendre ce que les législateurs et les philosophes n'ont pas toujours compris. Quand nous commençâmes en France à écrire des constitutions, Rousseau avait dit que l'égalité était dans la nature, et que l'inégalité venait de l'état social; la conséquence de cette doctrine était que le réformateur politique avait pour devoir de corriger l'œuvre de l'homme, et de rétablir celle de la nature. Le prestige de ce paradoxe durait encore, lorsque l'Assemblée constituante adopta, dans l'article 1er de la Constitution de 1791, cette rédaction remarquable : *Les hommes naissent et meurent égaux en droits*. Ce n'était pas encore mettre en question l'égalité naturelle; c'était cependant déjà ne proclamer que l'égalité des droits. Mais bientôt la Constitution de 93 s'incorpora la pensée de Rousseau tout entière, en lui conservant ses deux faces : *Tous les hommes*, dit l'article 3, *sont égaux par la nature et devant la loi*. La Constitution de l'an III revint à la doctrine de 91, avec un changement de rédaction; elle offrit à l'esprit l'idée de l'unité de la loi, plutôt que celle de l'égalité des hommes : *L'égalité consiste*, dit-elle, *en ce que la loi est la même pour tous, soit qu'elle protége, soit qu'elle punisse;* et de tous ces essais de doctrine et de rédaction est sorti l'article 1er de la Charte : *Les Français sont égaux devant la loi*, formule qui se rapproche de celle de 93, à l'égalité naturelle près qu'elle retranche, et qui, par ce retranchement même, ne permet plus le doute sur son intention restrictive.

Ne nous étonnons pas si tout le monde n'a pas suivi les formules constitutionnelles dans leurs perfectionnements successifs, et s'il est des cœurs au fond desquels la doctrine de Rousseau est restée entière, sinon comme principe, au moins comme sentiment. Il faut que la tentation de confondre les deux genres d'égalité soit naturelle à l'homme, puisque nous en retrouvons un exemple dans le christianisme primitif; dans ce monde, rempli d'esclaves, la révélation de la fraternité humaine fut le signal d'un élan universel vers l'égalité absolue; le mouvement fut tel, que les interprètes de la loi nouvelle crurent devoir le combattre. On a conservé un ouvrage entier de Théodoret, évèque de l'Église grecque, écrit vers la fin du IVe siècle, dans le seul but de prouver que l'on entendait mal le dogme évangélique, et que l'on débutait par des abus. Aujourd'hui que la maxime constitutionnelle fait entendre dans le monde politique l'écho de la voix divine, les écoles modernes qui ont entrepris la rénovation de l'état social ont réveillé la même tentation au fond des cœurs. Parmi ces trente-trois millions d'hommes libres, où la fièvre de l'égalité absolue est endémique, c'est un rôle triste et sévère que celui du publiciste qui vient retirer à la plus avide de nos passions l'appât qu'on lui présente sous un appareil scientifique, substituer à un mensonge aimé une vérité impopulaire; qui cherche l'égalité promise en procédant par réduction, en resserrant incessamment le cercle qui la renferme et en sacrifiant beaucoup pour conserver peu, comme ce chasseur qui a enlevé les petits du tigre, et qui les lui rejette successivement presque tous, afin d'en emporter un seul.

La théorie de l'égalité, selon la Charte, est bien simple; elle repose sur les propositions suivantes :

dans la nature, c'est l'inégalité qui règne; l'égalité n'est que dans la loi. La promesse de la Charte n'est pas de corriger l'inégalité naturelle, tâche absurde et surhumaine, qu'il ne faudrait même pas entreprendre si elle était possible, mais de ne pas l'admettre dans le domaine du droit; ce qui se réduit à dire que la loi ne doit pas créer de priviléges. Il faut sans doute s'efforcer de détruire la misère par une bonne administration; il faut provisoirement la soulager par la charité publique et privée; c'est le devoir de tous. Mais l'inégalité n'est pas nécessairement la misère. Celle-ci détruite, l'inégalité subsistera autant que la création, dont elle est une loi générale.

Il y a, dans la controverse des écoles modernes sur ce point, dirai-je une inconséquence ou un artifice? qu'il importe de signaler. Elles ne nient point l'inégalité naturelle, ce serait nier l'évidence; elles l'avouent; mais, l'aveu une fois fait, elles n'en continuent pas moins à raisonner comme si elle n'existait pas. Ainsi, elles vous accorderont sans peine que, dans la nature physique et morale, rien n'équivaut exactement à rien, ni deux grains de sable sur le rivage, ni deux feuilles dans les bois, ni deux étoiles au ciel, ni deux hommes sur la terre, et que Dieu, en nous semant par millions dans les champs de la vie, ne nous y a pas fait tomber dans une situation identique; elles reconnaissent que Dieu, en diversifiant nos besoins, a dû diversifier, dans une proportion correspondante, les offices, les vocations et les aptitudes, et que les emplois les plus sublimes et les plus humbles, les biens et les maux à tous les degrés et sous toutes les formes, les contraires et les extrêmes sont entrés dans sa pensée; elles ne contestent pas que, de la diversité des offices, ne résulte pour chacun de nous, dans l'ordre universel, une fonction particulière qui est la meilleure explication du devoir individuel; elles sont faciles sur ces concessions, comme on l'est sur des lieux communs; mais il n'en est pas une dont elles ne vous refusent la conséquence; elles n'en exigent pas moins du législateur plus que de la Providence, puisque, en définitive, elles lui demandent un miracle, à savoir de construire l'égalité sociale avec des inégalités naturelles.

La vraie philosophie ne voit pas, dans l'inégalité naturelle, une nécessité fâcheuse à subir, mais un élément de l'ordre moral, dont le législateur doit tenir compte, et particulièrement une condition de la liberté; c'est à quoi ne réfléchissent pas ceux qui murmurent de la retrouver dans l'organisation sociale; elle y est tellement inhérente, que, s'ils étaient les maîtres de l'en ôter, la main leur tremblerait en y touchant.

En effet, l'inégalité naturelle et la liberté morale se tiennent d'une manière indissoluble. Si Dieu, en créant l'homme, a voulu d'abord qu'il fût libre, ensuite qu'il fût responsable et justiciable, il a nécessairement voulu l'inégalité naturelle. Où devait-il placer l'homme, comme être libre? au milieu de choses diverses et dissemblables. L'égalité absolue eût conduit, dans le monde physique, à la confusion; dans le monde moral, à l'indifférence. Tout équivalant à tout, et personne ne se distinguant de personne, le mot de *préférence* ne serait le signe d'aucune idée, et n'existerait pas dans les langues humaines. Entre choses qui se ressemblent et qui se valent, il n'y a pas à choisir; et, point de choix, point de liberté. C'est parce que l'homme a été placé dans un milieu où le choix lui est possible, que ses déterminations ne sont pas indifférentes, et que ses actes sont appréciables. Le mauvais usage qu'il a fait de sa liberté le conduit devant la justice, et là, son rôle change : par sa liberté il a agi sur ce qui l'environne, et causé un dommage; c'est sur lui que l'on va désormais agir; par sa responsabilité il devient passif, il va recevoir l'application du droit, il est justiciable. Mais si les choses sur lesquelles sa liberté s'est exercée sont contingentes et variables, si elles se comptent, se pèsent, se mesurent, le droit qu'on lui applique est un, toujours identique et adéquat; il n'a pas de dimensions, il ne s'étend, ni ne se resserre; le droit du pauvre à la plus petite chose vaut le droit du riche à la plus grande.

Voilà comment l'inégalité de fait conduit, par la liberté et la responsabilité à l'égalité de droit.

Transportez cette explication de l'économie du monde à l'économie sociale, et vous aurez le vrai sens du premier article de la Charte. Les termes de la proportion s'abaissent, mais la proportion reste la même; au lieu de la liberté morale, c'est la liberté politique; au lieu des mérites ou des démérites que nous portons là-haut, les droits et les devoirs qu'engendrent nos rapports ici-bas; au lieu de la justice divine dans son infaillibilité, la justice humaine avec ses imperfections. L'égalité devant la loi suppose donc les inégalités sociales, par la même raison que l'égalité devant Dieu suppose les inégalités naturelles, et nous allons bientôt nous convaincre que la justice humaine elle-même n'est bonne qu'autant qu'elle fait acception des inégalités naturelles et sociales. Amis de la liberté, vous tombez dans une grande inconséquence quand vous réclamez l'égalité en tout; vous vous faites ainsi deux affections inconciliables : la Charte vous donne la liberté politique sans vous ôter l'inégalité sociale; le despotisme vous donnerait l'égalité sociale en vous ôtant la liberté. Et vous, qui en voulez à la liberté de retarder le règne de la fraternité entre les hommes, réfléchissez donc que la fraternité est impossible entre des hommes qui ne sont pas libres, et que pour la leur procurer telle que vous l'entendez, vous êtes obligés de commencer par leur donner un despote.

J'insiste sur cette réflexion, car elle est fondamentale, et on se fait un système de la méconnaître : je dis que l'égalité mal entendue conduit directement à la destruction de la liberté. En voici une démonstration bien claire, que me fournit une école moderne :

Un capitaliste commande un ouvrage ; un ouvrier l'exécute, moyennant salaire. D'après cette école, il y a entre le capital de l'un et l'industrie de l'autre une association ; l'ouvrier doit légitimement avoir, au lieu d'un salaire, une part dans l'œuvre qui sort de ses mains. Si le capitaliste évince l'ouvrier de sa part dans la propriété commune, et le réduit à un simple salaire, c'est en abusant d'une combinaison sociale qui fait que l'ouvrier a plus besoin du capitaliste que le capitaliste de l'ouvrier. Aux yeux du jurisconsulte, ce contrat n'a pas de caractère nécessaire ; il le fait dépendre de la convention des parties, et il y voit, selon l'expression de leur volonté, une société ou un louage d'industrie. C'est la liberté proprement dite. Le socialiste, comme on l'appelle, trouve au contrat le caractère nécessaire de la société, et, s'il en est autrement dans la pratique, c'est la loi du plus fort qui prévaut contre le droit. Le jurisconsulte est pour la liberté des conventions ; il prend les parties telles que les a faites la force des choses, sans reprocher à la loi la supériorité relative de l'une sur l'autre ; le socialiste est pour l'égalité entre les parties ; il les associe, quoi qu'elles en aient, et malgré la volonté contraire qu'elles expriment, il les met sur le même pied, mais en leur faisant violence; car il leur interdit le louage d'industrie qu'elles ont déclaré vouloir, pour leur imposer fatalement la société dont elles n'ont pas voulu; il force le capitaliste qui s'est fait faire un habit à accepter son tailleur pour copropriétaire de son œuvre. L'égalité ainsi entendue ne s'obtien donc qu'aux dépens de la liberté.

Pour compléter cette idée, montrons-en les deux faces : il y a corrélation entre la liberté et l'égalité. Si l'égalité mal entendue détruit la liberté, la liberté mal comprise blesse l'égalité. En voici un exemple : la liberté d'industrie est une des premières qu'ait proclamées l'Assemblée constituante; dégager de ses anciennes entraves la faculté du travail, c'était pourvoir au premier besoin de l'homme moderne, dont la condition est de se suffire à lui-même; et en même temps elle a établi l'impôt des patentes, celui de tous dont la légitimité se conçoit le mieux, puisqu'il se paye à l'État en retour de la protection qu'il accorde au droit naturel, et à la libre concurrence, sa conséquence nécessaire. Mais la faculté naturelle du travail, la libre concurrence qu'elle engendre, la protection qu'elles demandent toutes les deux, et le prix qu'elles coûtent, ne se conçoivent que dans l'individu, parce qu'à l'individu seul a été imposée la nécessité de se suffire, et que seul il supporte les charges de la famille et de l'État. Si cependant l'État introduit dans la concurrence des travailleurs qui soient hors de la condition commune, des personnes fictives de sa création, telles que des communautés laïques ou religieuses, des corporations, des établissements publics, qui ne sont pas réduites à leurs propres ressources, qui vivent d'une vie d'emprunt, sur qui ne pèsent les charges ni de la famille ni de l'État, et qui opposent la faculté du travail, franche chez elles, à la même faculté, grevée chez les autres, les lois de la véritable concurrence sont violées; des personnes réelles, au milieu de toutes les nécessités de la vie, ne lutteront jamais avec les mêmes chances contre des personnes fictives, qui tiennent une foule d'immunités de leur mode particulier d'existence; on rétablira des maîtrises et des jurandes avec moins de logique et bien plus d'injustice qu'autrefois, car on les introduira de vive force au sein d'un droit commun qui les repousse, et la liberté d'industrie mal entendue détruira l'égalité devant la loi. Les plaintes de l'industrie libre sont justes, et le gouvernement doit d'autant plus les écouter, qu'il peut très-légitimement user dans les communautés et les maisons de détention, d'un droit de police qui ne risque point d'y heurter le droit naturel.

Si nous tenons à juger sainement la promesse de la Charte, apprenons donc à distinguer ce qu'elle ne nous doit pas de ce qu'elle nous doit. Ce qu'elle nous doit, c'est de ne pas créer de priviléges. Le privilége est une inégalité du fait de l'homme, et nous n'avons pas la même raison de nous y résigner qu'aux inégalités qui viennent de Dieu. Celles-ci obtiennent la soumission du sage; il y conforme ses idées et ses sentiments; celle-là excite au fond de son âme la même révolte que l'injustice, dont elle est le synonyme. Ainsi le devoir du législateur constitutionnel est tout négatif; il consiste à s'abstenir; laisser la liberté se mouvoir dans sa sphère, abandonner les facultés humaines à leur développement naturel et aux mille accidents de la concurrence, c'est tout son devoir. Il en est qui entendent autrement ce devoir, et qui le rendent actif, au point d'exiger que le législateur s'immisce dans la destinée de chacun, pour l'améliorer; à les entendre, le législateur ne fait rien en dégageant nos facultés de leurs entraves, s'il ne se donne lui-même, pour les féconder, toute l'activité qu'il leur rend. Leur doctrine se résume par cette formule : L'homme n'a pas seulement le *droit de travailler;* il a encore *droit au travail.* Voilà de ces paradoxes que l'on n'aime pas à combattre; car il faut, pour leur répondre, distinguer du devoir rigoureux des gouvernements certaines obligations morales et religieuses dont on semble se rendre l'adversaire, uniquement parce qu'on les en sépare, et cependant rien n'est plus faux que cette proposition prise dans le sens absolu qu'on lui donne. Non, si la bienfaisance publique est une dette, comme je le pense, elle n'en est point une de la même nature que la garantie des droits de l'homme. Le législateur est quitte de la sienne quand il m'affranchit, et ce que l'administration y ajoute est un surcroît qui ne peut s'exiger au même titre. La destruction de la misère, cette promesse que la civilisation tiendra un jour, est le plus souhaitable des perfectionnements sociaux; mais une des ruses les plus adroites du despotisme est d'en faire une question de droit strict, de la solution de laquelle il se charge. Quiconque se dit obligé de rendre ma condition meilleure, se présente à moi comme un maître; je ne lui reconnais pas le devoir de l'améliorer, sans lui reconnaître le droit de la modifier; qui procure le travail, l'organise nécessairement; et qui l'organise, le règle et le domine. Je ne comprends rien à ce mélange de liberté et de dépendance; la liberté constitutionnelle ne peut compatir même avec un despote bienfaisant, et je remercie Turgot, autant que je l'admire, de l'avoir ainsi comprise. Le devoir du législateur, entendu dans le sens d'une prohibition absolue du privilége, s'accorde merveilleusement avec notre destination; l'homme n'est doué de facultés actives que pour les tenir dans un exercice continuel; leur énergie est telle que, pour qu'elles se perfectionnent jusqu'au prodige, il suffit que des préférences arbitraires ne leur fassent pas obstacle, et la loi politique qui les respecte dans leur action, coopère réellement avec la Providence. Il y a plus de sagesse dans cette neutralité tolérante et protectrice, qui laisse à chaque vocation sa tendance, que dans ces classifications systématiques et inexorables qui peuplent le monde d'aptitudes tourmentées et de capacités factices. On sait ce mot d'un Anglais célèbre, au sujet du droit d'aînesse, qui, en vouant le premier-né de chaque famille aux jouissances oisives de la propriété foncière, précipite les puînés dans la vie ambitieuse et passionnée des emplois publics, de la marine et de l'industrie : « La loi de la primogéniture a cela de bon, disait Johnson, que du moins elle ne fait qu'un sot par famille. »

La législation tient-elle la promesse de la Charte, ainsi entendue? Avant de porter un jugement sur nos lois, cherchons des points de comparaison dans les autres; étudions le privilége chez les peuples qui l'ont établi systématiquement, et dont le génie législatif fait autorité: prenons Rome dans l'antiquité, l'Angleterre et la France de l'ancien régime dans les temps modernes.

Je n'aime pas la grandeur des Romains; ce peuple m'est odieux par son orgueil, par l'abus révoltant de la force, par son mépris impie pour le droit des gens: je conspire contre lui avec tous les peuples qu'il subjugue: ses victoires continuelles désolent ma partialité, et cependant cette domination insolente n'eût pas été soufferte douze siècles par la Providence, sans quelque raison inconnue qui fait hésiter mon jugement. Il faut croire que cette longue injustice tendait à quelque grand résultat.

Mais quel était donc le bien que l'on n'achetait pas trop cher par les calamités que nous connaissons? Jamais l'inégalité, j'entends celle qui est l'œuvre de l'homme, n'a bravé Dieu d'aussi près. Le privilége ne se conçoit ordinairement que dans la constitution intérieure d'une cité, d'individu à individu, de classe à classe; Rome en avait perfectionné l'idée, jusqu'à l'étendre au dehors, d'elle aux autres États; elle a détruit l'égalité où elle semblait le plus en sûreté, dans le droit des gens, sous la sauvegarde des souverainetés nationales; elle a conçu, elle a organisé la hiérarchie des peuples, et elle s'est placée au sommet. Elle a eu l'incroyable audace de leur déclarer sa supériorité, et, comme les discordes intestines la déchiraient, elle ne s'est sauvée d'elle-même qu'en se précipitant sur eux; il n'y avait de salut pour elle qu'à se constituer l'ennemie du genre humain et en se proclamant peuple-roi. Le dedans répondait au dehors : priviléges dans les personnes, priviléges dans les choses et jusque dans la manière de les acquérir et de les perdre, priviléges ayant ce caractère particulier, qu'ils ne se bornaient pas à élever l'un et à abaisser l'autre, mais qu'ils opprimaient celui-ci et le dépouillaient; le plébéien exclu de la possession des terres, des hautes charges de la république, et même d'un contrat de droit naturel, du mariage avec les enfants des patriciens; le plébéien réduit à la double impossibilité de ne pas faire de dettes, et de payer celles qu'il avait faites; car le pillage à la guerre faisait toute sa solvabilité, et, le pillage manquant, son actif tout entier était dans son corps, il ne s'acquittait que par l'esclavage, il se livrait en pâture au créancier. Je conçois que des plébéiens aux patriciens la haine fût plus ardente que des Romains aux étrangers; je conçois le désespoir du peuple et sa retraite sur le mont Sacré; si l'apologue de Ménénius Agrippa est ingénieux, il est fort peu concluant; l'estomac n'est point aux membres ce que les patriciens étaient aux plébéiens; je conçois surtout l'éloquence tribunitienne, sa violence et son amertume. Que répondre à ce Canuléius, tribun du peuple, réclamant l'admissibilité de tous à la dignité consulaire, et la liberté du mariage entre les diverses classes de citoyens? [1] « J'avais déjà une haute idée du mépris des grands pour le peuple; je les voyais souffrir d'habiter la même enceinte; mais j'étais loin de m'attendre à tant de fureur contre d'humbles demandes, dont tout le crime est de leur rappeler que nous avons la même patrie. A quel profond éloignement ils nous voient au-dessous d'eux! L'air respirable, l'usage de la parole, la forme humaine, ils s'indignent que nous les partagions avec eux... Ce qui nous indigne, nous, ce n'est pas que votre orgueil se révolte de mêler votre sang au nôtre, c'est que le mariage soit interdit par

[1] Tite-Live, liv. IV, ch. III et suiv.

une loi; là est l'outrage dont se plaint le peuple. Votre loi est une main de fer qui fait éclater l'unité sociale, et brise la cité en deux. Que ne défendez-vous aussi le mariage entre le riche et le pauvre? Pourquoi souffrir que le plébéien ait une demeure voisine du patricien, qu'il passe dans la même rue, qu'il s'asseoie à la même table, qu'il fréquente le même forum? Qu'ajouterait à cette vie commune le mariage du plébéien avec la patricienne, de la plébéienne avec le patricien? Quelle innovation en résulterait-il dans le droit, puisque les enfants suivent la condition du père? Nous n'avons qu'un but, c'est de compter au nombre des citoyens; vous n'en pouvez avoir qu'un, c'est de nous outrager. » Malheur à qui trouverait de la sédition dans ce langage! Il est irréprochable aux yeux de la philosophie sociale la plus sévère.

Le monde moderne n'a guère plus de respect pour le droit naturel. Voyez l'Angleterre, avec son beau système représentatif et son admirable procédure criminelle; société indéfinissable où les contradictions abondent, où la philanthropie est dans les livres et quelquefois dans les mœurs, mais où les lois qui répartissent les biens immolent impitoyablement le droit naturel, et d'où l'on court au bout du monde redresser le mal que l'on souffre chez soi. Que d'inégalités du fait de l'homme déforment ce vieux corps! Car l'homme ne crée pas impunément une inégalité; celle-ci en appelle d'autres, auxquelles viennent s'en enchaîner de nouvelles. On n'amoncelle pas la terre sur un point, sans creuser des abîmes à côté; les palais de Rome sont sortis des catacombes. En faisant des riches, on fait des pauvres; une fois faits, il les faut maintenir, car le mouvement naturel de la liberté eût bientôt substitué ses combinaisons aux nôtres. Les uns et les autres passent donc à l'état chronique de riches et de pauvres entretenus. La pauvreté change de nom; elle s'appelle paupérisme; elle n'est plus un accident, mais une condition; elle n'est plus secourue à titre de bienfaisance, mais à un titre rigoureux qui grève le budget d'un impôt spécial. Le privilége de l'aîné engendre des priviléges pour les cadets; il faut à ceux-ci des carrières, des charges, des sinécures; si elles n'existent pas, il les faut créer; il faut ajouter l'Asie à l'Europe, un hémisphère à un hémisphère, un monde à un monde. La misère du colon irlandais est la plus effroyable qui ait jamais excité la pitié humaine; l'ancien monde était moins cruel avec son esclavage; l'esclave au moins ne mourait pas de faim, il avait pour garant de son existence l'intérêt du maître à la soutenir. Mais l'infortuné qui féconde le sol de l'Irlande n'en tire rien qui lui reste; ce n'est pas pour lui que les fruits de la terre se répartissent entre le propriétaire et le fermier, et l'arrêt de Dieu qui condamne l'homme au travail pour se nourrir, ne s'exécute sur lui qu'à moitié; il travaille et ne se nourrit pas. Le propriétaire du sol d'Irlande n'est pas Irlandais, il est Anglais; il n'est pas catholique, il est protestant; pour n'avoir pas sous les yeux sa victime religieuse et politique, et ne pas braver de trop près le spectacle de la misère dont il s'enrichit, il réside nécessairement dans la métropole; il se fait un système d'être absent; c'est ce que l'on appelle l'*absentéisme;* cette nécessité d'une distance entre le propriétaire et le colon en a fait naître une autre, celle d'intermédiaires nommés *middlemen*, spéculateurs parasites qui ne sont ni propriétaires ni producteurs, mais qui se trouvent là, sur le passage, pour augmenter le prix de ferme du bénéfice qu'ils se proposent d'en retirer; le prix, en repassant par leurs mains pour remonter vers le propriétaire, laisse dans chacune d'elles une partie de la substance pompée au colon. Quand ce malheureux est épuisé, on le jette de vive force hors de la terre qu'il a cultivée. Cette abomination n'est sans doute écrite dans aucune loi, mais elle est soufferte et pratiquée chez des hommes civilisés; on a le droit de la compter au nombre de leurs institutions.

C'est du sein d'un tel peuple que devait pour la première fois s'élever la plus redoutable question de la vie sociale : à qui nos maux sont-ils imputables ? Est-ce à la Providence? est-ce aux lois ? L'Angleterre, au milieu de ses grandeurs, était frappée de trop de plaies pour ne pas se poser la question, et douée de trop de philosophie pour n'avoir pas la curiosité de la résoudre. Mais sa philosophie a trouvé un obstacle dans son patriotisme même ; sa partialité pour ses propres lois a nui aux recherches de ses économistes. Malthus, l'un d'eux, frappé des inégalités profondes qu'il avait sous les yeux, n'a pu les expliquer que par l'exubérance de la population; selon lui, s'il y a tant d'hommes malheureux, c'est qu'il y a trop d'hommes ; les moyens de subsistance ne s'accroissent que dans une proportion arithmétique, tandis que la population augmente dans une proportion géométrique ; accusation qui s'adresse directement à la Providence. Pour remédier au mal, il ne permet le mariage qu'à ceux qui peuvent élever leurs enfants. « Si quelqu'un, dit-il[1], désirait encore se marier sans avoir la perspective de pouvoir faire subsister sa famille, il faut qu'il soit libre de le faire. Quoique dans ce cas le mariage soit, à mon avis, *un acte immoral*, il n'est cependant pas de ceux que la société ait le droit d'empêcher ou de punir. Il faut laisser à la nature *le soin de la punition.* » Et plus loin : « L'homme qui naît dans un monde déjà occupé, si sa famille ne peut le nourrir, ou si la société n'a pas besoin de son travail, cet homme, dis-je, *n'a pas le moindre droit de réclamer une portion quelconque de nourriture, et il est réellement de trop sur la terre.* Au grand banquet de la nature, il n'y a pas de couvert pour lui ;

[1] T. III, p. 180, *De l'essai sur la population.*

la nature lui commande de s'en aller, et elle ne tardera pas à mettre elle-même cet ordre à exécution. » Godwin, autre économiste anglais, s'emporte contre les doctrines de Malthus ; il nie la disproportion prétendue entre la multiplication de l'espèce et la puissance de production de la nature ; il la nie comme une calomnie contre la Providence ; il disculpe la bonté suprême qui donne la pâture aux petits des oiseaux de la refuser aux hommes ; il interroge l'antiquité, les nations modernes et surtout les États-Unis d'Amérique. Sa conclusion est que la misère est imputable aux institutions politiques. Mais quelles institutions accuse-t-il ? Celles de son pays ? Il s'en garde comme d'un blasphème ; il ne spécifie pas, et le patriote fait tort au publiciste. Une seule fois, à l'occasion du paupérisme, il l'explique historiquement par la réformation religieuse et la suppression des monastères ; mais il laisse planer la responsabilité de nos maux sur les institutions politiques en général, sans distinction de temps ni de lieu ; il combat la thèse de Malthus bien plus qu'il n'établit la sienne ; il semble n'avoir pris à tâche que de calmer les imaginations effrayées par l'apparition de ces surnuméraires du genre humain, qui attendent, pour avoir le droit de vivre, que la mort y ait fait des vides. En définitif, cette controverse, si grande dans son objet, est nulle dans ses résultats ; le paradoxe de Malthus a été réfuté ; la Providence a eu son vengeur ; c'est quelque chose; mais les institutions ont été collectivement condamnées sans examen, et, en particulier, on n'a pas essayé la solution du problème sur les institutions qui l'avaient fait naître, sur celles de l'Angleterre. Cependant la matière abondait, et l'épreuve bien faite eût été décisive. Nous ne sommes pas de ceux pour qui la prospérité présente d'un État puissant sert de justification à ses lois, et doit nécessairement les absoudre dans l'ordre de la justice. Il y a des grandeurs artificielles qui ne sont même pas des arguments dans l'ordre de la politique; quelques combinaisons heureuses, des rencontres fortuites, des hasards qui n'arrivent qu'une fois, ne fondent pas une doctrine; les violations du droit naturel ne se légitiment pas par le succès. Nous ignorons quelles leçons l'avenir tient en réserve; mais ceux en qui la condition humaine est violée, ont toujours raison de se plaindre, et le cri qu'ils ne cessent d'élever vers le ciel finira par être écouté.

La France n'a pas toujours été constitutionnelle; elle a été assez dissemblable à elle-même pour se servir aujourd'hui de terme de comparaison. Aux inégalités de la nature, de la conquête, du moyen âge, la loi humaine en avait ajouté de son fait; tout y était privilége, le travail chez les uns, l'oisiveté chez les autres; il y avait des priviléges même entre les privilégiés; non-seulement les deux premiers ordres étaient supérieurs au troisième, mais le clergé l'était à la noblesse, et, dans la noblesse, le noble de race à l'anobli, l'aîné aux cadets. Le gentilhomme n'était pas imposable comme le roturier; il n'était justiciable comme lui, ni au civil, ni au criminel; il subissait autrement le dernier supplice, et le privilége s'était glissé jusque dans la mort. Le noble était préférable pour les offices publics et pour les charges ecclésiastiques; le droit lui attribuait une supériorité morale : où l'on exigeait une caution de tout autre, on se contentait de sa parole; son serment l'emportait sur celui du roturier, et sa déposition faisait plus de foi en justice. On lui attribuait même une supériorité intellectuelle : quand le roturier était tenu de faire un *quinquennium* aux écoles, pour être gradué en droit civil et canon, le gentilhomme n'était tenu qu'à un *triennium*[1]. Quand le législateur ajoute aux inégalités de la nature, tout aussitôt, par un enchaînement irrésistible, les mœurs ajoutent aux inégalités du législateur; mais avec cette différence que les supériorités réelles, qui vont rarement sans l'élévation du caractère, le rendent tendre et sympathique, et rapprochent de l'humanité, tandis que les supériorités factices en

[1] *Traité de la noblesse*, par Thierriat; 1606. L'auteur donne de la différence dans la durée des études la raison que voici : « Soit que le droit nous ait estimés plus aptes à comprendre les sciences que les ignobles, parce que la chasse nous étant permise, nous mangeons plus de perdrix et autres chaires délicates qu'eux, ce qui nous rend un sens et une intelligence plus déliée que ceux qui se nourrissent de bœuf et de pourceau. » (P. 17, n° 10.)

éloignent, endurcissent l'âme et la dépravent ; le mot n'est pas trop fort ; et aux époques où la monarchie absolue fomentait l'esprit de cour, l'observation s'applique aux génies les plus sublimes et aux cœurs les plus sensibles ; on en trouve de curieuses preuves dans les lettres de madame de Sévigné et dans les mémoires du duc de Saint-Simon.

A cette époque le privilége se déclarait ouvertement puisqu'il était dans le droit public ; mais depuis que la France est devenue constitutionnelle, il a tenté d'y rentrer furtivement, travesti, changeant de nom et de forme, se mentant à lui-même et aux autres, comme un de ces goûts honteux que l'on n'avoue pas. La Restauration nous a laissé de ce genre d'industrie législative, un exemple que l'on n'oubliera jamais. En 1826, dans un de ces accès aristocratiques qui sont l'écueil des monarchies représentatives, elle a tenté de rétablir le droit d'aînesse ; mais elle avait à éluder un principe, et à masquer la réalité. Dans ce but, elle chercha au droit d'aînesse un autre nom et une autre forme ; un autre nom, elle l'appela *préciput légal ;* une autre forme, au lieu d'attribuer directement la prérogative à la personne, elle a pris dans les biens la quotité disponible qu'elle a donnée au premier-né des enfants ; après quoi, pour sauver toute ressemblance avec le privilége, elle s'est avisée des deux arguments que voici : 1° Tout privilége est essentiellement *personnel ;* or, la disposition du projet de loi est *réelle*, puisqu'elle porte directement sur les biens; 2° L'égalité promise par la Charte est politique; or, l'égalité que sacrifie le projet de loi, est civile; donc il n'y a point de privilége, et elle s'est tranquillement endormie sur l'objection constitutionnelle. Le projet de loi de 1826 n'avait pas d'autre base. Ainsi, vous connaissez la recette pour éluder la promesse de l'égalité; gardez-vous d'indiquer d'abord la personne, là serait le privilége; mais commencez votre phrase par désigner l'excédant de biens que vous lui attribuez, et le privilége s'évanouit. Quant à la distinction entre l'égalité politique et l'égalité civile, elle a le malheur de n'être pas dans la Charte; elle a le malheur plus grand d'être contraire à la raison; la loi qui altérerait l'égalité des partages, ne serait pas une simple loi civile; nulle autre n'appartiendrait plus intimement au droit public, par ses effets directs sur l'état de l'aîné et des cadets, par la condition qu'elle créerait à l'un, par les dédommagements qu'elle obligerait de procurer aux autres; elle affecterait l'économie sociale tout entière. Le rejet de cette loi fut un événement dans la monarchie constitutionnelle; et la gloire en revient en grande partie à M. le duc de Broglie; il prononça, dans cette discussion mémorable, pour la défense du principe compromis, et sur les fausses inductions que l'on tirait de l'aristocratie anglaise, un discours que nous recommandons aux amis de la Charte et de l'éloquence délibérative.

Voilà le privilége, masqué ou découvert, à un titre légal ou en fraude ; le voilà tel que la Charte le repousse, tel que ce serait un crime de le reproduire. Maintenant que nous nous sommes donné le spectacle de ce que sont les autres, et de ce que nous avons été nous-mêmes, rentrons chez nous. Comme au sortir de ces institutions arbitraires, on se réfugie avec bonheur dans notre régime constitutionnel ! on s'y trouve à l'aise, comme au sein de la vérité. La France a été appelée la fille aînée de l'Église; depuis qu'elle a donné à l'égalité devant la loi la première place dans sa constitution, il faut l'appeler la fille aînée de la Providence.

Il n'en serait rien pourtant, à en croire certains publicistes de nos jours. Par une fatalité que l'on ne rencontrerait pas ailleurs, ces institutions que les étrangers envient à la France, la France est réduite à les défendre contre ses propres enfants. Nous avons vu deux économistes anglais chercher la cause de la misère, et l'imputer, l'un à la Providence, l'autre aux institutions sociales; aucun d'eux ne la soupçonne dans celles de sa patrie, où elle éclate à tous les yeux. Les nôtres la voient partout dans nos codes : on dénonce chaque mot d'une législation amie de l'homme, qui inscrit la fraternité évangélique dans sa première ligne, et qui s'en inspire dans les innombrables détails de son vaste ensemble; ailleurs le patriotisme rend aveugle sur ce qui est mal, ou empêche au moins d'en médire; ici, l'esprit de faction s'ingénie à calomnier ce qui est bien. Des livres se publient, des sociétés s'organisent, des journaux se fondent dans l'unique but de nous prouver que nous sommes malheureux, par la faute de la législation la plus juste qu'il y ait au monde. Pour mieux la calomnier, on exagère sa puissance; on la dit en possession d'un remède à tous les maux; on ose dire aux pauvres qu'elle refuse d'user pour eux de sa panacée, et on l'ensevelit sous la masse des maux qu'elle ne guérit pas. Les plaintes que l'on varie sur ce thème, le plus facile et le plus inépuisable des sujets de déclamation, dépassent tout ce que l'oppression des patriciens de Rome a jamais inspiré aux tribuns de plus âpre et de plus amer.

Un petit livre, sérieusement intitulé : *De l'esclavage moderne*, manifeste avoué de ce parti ou de cette école, condense dans son format in-18 tout le venin de sa doctrine. On y trouve, à la page 42, les paroles suivantes, dont il m'est impossible de douter, car je les lis : « Dans l'effective réalité, nous en sommes encore à la solution païenne du problème social, à l'esclavage des nations antiques, atténué seulement, et déguisé sous d'autres noms et d'autres formes. » On vérifie la date du livre, on trouve *Paris, décembre* 1839, et l'on se prend à craindre un anachronisme de plusieurs siècles.

La thèse de l'esclavage moderne y est méthodiquement soutenue, dans l'ordre politique, dans l'ordre civil, dans l'ordre domestique; sous ce triple rapport, l'auteur reproche à la loi française de nos jours les inégalités créées par elle. Remarquez que cela même ne suffirait pas à sa thèse; car le privilége des uns ne serait pas nécessairement l'esclavage des autres; notre ancien régime était hérissé de priviléges, le régime actuel de l'Angleterre ne vit que par eux, et ni l'un ni l'autre ne souffrent l'esclavage. Il faut donc, pour que la conscience publique ne repousse pas le livre sur le titre seul, y substituer partout au mot *esclavage* le mot *privilége;* l'effet du titre est manqué, mais au moins le livre supporte l'examen.

Le plus impardonnable attentat de la loi française, c'est la distinction qu'elle fait entre les droits civils et les droits politiques; c'est de reconnaître les uns chez tous les Français, et de n'accorder les autres qu'au petit nombre. Ne pas jouir des droits politiques, selon l'auteur, c'est n'avoir pas de patrie, c'est être esclave; c'est le sort de trente-trois millions de Français (p. 100). Car, dans l'antiquité, tous les hommes libres avaient des droits politiques; l'esclave n'en avait pas. Donc les droits politiques caractérisent l'homme libre; leur absence caractérise l'esclave. Sur ce fondement, l'auteur conclut de l'ancien monde au nouveau, déclare esclaves tous les Français qui ne jouissent pas des droits politiques, et c'est ainsi que son livre s'intitule : *De l'esclavage moderne*. Ses études sur l'état des personnes ne l'ont pas conduit à d'autre résultat, et cependant la vérité sautait aux yeux.

La différence qu'il n'a pas aperçue entre l'homme libre d'autrefois et le Français d'aujourd'hui, en quoi consiste-t-elle? pourquoi tous les droits au premier? pourquoi quelques-uns seulement au second? La raison en est bonne à connaître.

Dans l'ancien monde, d'après un terme moyen, les dix-neuf vingtièmes du genre humain étaient esclaves; du temps d'Aristote, il y avait à peu près une personne libre sur quarante; les vingt ou trente mille citoyens d'Athènes avaient quatre cent mille esclaves; on comptait de ceux-ci trois cent mille en Arcadie, quatre cent soixante-dix mille dans la petite île d'Égine; à la bataille de Platée, chaque Lacédémonien était accompagné de sept ilotes; à Rome, il n'était pas rare qu'un citoyen en possédât vingt mille. Il n'est pas étonnant qu'une société, composée de tels éléments, ait donné sans exception à la minorité tout ce qu'elle ôtait à la majorité; car si, après la monstrueuse distinction qu'elle faisait dans les personnes, elle en eût fait une autre dans les droits qu'elle concentrait sur si peu de têtes, elle eût réduit le nombre des citoyens au point de se détruire elle-même. Et, par exemple, elle a dû ignorer la distinction des droits civils et politiques; la dénomination de droit civil, chez les Romains, n'avait pas le même sens que chez nous; elle signifiait le droit national par excellence, sans acception de ses diverses parties. Aussi toute l'économie politique était calculée dans ce sens; après s'être déchargée sur l'esclave des soins de la vie vulgaire, elle réservait l'homme libre pour ceux de la cité; elle le préparait, de loin, aux grandes affaires du dedans et du dehors, et le tenait incessamment disponible pour la politique et la guerre; le citoyen absorbait l'homme; état précisément inverse du nôtre, où l'homme ne s'absorbe pas dans le citoyen. La condition servile ayant versé ses masses dans la condition libre, l'ancien système d'éducation politique, qui se pratiquait sur le petit nombre, a cessé d'être nécessaire et même possible dans une grande nation. Le premier effet de l'abolition de l'esclavage a été de charger l'homme devenu libre du poids de sa destinée; les besoins de l'individu et de la famille ont été les premiers dans la patrie moderne; personne n'y songeant pour nous, c'est à nous-mêmes d'y pourvoir, et notre éducation nous prépare aux professions plutôt qu'aux emplois. Autres hommes, autres principes, autre langage; tous ont la vie civile, quelques-uns la vie politique.

Voilà comment la distinction des droits civils et politiques est toute moderne, puisqu'elle a sa raison historique dans l'abolition de l'esclavage, et qu'elle en est l'effet. Tout au contraire de la cité antique, la nôtre ne distingue point dans les personnes, mais distingue dans leurs droits, et l'homme a pu devenir libre sans devenir citoyen. Il faut bien que cette vérité soit fondamentale, car, à la seule exception de la constitution de 93, laquelle ne compte ni dans la législation ni dans la science, nos régimes les plus divers depuis 1789 l'ont reconnue; elle est dans la constitution philosophique de 91, dans la constitution républicaine de l'an III; et, si ces deux actes donnent le titre de citoyen à tous les Français, ils distinguent ceux qui sont actifs de ceux qui ne le sont pas, maintenant ainsi dans les choses la distinction qu'ils effacent du langage. C'est l'article 7 du Code civil qui, le premier, a séparé la qualité de français de celle de citoyen, et placé celle-ci dans la compétence de la loi constitutionnelle; mais la différence n'est que dans les mots, et seulement pour la plus grande exactitude de la langue du droit; la chose reste la même, puisque les constitutions de 91 et de 93, tout en accordant le titre, réservent l'activité politique, et y mettent des conditions. C'est qu'en effet les droits civils suffisent rigoureusement à la liberté, puisqu'ils renferment les droits naturels dont ils ne sont que l'organisation par la loi positive. Je ne dis pas qu'ils satisfassent à tous nos besoins; la Charte est là pour dire ce qu'il nous faut de plus; mais certainement ils excluent l'esclavage; le Code civil l'excluait sous le despotisme impérial, et aujourd'hui, sous le régime le plus libéral, les Français qui ne participent pas aux droits politiques, participent néanmoins aux garanties qu'ils procurent; ces garanties sont l'œuvre de quelques-uns, et profitent à tous. C'est donc par un double contre-sens en histoire et en droit public, que l'auteur du livre conclut l'esclavage de la preuve même de la liberté.

Non-seulement il y a liberté, mais il n'y a même pas privilége. Le privilége, nous l'avons vu, implique une préférence arbitraire de la loi positive; mais où est l'arbitraire dans la distinction des deux espèces de droits? en sommes-nous à ne plus sentir combien la différence des uns aux autres est dans la nature des choses?

Jouir de sa liberté, de sa sûreté, de sa propriété; être jugé selon son droit, n'être puni qu'en vertu d'une loi; contracter, tester, succéder : voilà ce qui est de l'homme et du Français; ce sont les droits civils. Exercer une portion quelconque de la puissance nationale, comme officier ou comme fonctionnaire, élire, être élu, obliger la foi publique comme témoin instrumentaire, participer à l'administration de la justice comme juré; voilà ce qui est du citoyen; ce sont les droits politiques.

Les droits civils sont la fin de la société; le gouvernement doit les protéger, sous peine de manquer aux conditions de son existence. Ils ne supposent aucune action; on les exerce bien moins au dehors qu'on n'en jouit chez soi et pour soi : l'homme, le chef de famille peut rester assis sur son foyer, sûr que la protection sociale viendra l'y chercher pour le couvrir.

Au contraire, les droits politiques ne sont pas la fin nécessaire de la société; aucun de nous n'est prédestiné par sa nature à faire des lois ou à les exécuter; il ne le peut qu'en vertu d'une délégation. Mais, une fois reconnu par la loi écrite, le citoyen est actif; c'est très-judicieusement que la constitution de 91 l'avait ainsi caractérisé; il sort de son domicile; il descend sur la place publique; il a des justiciables, des administrés; il a, à des titres divers, de l'autorité ou de l'influence sur les personnes ou la fortune d'autrui.

Dans l'état civil, l'homme est de plein droit le créancier de la société; elle lui doit des garanties. Dans la vie politique, le citoyen est de plein droit le débiteur de tous ceux dont il peut modifier l'existence; les garanties doivent venir de lui. Puisqu'il délibère, qu'il opine, qu'il donne un suffrage, il doit être capable; puisqu'il commande et qu'il gère, il doit être responsable.

Cette différence entre l'état passif du droit civil, dont toute la prétention est d'être protégé, et l'énergie du droit politique, qui agit en bien ou en mal sur les autres, a-t-elle été inventée, ou existe-t-elle par elle-même? Si elle existe, est-il légitime de mettre des conditions à l'exercice d'un droit actif? Ces conditions, attachées non à la qualité des personnes, mais à des positions sociales accessibles à tous, constituent-elles des priviléges? Non, sans doute; rien n'y ressemble moins. L'ordre politique n'est donc pas si coupable; voyons si l'ordre civil l'est davantage.

Ici le même procédé conduit l'auteur à une doctrine toute neuve. Son idée fixe étant de rattacher la condition de l'homme moderne à tout ce que l'antiquité et le moyen âge ont de plus odieux, un fil imperceptible lui suffit pour établir la liaison. Ainsi, dans la famille romaine, des esclaves vaquaient à tous les offices intérieurs; n'est-il pas évident que nos artisans et nos domestiques sont des esclaves? Ainsi encore le labourage a été, à deux époques successives, le partage à peu près exclusif, d'abord de l'esclave, ensuite du serf; comment ne pas reconnaître des esclaves et des serfs dans nos laboureurs? Que si le contrat par lequel l'homme moderne loue son industrie ou prend la terre à ferme est purement volontaire; si la condition des contractants, inégale peut-être dans l'ordre social, est d'une égalité parfaite dans l'ordre du droit; si même, au dire de M. Troplong[1], le bail à ferme est, relativement au colonage et à l'emphytéose, l'initiation du laboureur à la liberté; cette objection n'arrête point l'auteur. Il nie le contrat volontaire, parce qu'il nie la liberté du consentement: *cette liberté*, selon lui[2], *n'est que*

[1] Préface du *Contrat de louage*.

[2] Page 52 de l'*Esclavage moderne*.

fictive ; le corps n'est point esclave, mais la volonté l'est. Et la volonté est esclave, *quoique exempte de contrainte directe, parce qu'elle est habituellement soumise à une autre sorte de contrainte, à une contrainte morale souvent absolue*[1]. En effet, le domestique est dans la dépendance du maître, le fermier du propriétaire, l'artisan du capitaliste. Vous entendez, jurisconsultes : voici un nouveau principe qui demande l'entrée dans votre science. Jusqu'ici le consentement de la partie qui s'oblige ne pouvait être vicié que par l'erreur, la violence ou le dol; doctrine incomplète : il peut l'être encore par la contrainte morale, et il y a contrainte morale partout où il y a inégalité naturelle ou sociale, subordination, hiérarchie; bien plus : sans trop presser les conséquences de ce système, on finit par trouver la contrainte morale entre deux contractants d'égale condition, dont l'un a besoin de l'autre; car enfin, ce besoin exerce une certaine contrainte sur la volonté; le vendeur a besoin d'argent, l'acheteur a besoin de l'objet qu'il achète; la contrainte, ainsi entendue, n'est autre chose que le motif même qui nous détermine, et l'on arrive à nier que notre volonté soit libre, toutes les fois qu'elle a un motif; en d'autres termes, on applique aux contrats en particulier le sophisme de la nécessité dans nos déterminations en général. Ce n'est rien moins que la

[1] Pages 47 et 48.

négation du libre arbitre, et il n'y a plus de convention possible. Mais, la plus grande merveille du système, c'est de rendre le législateur coupable de la dépendance naturelle des conditions, et du prétendu esclavage où elle met la volonté; si le capitaliste est capitaliste, si l'ouvrier est ouvrier, c'est le crime du législateur. Car telle doit être la conclusion de l'auteur, pour que son invective contre nos lois ait un sens.

Admirez sa justice : en même temps qu'il reproche au législateur les choses impossibles qu'il ne fait pas, il ne lui tient aucun compte des grandes choses qu'il a faites. Peut-être cependant, quand on n'hésite pas à porter ce terrible procès devant des juges aigris par la souffrance, eût-il été convenable, en articulant des crimes imaginaires, de ne pas taire des bienfaits réels. Et, par exemple, quand on remplit de fiel le cœur de l'artisan, pourquoi ne pas lui apprendre que, s'il a aujourd'hui l'usage de ses mains, il a fallu un texte pour le lui rendre, et que ce travail, dans lequel on affecte de lui montrer une servitude, serait encore, sans la loi du 2 mars 91, un droit royal qu'il ne pourrait exercer qu'en vertu d'une permission? Pourquoi ne pas lui dire que la liberté d'industrie elle-même n'eût été qu'une vaine déclaration sans la liberté de la concurrence, et que l'article 419 du Code pénal, en menaçant quiconque altérerait l'équilibre naturel de la production et de la consommation, est venu compléter le bienfait, ou, si l'on veut, l'acte de justice, et mettre le droit naturel sous la protection du droit criminel? L'égalité des partages, la division des terres qui en résulte, et le nombre des propriétaires quintuplé depuis 89, méritaient bien aussi une mention de la part d'un censeur qui se pique d'être juste. La France a un mérite dont il faut la louer plus que d'avoir aboli le privilége de primogéniture en l'an II, époque où l'entraînement était irrésistible vers les idées d'égalité; c'est d'avoir empêché de le rétablir en 1826, que l'entraînement se déclarait dans un sens contraire. Voilà, si je ne me trompe, le seul exemple d'un législateur monarchique, à qui, dans la crise d'une réaction, on présente l'appât des pouvoirs intermédiaires, et qui résiste, par scrupule constitutionnel, à la tentation de reconstruire une aristocratie. Le gouvernement de juillet a achevé cette œuvre de réparation par sa loi du 12 mai 1835 sur les majorats; mais il n'a pas eu besoin du même courage; il n'a fait que suivre sa pente naturelle.

Bénissons nos lois, et de leur fidélité au principe de la Charte et de la mesure qu'elles gardent dans leur fidélité même. Une justice à rendre à notre droit commun depuis plus de cinquante ans, et à l'application qu'on en fait, c'est que son zèle pour la règle constitutionnelle ne l'emporte jamais au delà de la limite : il a la religion de l'égalité, il n'en a pas la superstition. Si quelquefois la limite est franchie, il revient presque aussitôt sur ses pas; il a la sagesse de reconnaître que l'égalité devant la loi, loin d'exclure l'inégalité naturelle, la suppose; il fait acception de celle-ci comme d'un élément essentiel de la justice. Citons-en quelques exemples.

L'industrie est libre : voilà l'égalité des hommes devant la loi; mais la concurrence aussi est libre : voilà l'inégalité entre eux. Car toute concurrence implique l'inégalité des concurrents, et la loi ne l'entend pas autrement, puisqu'elle répute légitimes les résultats de la lutte, et qu'elle les consacre sous le nom de droits acquis.

Les Français sont tous admissibles aux emplois civils et militaires : voilà l'égalité devant la loi. Mais, pour être admis, ils ont à remplir des conditions d'âge, de capacité, de services; voilà l'inégalité naturelle.

Ils contribuent indistinctement aux charges de l'État : voilà encore l'égalité légale; mais la Charte ajoute : *dans la proportion de leur fortune*, voilà l'inégalité des richesses; et elle est si grande, que le problème le plus difficile de l'impôt, problème peut-être insoluble, est d'observer dans sa répartition la proportion exacte des fortunes.

Le Code civil donne des règles sur la manière d'apprécier la violence, comme vice du consentement; son article 1112 recommande d'avoir égard *à la condition des personnes*.

Il a à opter entre l'affirmation du maître et celle de l'ouvrier ou du domestique, sur la quotité des gages et le payement du salaire; la préférence que l'ancien régime accordait au noble, c'est-à-dire, à la qualité de la personne, l'article 1781 la donne au maître, c'est-à-dire, à la position sociale.

Deux procès sont pendants devant un juge; dans chacun d'eux on se plaint d'injures, pour obtenir soit une condamnation criminelle ou civile, soit une séparation de corps; on allègue les mêmes propos, les mêmes faits, les mêmes sévices; mais les parties sont de condition différente. Que fera le juge? S'il se pique d'observer une égalité absolue, les deux procès recevront une décision uniforme; il verra l'injure dans le procédé ou dans la parole, sans acception des personnes. Mais s'il entend l'égalité dans un sens relatif (et c'est le parti qu'il prendra), il pourra rendre deux décisions contraires en apparence; car, pour lui, l'injure sera, non dans l'articulation du mot, mais dans la pensée de celui qui le prononce et dans la sensibilité de celui à qui on l'adresse.

Et remarquez que dans tous ces exemples où l'inégalité naturelle et sociale est prise pour règle, elle l'est comme unique moyen d'être juste; refusez de la reconnaître, et la justice est blessée. Tant il est vrai que l'égalité devant la loi est elle-même intéressée à ce que l'on se prête à l'inégalité selon le monde, et que l'on compose avec elle!

Nous avons, dans la loi du 17 nivôse an II, un exemple mémorable du procédé contraire, c'est-à-dire, du principe poussé à l'excès. La constitution de 93 venait, il y avait à peine six mois, de déclarer que les hommes étaient égaux par la nature, quand le législateur de l'an II se crut appelé à venger la nature même de toutes les violences qui lui avaient été faites. Dans ce but, il fit deux choses : d'abord il décréta l'égalité des partages; ce qui était dans son droit et dans son pouvoir; ensuite, il défendit de l'altérer par des libéralités au profit des successibles; ce qui n'était ni dans son pouvoir ni dans son droit. Son erreur était de croire qu'en ceci il prévenait le rétablissement de l'inégalité, sans s'apercevoir qu'il entreprenait une lutte insensée, dans laquelle il était inévitable qu'il succombât. De famille à famille, la différence des facultés et des destinées individuelles suffisait pour déjouer toutes ses précautions. Il allait d'ailleurs directement contre son but : au-dessus de cette égalité étroite qu'il plaçait dans la balance des lots, il y a une autre égalité plus large et plus vraie dans l'équilibre des conditions des enfants; loin de favoriser cette dernière égalité, il la rendait impossible, en ôtant au père de famille le moyen de corriger les torts de la nature ou de la fortune, et il arrivait qu'en réalité, c'est l'inégalité de fait qu'il protégeait, par l'excès de l'égalité dans le droit. La loi du 4 germinal an VIII et le Code civil ont mieux servi cette noble cause, en rétablissant la faculté de disposer au profit des enfants.

Cette thèse de l'égalité devant la loi, lieu commun de morale et de législation, s'est rajeunie de nos jours par la passion et le sophisme, au point de devenir une des plus redoutables que pût agiter la société moderne; elle touche à ses intérêts les plus sacrés : au droit public, par la Charte; à la philosophie religieuse, par la condition que Dieu nous a faite; à la morale, par nos devoirs d'hommes et de citoyens. Gardez-vous de la prendre pour une spéculation oiseuse; jamais doctrine ne fut plus pratique; dites, si vous voulez, qu'elle se forme dans des nuages, mais dans des nuages gros de la tempête. Telle que l'ont faite nos dernières révolutions, elle a pris un caractère neuf et terrible. Elle n'a pas la justice que nous reconnaissions tout à l'heure à la cause du plébéien de Rome, car elle calomnie une législation humaine, et apprend à haïr ce qui mérite d'être aimé. Elle a des périls que n'avait pas le célèbre paradoxe du XVIIIe siècle : Rousseau, dans ses luttes académiques, attaquait peu les lois positives; il préconisait l'état anté-social à l'encontre de l'état social, et le danger n'était pas que les masses s'éprissent de sa passion pour la vie sauvage. L'école nouvelle, au contraire, est moins académique que militante; elle descend dans l'arène; elle y prend corps à corps le législateur constitutionnel; elle fait arme de tout contre lui, de la discussion, du prosélytisme, de la popularité; elle attire à elle quiconque se plaint, ou plutôt elle va le chercher dans l'atelier ou sous le chaume: là, les sympathies qu'elle laisse paraître sont d'une étrange nature : elles irritent au lieu de consoler. Elle flatte en lui notre penchant à nous débarrasser de la responsabilité de nos maux; elle lui en montre l'auteur dans son voisinage, à ses côtés, sous sa main; elle l'habitue à l'idée des remèdes violents et héroïques, et lui en donne la tentation. Elle le dispense de la résignation et du courage, ces premières vertus du malheur; elle l'amène ainsi au dégoût du travail, tout en lui persuadant que c'est le travail qui s'éloigne de lui; après en avoir fait un sophiste, elle en fait un lâche et un séditieux. C'est la fable des Titans renversée; au lieu d'escalader le ciel, elle mine les sociétés humaines; elle creuse au-dessous de tous les fondements; elle sape, non-seulement la loi, mais la Charte; non-seulement la Charte, mais l'état social; non-seulement l'état social, mais l'économie du monde; avec elle la création a tort, et l'humanité est à refaire. Voilà les esprits auxquels la vérité doit se faire entendre. « La plupart des lecteurs, disait Montesquieu, il y a moins d'un siècle, sont des gens modérés; on ne prend guères un livre que lorsqu'on est de sang-froid. » Plût au ciel! Dans cet âge d'or, que Montesquieu a connu sans doute, il paraît qu'en

[1] *Défense de l'Esprit des lois.*

effet le lecteur était de sang-froid ; c'est le livre qui l'animait. Les temps sont bien changés; aujourd'hui la passion est chez le lecteur, c'est au livre à le calmer.

TITRE DEUXIÈME.

DE LA LIBERTÉ INDIVIDUELLE.

« La liberté individuelle est également garantie, personne ne pouvant être poursuivi ni arrêté que dans les cas prévus par la loi et dans les formes qu'elle prescrit. »
(Art. 4 de la Charte.)

De tous les droits proclamés par la Charte, un seul s'établit par sa propre évidence et sans le secours de la discussion philosophique. L'égalité devant la loi est rarement bien entendue, elle a besoin d'explications. Le droit de propriété a sa métaphysique, il a besoin d'étude; aucuns le nient, il a besoin de preuve. Il est des consciences que la liberté même de conscience étonne et scandalise; il faut leur démontrer qu'elle est selon Dieu. Il est des esprits qui ne voient point un droit naturel dans la liberté de la presse, il faut leur ouvrir les yeux; il en est qu'elle épouvante, il faut les rassurer. Mais la liberté individuelle est acceptée sans discussion et acceptée de tous: seule elle peut se passer de démonstration philosophique; c'est la liberté sous sa forme la plus sensible, elle se résume dans la faculté de se mouvoir; et pour le vulgaire, être libre, c'est aller et venir, c'est n'être pas emprisonné. Dans cet acquiescement universel que reste-t-il donc à faire pour une liberté aussi évidente? Ce qui reste à faire? rien en droit naturel, tout en droit public; rien pour le principe, tout pour sa garantie; la garantie de la liberté individuelle est beaucoup plus dans les mœurs que dans les lois, quand le vœu de la Charte est qu'elle soit dans les textes autant que dans les esprits. Envisagé sous ce point de vue, ce sujet offre deux questions à examiner : En quoi gît la garantie de la liberté individuelle? ou, ce qui revient au même, à quel pouvoir appartient le droit d'arrestation? Cette première question résolue, quel est le droit du citoyen dans le cas d'une arrestation illégale? Ainsi réduit à la question constitutionnelle, et dégagé des questions de procédure criminelle qui n'entrent point dans notre sujet, ce titre, le plus important de notre première partie, en sera aussi le plus court.

§ Ier. De la garantie de la liberté individuelle, ou du pouvoir auquel appartient le droit d'arrestation.

L'article 4 de la Charte a bientôt dit : *La liberté individuelle est garantie.* Mais ce grand mot, pour tenir ce qu'il promet, devrait avoir un autre complément que celui-ci : *personne ne pouvant être poursuivi ni arrêté que dans les cas prévus par la loi, et dans la forme qu'elle prescrit.* Hâtons-nous de dire à quel point cette formule est vicieuse.

Le premier souci de la doctrine constitutionnelle est que le droit naturel auquel est due la garantie, ne soit pas à la merci du droit positif qui la doit. Ce serait le plus grand péril pour la liberté et un contre-sens dans la Charte. J'accuse de ce contre-sens son article 4; en permettant, sans autre explication, l'arrestation d'un citoyen dans tous les cas prévus par la loi et dans les formes qu'elle prescrit, il dit équivalemment qu'il en sera de la liberté individuelle ce qu'il plaira à la loi. Cette rédaction est d'autant plus remarquable, qu'elle a été proposée presque dans les mêmes termes pour le droit de propriété, et repoussée comme renfermant à elle seule toute une révolution sociale. Robespierre, dans un travail particulier sur les droits de l'homme, avait défini la propriété le droit de jouir de la portion de biens *qui nous est assurée par la loi.* La constitution de 93, tout en adoptant les autres parties de son travail, rejeta celle-ci, et reconnut à la propriété une origine plus haute que la loi. La Charte suit la même voie, elle traite avec respect la propriété, elle reconnait l'excellence de sa nature, elle la déclare *inviolable*, et la place dans le sanctuaire du droit naturel. Ainsi du Code civil, dont l'article 544 ne parle de ses limites qu'après avoir proclamé en elle un droit *absolu.* La jurisprudence a le même esprit ; dans les conflits de l'autorité judiciaire et administrative, les questions de propriété sont renvoyées aux tribunaux civils, comme au plus parfait de nos pouvoirs, comme au gardien le plus sûr de ce qui est inviolable. Mais s'agit-il de la liberté individuelle, la Charte change de langage ; elle ne la fait connaître que par ses limites ; elle ne rappelle aucun principe antérieur ; elle ne parle de la garantie que pour la livrer à la loi positive, et elle croit avoir satisfait au droit, en assurant à chacun de nous la portion de sa liberté que la loi n'aura point voulu prendre, exactement comme Robespierre ne nous assurait que la portion de nos biens qu'elle nous aurait mesurée.

C'est une étrange subversion d'idées, de traiter la liberté individuelle moins bien que la propriété. Elles sont sœurs germaines, mais celle-là est l'aînée ; elle précède celle-ci dans l'ordre philosophique ; la théorie dérive la propriété primitive de l'exercice de nos facultés, qui n'est autre chose que la liberté individuelle. L'opprimer, ou seulement la laisser découverte, c'est neutraliser la liberté humaine tout entière.

De La Chalotais avait raison de dire : « N'avoir pas la propriété de ses biens, c'est être esclave ; n'avoir pas la liberté de sa personne, c'est le plus grand esclavage que les lois civiles connaissent. Ce degré de la dégradation de l'humanité suppose le plus grand despotisme. » Pourquoi donc y a-t-il moins de précaution où il y a le plus grand besoin? D'où vient cette inconséquence? Elle ne date pas seulement de nos jours : de tous temps les peuples ont eu plus de passion et les législateurs plus de sollicitude pour la propriété que pour la liberté individuelle; nous avons toujours fait meilleur marché de nos personnes que de nos biens, et nous nous consolons plus facilement de la prison que de l'amende. L'ancien régime qui, sans garantir la propriété, se faisait un scrupule de la violer, se jouait de la liberté des personnes avec une légèreté que nous taxerions aujourd'hui de cynisme.

Le problème de la garantie ne peut se poser nettement qu'en ces termes : A qui du gouvernement ou du pouvoir judiciaire appartient le droit d'arrestation? C'est dans ces termes qu'il a été posé, partout où la liberté individuelle a été prise au sérieux; l'Angleterre ne l'a compris qu'entre les tribunaux et la couronne, et le mérite de l'*habeas corpus* est d'établir solidement au profit des premiers le droit de connaître de toutes les arrestations. L'article 4 de la Charte dit que l'arrestation aura lieu dans les cas et dans les formes déterminés par la loi; mais cette réponse laisse tout en question. La moindre chose est de connaître les cas et les formes de l'arrestation : l'essentiel est de savoir qui l'ordonnera. Car, si parmi les pouvoirs qui se disputent le droit redoutable d'appliquer la règle, il en est un à qui toute règle soit antipathique, et qui ne renonce jamais à alléguer la raison d'État, le salut public, le *caveant consules*, toute la sagesse de la loi sera vaine; la Charte n'aura rien fait, si elle ne commence par exclure de la garde du dépôt l'ennemi contre lequel il faut le défendre. Qu'elle l'exclue par une désignation nominative, ou, si on le préfère, par la proclamation d'une vérité de droit naturel, avec laquelle il est incompatible; par exemple, en déclarant la liberté de la personne inviolable comme la propriété; peu importe, pourvu que la disposition constitutionnelle se réserve la garantie, et ne s'abdique pas elle-même en s'en déchargeant sur le législateur, en donnant la loi comme règle, au lieu de faire la règle à la loi; c'est seulement à ce prix qu'elle sera constitutionnelle. Il est donc vrai que de toutes les conditions de la garantie, l'article 4 omet précisément la plus importante.

J'ai à cœur de montrer comment cette mauvaise rédaction est entrée dans notre droit public, et quels fruits elle y a portés. Les faits ici vaudront mieux que les raisonnements.

Les lettres de cachet avaient diversement frappé les esprits. Les uns, et c'était le plus grand nombre, étaient surtout choqués de leurs effets extérieurs, de la facilité avec laquelle ces projectiles de l'arbitraire se lançaient par milliers et frappaient au hasard. Elles se délivraient en blanc, et circulaient de main en main, comme des bons au porteur auxquels on devait livrer sa personne. L'effet immédiat de leur formule ordinaire : *Dieu vous ait en sa sainte et digne garde!* était de vous jeter dans une prison d'État pour une cause inconnue et un temps indéfini. Mais les esprits plus éclairés et plus pénétrants, par une sorte d'anticipation sur 89, voyaient en elles bien moins une question de forme qu'une question de pouvoir; l'abus qu'en faisaient les bureaux n'était pour eux qu'un effet, dont la cause était dans l'incompétence radicale du pouvoir qui en était si prodigue. Aussi s'attachaient-ils moins à régler dans ses mains le droit d'arrestation qu'à le lui ôter, pour le remettre aux tribunaux. L'esprit judiciaire, malgré les imperfections de l'ordonnance de 1670, inspirait seul quelque confiance, par son habitude de restreindre l'arrestation aux cas de crime ou de délit. La magistrature se pénétrait des notions de droit naturel, et inclinait vers les idées libérales : les criminalistes commençaient à faire, sur la délivrance des mandats, des réflexions pleines de scrupules et dignes de l'époque constitutionnelle; on trouve à peine dans leurs ouvrages quelques rares mentions des lettres de cachet, et ce silence accusateur doit être compris : ils n'osaient les combattre, ne voulaient point les préconiser, et renonçaient à leur trouver des règles. Aussi partout où elles ont été ouvertement attaquées, dans le livre de Mirabeau, dans les immortelles remontrances que fit entendre Malesherbes au nom de la cour des aides, la pensée dominante était qu'elles servaient à se cacher des tribunaux, dont on n'osait affronter les scrupules.

Les personnages puissants mettaient leur point d'honneur à ne pas se compromettre devant eux : « Tout homme un peu considérable, disait la cour des aides, dédaigne de demander la réparation d'une injure à la justice. » La lettre de cachet était plus traitable et de meilleur ton.

Telle était la disposition des esprits aux approches de 89; la lutte était établie dans l'opinion entre le gouvernement et le pouvoir judiciaire, quand les états généraux furent convoqués. Les cahiers, et notamment ceux de Paris, traduisirent ce besoin de justice par la formule même qui, de constitution en constitution, s'est perpétuée jusqu'à notre Charte; on demanda de toutes parts que le droit d'arrestation ne s'exerçât que *dans les cas prévus et dans les formes prescrites par la loi*, et l'on crut avoir trouvé un infaillible remède au mal. Cette illusion est ordinaire dans la première ferveur de l'ordre légal, lorsque l'instinct encore indécis de notre régime ne distingue pas entre l'émanation directe du droit naturel et l'expression quelquefois inexacte que lui donne le législateur; on voit alors dans la loi non une forme nouvelle, dont on peut abuser comme de toute autre, dont le mérite est de rendre le despotisme plus difficile, non impossible, qui peut même lui aller, et qui le consacre, quand elle se laisse usurper par lui, mais le criterium du bien et du juste. Cette dévotion à une forme est une superstition très-réelle, qui fausse les idées du peuple et détruit les scrupules du législateur, en lui persuadant que, pour faire le mal en sûreté de conscience, il suffit de porter sur soi cette amulette. On croyait qu'en possédant la loi, on échappait pour toujours à l'arbitraire; mais l'illusion ne dura pas longtemps.

La première expérience fut terrible et décisive; je la prends en 93. Que les dévots à la forme légale m'expliquent la formule *hors la loi;* cette monstrueuse pétition de principes devrait, ce semble, détromper ceux qui pensent que la loi recèle la garantie; la garantie qui peut se retirer n'est pas une garantie. La loi qui met hors la loi est une enceinte, où l'on est reçu, d'où l'on est chassé, comme ces malheureux Irlandais, dont parle Lally Tollendal[1], qui, pour indiquer leur situation géographique relativement à l'Angleterre, avaient coutume de dire : *nous sommes à l'ouest de la loi*. Ne dites pas que cette formule ne conclut rien contre le régime constitutionnel, parce qu'elle appartient au gouvernement révolutionnaire ; elle est antérieure au gouvernement qui s'intitulait ainsi, et elle lui a survécu ; on la retrouve sous le régime régulier de l'an III, on la retrouve jusque dans la loi du 14 fructidor an V, qui l'abolit ; on la retrouve au 18 fructidor, quelques jours après son abolition ; on en retrouve au moins la menace au 18 brumaire.

[1] Dans son *Histoire de Strafford*.

C'était, dans le langage du temps, la manière de remettre le droit d'arrestation au gouvernement. Toutefois cette formule odieuse était un hommage à la loi même, à laquelle elle reconnaissait un charme qu'il fallait rompre.

Mais pourquoi se donner la peine de mettre hors la loi, quand la loi est un instrument si élastique? on le sentit bientôt; on en avait sorti ceux que l'on voulait perdre; on les y rentra, et ils n'en furent que plus régulièrement opprimés. La loi sur les suspects, antérieure au gouvernement révolutionnaire, fut une loi véritable, et c'est afin que ce caractère se prononçât davantage en elle, qu'on lui donna pour rapporteur le premier des jurisconsultes contemporains. La main du jurisconsulte se reconnaît à l'étrange idée de convertir le soupçon politique en présomption de droit; on n'était point suspect par son fait personnel; on l'était collectivement, on l'était comme enveloppé dans une catégorie de la création de la loi; on y était réputé haïr ce qu'il fallait aimer, ou aimer ce qu'il fallait haïr. Tout suspect était dévoué à l'arrestation; le le droit de le baptiser de ce nom terrible, appartenait à des comités de surveillance, embrasés de toute les passions du moment, et composés de Sylla subalternes, dont chacun avait ses tablettes à remplir. Les lettres de cachet étaient moins redoutables; cependant, si la liberté individuelle n'est qu'une question de droit positif, je me charge, avec la formule de l'article 4, de justifier la loi des suspects : les suspects n'étaient-ils pas arrêtés dans les cas prévus par la loi? dans les formes prescrites par la loi? par un pouvoir autorisé de la loi? Le texte de la Charte à la main, je tiens la proscription de 93 pour irréprochable.

La loi s'était si mal acquittée de sa fonction tutélaire, elle s'était si complaisamment retournée contre le droit qu'elle était chargée de défendre, qu'on cessa de croire à la loi, à son efficacité, et à la possibilité de la garantie. La lassitude que laisse après elle une passion malheureuse pour la liberté est le commencement du scepticisme constitutionnel; on ne voit d'alternative qu'entre l'anarchie et le despotisme, et la constitution change de nature; elle se subordonnait au droit naturel; elle passe dans une autre classe, et ne poursuit d'autre but que l'ordre. L'acte du 22 frimaire an VIII est de ce nombre; le passage de la première à la seconde espèce de constitution s'y fait brusquement : on y sent une politique sans foi qui, dans son travail d'organisation, ne se pique que de vigueur et d'habileté. Les principes de l'Assemblée constituante ne sont plus que de l'idéologie; point de déclaration de droits; nulle mention de la liberté individuelle, si ce n'est pour la remettre au gouvernement, article 46 : « Si le gouvernement est informé qu'il se trame quelque conspiration contre l'État, il peut décerner des mandats d'amener et des mandats d'arrêt contre les personnes qui en sont présumées les auteurs ou les complices. » Ainsi, l'arme que toutes les puissances de l'opinion avaient arrachée à l'ancien régime, quelques lignes de l'acte de l'an VIII la livrent au gouvernement consulaire; c'était rétrograder aux lettres de cachet; c'était pis, car ce qu'on avait appelé arbitraire chez l'un, prenait chez l'autre la couleur constitutionnelle; à la vérité, on ne vous demande votre liberté que pendant dix jours; dix jours : qui marchanderait pour si peu? Que si, les dix jours expirés, vous n'êtes ni mis en liberté ni traduit devant les tribunaux, voici la voie facile que l'on vous ouvre vers la justice; vous vous plaignez au tribunal, on suppose que le tribunal s'émeut; il dénonce le ministre au Corps législatif, on suppose que le Corps législatif s'émeut; il délibère, il met le ministre en accusation; on compose tout exprès pour vous une haute cour impériale, et c'est alors, pauvre captif, qu'après avoir, du fond de votre prison, entassé Pélion sur Ossa, vous pouvez espérer qu'il sera question de vous devant la haute cour.

Deux ans plus tard, le délai de dix jours parut d'une précision gênante; et l'article 55 du sénatus-consulte du 16 thermidor an X, transporta au sénat le droit de déterminer le temps dans lequel les personnes arrêtées, en vertu de l'article 46 de la constitution, seraient traduites devant les tribunaux; le délai était fixe, il devint indéfini.

Deux ans plus tard encore, en l'an XII, nouveau perfectionnement ; il n'était absolument impossible ni que le Tribunat eût la hardiesse de dénoncer, ni que le Corps législatif eût celle d'accuser ; le sénatus-consulte organique de l'an XII y pourvut. L'essentiel était que la plainte ne parvînt pas directement au Tribunat, et qu'elle eût à franchir un intermédiaire avant d'y arriver. L'imagination dont on s'avisa est un véritable sujet d'étude. On institua dans le sein du Sénat (du Sénat, vous entendez) une commission dont le titre annonçait un pouvoir protecteur, on l'appela *commission de la liberté individuelle*, et dont la destination réelle était d'amortir la plainte, en épaississant les murs du cachot. La plainte s'adressait à la commission, elle y subissait un examen préalable, dont l'esprit était déterminé par l'article 62 du sénatus-consulte, dans des termes fort remarquables : « Lorsque la commission estime que la détention prolongée au delà des dix jours de l'arrestation, *n'est pas justifiée par l'intérêt de l'État...* » L'intérêt de l'État ; ce mot est caractéristique, et le despotisme y est pris sur le fait. Le voilà bien, ce droit collectif que nous avons signalé comme le contraire du droit individuel ; quand on mesure la légitimité d'un acte à l'intérêt de l'État, c'en est fait de la liberté ; c'en est fait de tous les droits qui ont leur siége dans l'individu, de la propriété, de la conscience, de la pensée, de la vie ; il n'en est pas un qui ne s'y abîme. Si l'arresta-

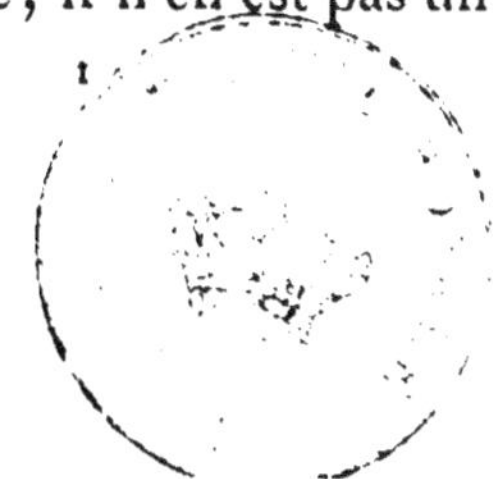

tion ne paraissait pas justifiée par l'intérêt de l'État, la plainte parcourait une suite de degrés, à chacun desquels elle pouvait s'arrêter : la commission faisait au ministre trois invitations, à dix jours d'intervalle; le ministre ne tenant aucun compte des invitations, la commission s'adressait au président du Sénat; le président convoquait sa compagnie, et la compagnie pouvait enfanter la déclaration suivante: *Il y a de fortes présomptions que N. est détenu arbitrairement;* c'est après toutes ces façons que la plainte arrivait au Tribunat, et que, du Tribunat au Corps législatif, du Corps législatif à la haute cour, tout le reste de l'engrenage commençait à se mouvoir.

Le despotisme ordinaire s'empare de tout, comme de son bien; le despotisme de l'an VIII a cela de propre, que, se trouvant à une époque de transition, il se croit encore obligé de dissimuler; toute la différence est dans l'hypocrisie. Il ne nie pas votre droit, et, sans le proclamer formellement, il le suppose par les formes qu'il donne à votre réclamation, seulement il commence par le prendre; votre droit une fois dans sa main, allez l'y chercher, il vous le permet; mais sa permission ressemble à un défi; pour tenter l'entreprise, il vous donne le monde à soulever. Il faut qu'un héros sorte des rangs, se dévoue, et arrache au monstre sa proie, au risque d'en être dévoré. Sous le régime de la garantie, l'autorité de la justice est l'intermédiaire auquel doit nécessairement recourir quiconque veut atteindre la liberté individuelle; le gouvernement n'y toucherait pas sans attentat. Le gouvernement consulaire et impérial (car c'est tout un à mes yeux,) s'en adjuge la possession provisoire, et fait de sa revendication par la partie lésée ou par les grands corps de l'État, un acte de courage, moralement très-difficile, politiquement presque impossible. C'est son procédé habituel. Ainsi, s'agit-il pour lui d'usurper le pouvoir législatif, il s'en empare tout d'abord, et attend dix jours que le Tribunat dénonce, et que le Sénat annule l'acte usurpateur; si le miracle de la dénonciation et de l'annulation ne s'accomplit pas, le gouvernement prescrit par dix jours ce qui ne se prescrit pas par des siècles. Est-il question de la liberté de la presse, il la traite précisément comme la liberté individuelle; il la séquestre, et lui donne aussi sa commission sénatoriale dans laquelle il l'ensevelit. Cette manière de procéder, en s'adjugeant le provisoire, va bientôt se retrouver dans la jurisprudence.

La législation secondaire régla en conséquence les deux grandes circonstances qui importent à la liberté individuelle, l'arrestation et la détention. En 1808, le Code d'instruction criminelle fit participer au droit d'arrestation les commissaires généraux de police, en leur donnant une place parmi les officiers de police judiciaire. L'institution des commissaires généraux datait de la loi tout administrative du 28 pluviôse an VIII[1], qui les subordonnait aux préfets ; ils pouvaient correspondre directement avec le ministre de la police, avec obligation d'exécuter ses ordres. Cette subordination aux préfets, cette obligation d'exécuter les ordres du ministre, disaient assez si c'était de l'esprit judiciaire qu'on entendait les animer. Aussi leur intrusion dans la procédure criminelle fut-elle une altération profonde de la loi commune, et une aggravation du droit exorbitant que l'article 46 de la constitution attribuait aux ministres ; car ce droit était borné par l'article 46 au cas de conspiration contre l'État ; mais il s'élargit dans les mains des commissaires généraux, au droit desquels il venait se joindre, et put dès lors s'étendre à tous les délits. La police administrative avait ainsi un œil et une main dans la police judiciaire, et ne se mêlait pas à elle sans se l'assujettir : car si, d'une part, l'article 9 du Code d'instruction voulait que la police judiciaire s'exerçât sous l'autorité des cours royales, de l'autre, l'article 14 de la loi du 28 pluviôse an VIII subordonnait au préfet et au ministre le commissaire général, qui ne s'en appelait pas moins officier de police judiciaire, et si ces deux autorités rivales venaient se heurter dans sa personne, le caractère administratif de ses actes le défendait contre la cour royale.

En 1810, le Code pénal fit du droit de détenir ce

[1] Art. 14.

que le Code d'instruction venait de faire du droit d'arrêter. Son article 120 autorise les gardiens à recevoir un prisonnier *sur l'ordre provisoire du gouvernement;* de cette manière, arrestation et détention, le système embrassa tout, et la liberté individuelle fut entièrement soustraite à la protection de la justice.

L'ordre des dates nous conduit au fameux décret de 1810 sur les prisons d'État; mais les dates mêmes fournissent ici un rapprochement que nous ne passerons pas sous silence. Le décret est du 3 mars; à cinq jours d'intervalle, le 8, on trouve la loi sur l'expropriation pour cause d'utilité publique, comme si ces deux actes faisaient partie de la même pensée. L'un immole la liberté individuelle de la manière que voici: « Considérant qu'il est un certain nombre de nos sujets détenus dans les prisons d'État, sans qu'il soit convenable *ni de les faire traduire devant les tribunaux*, ni de les faire mettre en liberté... » L'autre proclame le principe contraire dans son article 1er: « L'expropriation pour cause d'utilité publique *s'opère par l'autorité de la justice* ». L'autorité de la justice, remarquons-le à son éternel honneur, est reconnue par le despotisme comme véritablement tutélaire, comme éminemment propre à garantir: ce qu'il consent à ne pas prendre, il le lui confie; ce qu'il se réserve, il le lui retire; car avec elle on serait trop fort contre lui. Dans ce partage, c'est à la propriété des biens qu'échoit l'autorité protectrice; c'est sur la liberté des personnes que tombe l'arbitraire. Nous avons déjà constaté cette nuance dans le despotisme.

On a très-justement maudit le décret de 1810; le Sénat, qui n'avait osé le toucher dans la prospérité de l'Empereur, l'a placé en 1814 au nombre des griefs qui justifiaient sa déchéance. Mais les amis de la liberté ont concentré sur lui toute leur colère. Il n'est cependant pas plus détestable que l'article 46 de la constitution de l'an VIII, ni que l'article 60 du sénatus-consulte de l'an XII. Son principe est dans les actes qui le précèdent, dans l'article 9 du Code d'instruction, de qui il a bien pu dépendre de donner aux commissaires généraux de police la qualification d'officiers de police judiciaire, sans leur en donner l'esprit; et dans l'article 120 du Code pénal, qui permet de détenir un prisonnier en vertu d'un ordre provisoire du gouvernement. Le décret de 1810 n'est qu'une conséquence, et une conséquence bien déduite; il a de plus la franchise du principe dont il sort; il a la dérision de moins; il renonce aux simagrées impies de l'an VIII et de l'an XII. Est-ce là son tort?

C'est dans cet état de détresse que la Charte de 1814 a trouvé notre droit public. Nous avions échangé les idées de la Constituante contre celles du Consulat, la croyance dans les droits de l'homme contre les combinaisons de l'ordre et de la force; la Charte rouvrit la première école, celle des principes libéraux ; mais nous n'y rentrâmes pas comme nous en étions sortis ; nous traînions cette fois le bagage de l'Empire. Si l'ancienne formule ressuscitée par la Charte : *nul ne peut être arrêté que dans le cas et selon les formes déterminés par la loi*, compatit avec les textes impériaux, c'est ce que nous dirons tout à l'heure; auparavant, voyons la formule à l'œuvre, et à l'œuvre sous la Restauration. Continuons notre revue du passé.

La Restauration, malgré l'enseigne qu'elle avait arborée, n'était pas de complexion constitutionnelle. Elle succomba bien vite à la vulgaire tentation de suspendre les garanties : trois fois, dans son existence de quinze ans, elle eut recours à ce lieu commun du despotisme : au milieu d'un peuple qui ne demandait qu'à se rasseoir, elle allégua la nécessité de se sauver. Trois lois du 29 octobre 1815, du 12 février 1817, du 26 mars 1820, ont remis au gouvernement le droit d'arrestation et de détention, et tel est l'état de l'opinion en France, que dès que ce droit est remis au gouvernement, on dit que la liberté individuelle est suspendue : on ne la croit en sûreté que dans les mains de la justice. Jugez ici la formule de l'article 4, et dites si elle renferme la garantie : la garantie a été suspendue, non pas malgré la formule et en la violant, mais par elle et à son moyen. M. Bellart, qui fut pour la loi de 1815 ce que Merlin avait été pour la loi des suspects, donne en ces termes la raison de la voter[1] : « L'article 4 de ce grand contrat, dit-il, en parlant de la Charte, laisse à la loi *le droit indéfini* (entendez bien cela) de régler tout ce qui est de la liberté. Il faut sans doute une loi pour y porter quelque diminution que ce soit ; mais nulle part la Charte ne défend à la loi d'étendre, à cet égard, son pouvoir et sa prévoyance *aussi loin que le salut de l'État peut l'exiger...* » La dictature de 93 avait dit : *le salut public*, et le sénatus-consulte de l'an XII : *l'intérêt de l'État*; le rapporteur de la loi de 1815 dit : *le salut de l'État.* Même école, même langage, même procédé ; la loi est la forme complaisante qui se prête à tout ; son droit est indéfini; il lui suffit d'alléguer le salut de l'État contre la liberté : elle peut se faire un titre de sa propre épouvante. Si telle est la vertu de l'intérêt de l'État quand c'est la loi qui l'allègue, je m'étonne qu'on écrive encore des constitutions, et que l'on croie à aucune espèce de règle. Rendons grâces au gouvernement de juillet, qui cependant a eu ses épreuves, d'avoir pensé que c'est avec la Charte qu'on se sauve.

La formule de l'article 4 change de portée et de physionomie, selon l'époque où on l'envisage : quand elle fut pour la première fois promulguée au sortir de l'ancien régime, elle n'avait qu'un sens possible. Elle rompait avec le passé, elle regardait l'avenir ; elle attendait une organisation conforme à sa pensée, et comptait sur une loi libérale. Lors-

[1] *Moniteur* du 20 octobre 1815, p. 1161.

que après la période impériale elle reparut dans les mêmes termes, elle n'était cependant plus la même; elle ne rompait pas tout à fait avec le passé qui la précédait immédiatement; ce fut une étude de découvrir en quoi elle ne le continuait pas; elle semblait donner sa sanction à des lois sorties d'une origine ennemie et empreintes d'un esprit hostile. Celles auxquelles elle remettait le soin de déterminer les cas et les formes de l'arrestation et de la détention, quelles étaient-elles? Était-ce l'article 46 de la Constitution de l'an VIII, l'article 60 du sénatus-consulte, l'article 9 du Code d'instruction tout entier, l'article 120 du Code pénal? Son sens n'était plus aussi simple et se compliquait avec la situation. C'est alors qu'on fut frappé de ce qui lui manquait, et que sa rédaction fut accusée d'insuffisance. La difficulté serait restée après 1830 ce qu'elle était auparavant, si la législation avait été laissée intacte, avec ses besoins et ses moyens ordinaires d'interprétation; mais on revisa en 1832 le Code d'instruction et le Code pénal, et la révision, faite dans l'esprit et avec l'expérience de l'époque, laissa les commissaires généraux de police dans l'article 9 du Code d'instruction, et le droit provisoire du gouvernement dans l'article 120 du Code pénal. Est-ce par omission, est-ce de propos délibéré? Ces lois ont-elles été oubliées ou conservées?

Les jurisconsultes distinguent deux espèces d'abrogations, l'une expresse, l'autre tacite. Point de difficulté sur la première, mais la seconde est pleine d'incertitude et de périls, et quand il s'agit d'elle, la cour de cassation s'arme d'un esprit de réserve, qui semble être la véritable règle des magistrats; autrement il n'y aurait pas de texte qui résistât à l'induction, et l'on aurait bientôt porté la hache dans la forêt de nos lois. Toutefois ces principes sur l'abrogation ne se sont formés que dans la jurisprudence ordinaire et n'ont point été essayés sur le droit constitutionnel. L'article 68 de la Charte de 1814 supposait cependant que dans les lois alors existantes, il pouvait y en avoir de contraires au régime qu'elle fondait, et l'article 70 de la Charte de 1830 fait la même supposition relativement à la Charte de 1814. Le besoin de coordonner le passé avec le présent avait été senti par la Restauration; une ordonnance du 20 août 1824 avait institué une commission dans ce but; mais cette commission s'est séparée sans accomplir sa tâche. Si les hommes éminents dont elle se composait eussent laissé leur doctrine sur l'abrogation du droit constitutionnel, il est permis de croire qu'elle eût différé en quelque chose de la doctrine reçue en droit commun, et notamment sur l'abrogation tacite. On peut en donner plus d'une raison : 1° Les articles 59 et 70 de la Charte introduisent le principe de l'abrogation tacite dans les matières constitutionnelles; ils l'y introduisent, puisque, tout en supposant une incompatibilité entre la Charte et les lois qui l'ont précédée, ils ne désignent pas nommément celles qui lui sont contraires, et laissent par conséquent à d'autres le soin de les rechercher. Or cette recherche ne peut se faire en consultant seulement la lettre, la lettre est muette, mais en étudiant l'esprit. Le texte d'une constitution se borne à l'énonciation des principes généraux, et s'abstient des détails, différant en cela de la législation secondaire. 2° Il est rare que les innovations du droit commun soient radicales; elles modifient ordinairement l'organisation ou l'application d'un principe; mais le principe reste le même : c'est un mouvement sur un fond immuable. Je conçois qu'alors on soit plus difficile sur l'abrogation tacite. Mais en droit constitutionnel, les révolutions nous jettent d'une extrémité à l'autre, et nous entraînent dans tous les contraires. A chacune des dates de 89, de l'an VIII, de 1814, de 1830, on change d'école, de philosophie, de système; l'atmosphère se renouvelle; on passe dans un nouveau monde. Entre l'école de la Constituante et celle de l'Empire, entre la reconnaissance des droits de l'homme et l'organisation du despotisme, entre la nuit du 4 août et le 18 brumaire, il n'y a pas une simple différence, il y a antipathie profonde, et je conçois que, sans aller jusqu'à la rupture complète, qui n'est jamais possible, l'abrogation tacite trouve moins de résistance, même chez les plus sages : car pour être sage, il n'est pas nécessaire d'être inconséquent. Ajoutez que ce point de vue n'est plus celui du jurisconsulte;

le régime constitutionnel élève ceux qui l'étudient. Si dans le domaine de l'application il est vrai de dire : *non de legibus, sed secundum leges judicandum*, dans le domaine du publiciste et du législateur on renverse l'adage et l'on dit : *non secundum leges, sed de legibus*.

De quelle abrogation veut-on qu'ait été atteint l'article 46 de la constitution de l'an VIII ? De l'abrogation expresse ? Mais où est le texte qui la prononce ? Ce n'est assurément pas l'article 4 de la Charte qui remet à la loi le soin de régler le droit d'arrestation ; car un article de constitution est bien une loi, et une loi du premier ordre. Ce sont encore moins les articles 9 du Code d'instruction et 120 du Code pénal qui répondent à la pensée de l'an VIII, et qui n'ont été faits que pour en procurer l'exécution. Loin d'abroger, ils continuent. Leur maintien lors de la révision de 1832, en plein régime constitutionnel, est, dans les idées ordinaires, un argument auquel je ne connais pas de réplique. Un publiciste éclairé[1] propose de voir l'abrogation de l'article 46 dans les lois par lesquelles la Restauration suspendit la liberté individuelle en 1815, 1817 et 1820. La nécessité d'y recourir pour donner au gouvernement le droit d'arrestation, est une preuve, à ses yeux, que l'article 46 n'existait plus. Mais cette induction est bien faible contre des textes formels. Comment

[1] *Traité du droit public*, par M. Serrigny, t. Ier, p. 355.

des lois temporaires auraient-elles aboli le principe permanent d'une constitution? Comment l'auraient-elles aboli en l'appliquant? Car c'est bien lui qu'elles ont appliqué, malgré quelques modifications de détail. Comment surtout des lois de 1815, 1817 et 1820 seraient-elles une réponse à l'argument que fournit la révision de 1832? Il n'est que trop vrai, à ne consulter que les textes, la liberté individuelle est encore aujourd'hui à la merci d'un ministre.

Et cependant l'évidence des textes est combattue par un sentiment moral qui a aussi son évidence. La conscience publique a prononcé l'abrogation de l'article 46, et le gouvernement qui le mettrait à exécution la blesserait dans ce qu'elle a de plus sensible. L'article 46 n'est pas contraire au texte de la Charte, mais il est antipathique à son génie; il est dans notre législation, mais il y est intrus; il vit, mais il vit paralysé; il décide contre la garantie constitutionnelle la question de 89; il rend au gouvernement le droit qu'elle lui avait retiré; il rétablit, en le mitigeant, le régime des lettres de cachet. Bien plus, il n'était pas isolé dans la constitution impériale; il y tenait à un mécanisme qui, bien que dérisoire, n'en était pas moins un hommage au principe; il nous reste seul de ce système écroulé, et il ne faut pas nous en plaindre, car il nous reste un peu plus intolérable qu'auparavant; certes, en voilà tout autant qu'il en faut pour une abrogation implicite; et si l'article 120 du Code pénal qui en garde les vestiges, a échappé à la révision de 1832, il est permis de croire que c'est par oubli ; il n'a été l'objet d'aucune observation.

Si l'abrogation tacite ne peut rien contre l'article 46 de la constitution de l'an VIII, elle ne doit rien pouvoir contre le décret de 1810, sur les prisons d'État ; la raison est la même. Si l'abrogation expresse est rigoureusement nécessaire, le décret de 1810 se justifie comme la loi des suspects ; je soutiens qu'il est valable, et qu'on doit relever la Bastille. Que lui faut-il pour être obligatoire ? une seule chose, le caractère législatif. Or, la jurisprudence[1] reconnaît ce caractère à tous les décrets qui n'ont point été dénoncés au sénat, et annulés de la manière indiquée par l'acte de l'an VIII. A la vérité elle excepte ceux qui sont contraires à la Charte, d'après l'article 59 ; ce qui signifie qu'on leur pardonne bien l'excès de pouvoir contre la constitution sous laquelle ils sont nés, mais non la violation d'une disposition particulière de la Charte. Cette doctrine se comprend à merveille, lorsque la Charte a une disposition qui lui soit propre, et que la loi elle-même soit obligée de respecter, comme en matière d'égalité, de liberté de conscience, de liberté de la presse, de droit de propriété. Mais le malheur de la liberté individuelle est de n'avoir pour sa défense que l'imprudente formule de l'article 4 ; le

[1] Je m'explique sur cette jurisprudence dans la seconde partie, chap. III, § 1er.

mot de garantie s'y trouve; la chose en est absente; la Charte s'y démet en faveur de la loi; elle lui donne ses pleins pouvoirs, sans se rien réserver, lorsque cependant il n'y a de principes constitutionnels que ceux qu'elle proclame. Que fait le décret de 1810? Il le dit sans détour, il veut éviter les tribunaux; pour que l'article 4 fût violé par cette déclaration, il faudrait qu'il eût remis la liberté individuelle à l'autorité judiciaire; mais la lui a-t-il remise? Le fait-il entendre, soit directement, soit par voie de conséquence, en établissant un principe général? D'aucune manière. Quelque énormité que l'on commette contre la liberté individuelle, on est sans reproche, pourvu que l'on ait l'autorité de la loi, et elle ne manque pas au décret de 1810. Il ne viole donc pas dans la Charte une disposition qui lui soit propre; il n'est coupable que de cet excès de pouvoir qui est couvert par la jurisprudence; il n'est donc pas compris dans l'exception. Il est en vigueur, il faut lui obéir. Voilà où l'on arrive en droit constitutionnel, quand on rejette superstitieusement l'abrogation tacite, et que l'on renonce au bon sens pour s'enchaîner à un texte.

Je ne m'en cache pas, je ne serais point contrarié par une jurisprudence qui déciderait que l'article 46 de l'acte de l'an VIII n'est pas abrogé; quand il y va d'aussi grands intérêts, j'aime mieux une absurdité bien éclatante, que le demi-jour d'une question douteuse; on est plus près du remède.

§ II. — Du droit du citoyen dans le cas d'une arrestation illégale.

Des nombreuses questions qui intéressent la liberté individuelle, j'extrais la question suivante, comme appartenant au droit constitutionnel, et par conséquent à notre sujet : Quel est le droit rigoureux du citoyen, sur la personne duquel on tente ou l'on consomme une arrestation illégale ? Son devoir est-il d'obéir provisoirement, sauf à demander plus tard justice contre l'agent responsable ? ou bien peut-il résister légitimement ? L'acte illégal est-il, dès le premier moment de son exécution, une voie de fait appréciable par celui qui en souffre, et susceptible d'être repoussée par une voie de fait contraire ?

Avant de dire ce que j'en pense, je prie de remarquer la rapidité des idées sur la pente où on les a mises. La Charte, nous venons de le voir, n'a rien qui lui soit propre sur la liberté individuelle; elle remet son pouvoir à la loi, comme un roi fainéant à un maire du palais; éconduits de l'ordre constitutionnel dans l'ordre légal, nous voici chassés, le mot n'est pas trop fort, de l'ordre légal lui-même dans l'arbitraire pur ; car la loi détermine les cas et les formes de l'arrestation ; et si un agent m'arrête hors de ces cas et sans ces formes, je suis provisoirement obligé de le suivre, sauf à me revancher plus tard, avec les facilités que l'on sait, sur la responsabilité de l'agent. En d'autres termes, la garantie de l'article 4 se réduit à vous dire : la sûreté de votre personne est garantie, jusqu'à ce qu'un agent vous arrête par ignorance ou mauvais vouloir.

Plus la garantie constitutionnelle nous abandonne, plus les suppléments de la loi sont précieux, plus le droit écrit devient strict. Si, hors des conditions de la loi, l'arrestation peut encore paraître autre chose qu'une voie de fait, je cherche avec inquiétude ce qui nous reste même de l'ordre légal.

La controverse s'établit cependant sur l'hypothèse d'une arrestation illégale, et les publicistes y trouvent encore des raisons de douter, des distinctions à faire, une théorie où ils sèment les écueils, et qu'ils se rendent redoutable à eux-mêmes. Les uns[1] voient de l'analogie entre l'insurrection d'un peuple contre un gouvernement oppresseur, et la résistance d'un citoyen à une arrestation illégale; et, par une conclusion inattendue, sont faciles sur celle-là, et pleins de scrupules sur celle-ci, comme si les révolutions violentes avaient leur théorie possible, comme si au contraire le droit d'arrestation n'appartenait pas à la loi positive, au raisonnement, à la doctrine, comme s'il n'était pas susceptible d'être régi, discuté, et jugé. D'autres[2] distinguent plusieurs nuances dans l'illégalité même, l'usurpation de pouvoir,

[1] M. Serrigny, *Traité du Droit public*, t. I, p. 467.

[2] MM. Chauveau et Hélie, *Théorie du Code pénal*, t. III.

l'abus de pouvoir, l'irrégularité dans la forme; ils pèsent la différence de l'acte illégal à l'acte arbitraire; ils permettent la résistance dans tel cas, ils l'interdisent dans tel autre; là elle est légitime, ici elle constitue un délit. En droit, je suis loin de méconnaître ces nuances, elles ont leur importance pour qui s'occupe d'apprécier l'acte, de l'annuler, de le punir, d'atténuer ou d'aggraver le tort de son auteur. Mais ce n'est pas de ce côté qu'il faut se placer pour qualifier la résistance, c'est du côté de la personne lésée, de celle qui résiste, du patient. Pour celui-ci, toutes les nuances se confondent; les distinctions de droit s'évanouissent; une seule chose est sensible et réelle pour lui, c'est qu'on l'arrête hors des cas prévus par la loi; c'est qu'on l'arrête sans observer les formes prescrites par la loi; que l'on manque à toutes ces conditions, ou seulement à l'une d'elles, il n'importe; elles sont toutes également requises, également essentielles; leur réunion seule constitue la légalité de l'acte, et quand l'une défaillit, l'acte est illégal. *Personne*, dit l'article 4, *ne peut être poursuivi ni arrêté que dans les cas prévus par la loi, et dans les formes qu'elle prescrit.* Quiconque, pour sauver l'acte de l'arbitraire, distingue dans ce texte indivisible, fait lui-même une distinction arbitraire. Qu'importe que l'arrestation pèche par le fond ou par la forme? La forme n'est-elle pas la garantie du fond? D'ailleurs, de quoi s'agit-il? n'est-ce pas du crime ou du délit de rébellion? A quelle extrémité réduit-on la personne lésée, en la forçant à s'occuper de distinctions subtiles, au moment où on la blesse dans le sentiment de sa liberté, et à faire, dans le trouble où on la jette, ce que le jurisconsulte lui-même ne fait pas sans peine, dans le calme de son esprit, et avec toutes les ressources de sa science? Une telle obligation ne heurte-t-elle pas les premières notions du droit pénal? Entre la personne qui arrête et celle qui est arrêtée, n'est-ce pas à la première à connaitre son devoir et à être sûre d'elle-même?

A ces vues incertaines de la doctrine, je préfère le système de la cour de cassation, celui de l'obéissance provisoire indistinctement, non qu'il soit meilleur en lui-même, mais il a du moins le mérite d'être praticable, d'offrir à l'esprit de la personne lésée une idée simple, et une règle de conduite facile, en même temps qu'il donne prise à la critique, et peut être saisi corps à corps.

D'où nous vient ce principe de l'obéissance provisoire? Tous les principes de droit ont leur origine, leur filiation, leur histoire connues; celui-ci ne se puise pas aux sources ordinaires. Il n'a point son origine dans le droit romain; la loi des Douze Tables pose le principe contraire, elle autorise la résistance à l'acte illégal, et la résistance par la force : *Vim vi repellere licet.* Il ne l'a point dans l'ancien régime; on peut voir la très-remarquable doctrine de Jousse, sous cette ordonnance de 1670, qui ne péchait pas par excès de libéralité[1]. Il l'a bien moins encore dans cette législation de l'Assemblée constituante, source sacrée de notre droit public. Le Code pénal de 1791 porte[2] : « Lorsqu'un ou plusieurs agents préposés, soit à l'exécution d'une loi, soit à la perception d'une contribution légalement établie, soit à l'exécution d'un jugement, mandat, ordonnance de justice ou de police, lorsque tout dépositaire quelconque de la force publique, *agissant légalement dans l'ordre de ses fonctions*, aura prononcé cette formule, *obéissance à la loi*, quiconque opposera des violences et voies de fait, sera coupable du crime d'offense à la loi... » Remarquez cette rédaction : *agissant légalement dans l'ordre de ses fonctions;* il ne suffit pas d'agir dans l'ordre de ses fonctions, il faut agir légalement; ce n'est pas assez du titre et de la compétence, il faut de plus la régularité des procédés ; faute d'une de ces conditions, le délit manque d'un élément constitutif. Remarquez encore la formule : *obéissance à la loi*, parole sacramentelle, signe extérieur qui tombe sous les sens, et qui parle au moins éclairé des citoyens. Ce n'est pas dans la période de la Constituante que le principe de l'obéissance provisoire a pris naissance.

D'où nous vient-il donc? De l'Empire, de cette législation despotique et énervante, qui a oblitéré

[1] *De la justice criminelle*, partie IV, tit. XLV, n° 8.

[2] IIe partie, tit. Ier, sect. IV, art. 1er.

en nous le sens de la liberté. Nous l'avons vue mettre sa main de fer sur le pouvoir législatif, sur la liberté de la presse, sur la liberté individuelle, dire ensuite à la partie spoliée, comme Léonidas : *viens les prendre*, et établir contre les droits de l'homme et la division des pouvoirs une prescription de quelques jours. La voici qui, appliquant son principe général aux cas particuliers, communique aux agents subalternes le provisoire que s'était adjugé le gouvernement, crée un délit de rébellion inconnu dans le droit, et vous fait un devoir de livrer votre personne avant de vous plaindre. Lois, jurisprudence, tout se pénètre de cet esprit; tout reflète le despotisme. Le Code pénal de 1810, article 209, qualifie rébellion toute attaque, toute résistance avec violences et voies de fait envers les officiers divers *agissant pour l'exécution des lois*. Le mot *légalement* est escamoté dans l'incrimination impériale; il suffit d'agir tellement quellement, et d'alléguer que l'on agit *pour l'exécution des lois*. L'exécution des lois, vaguement substituée à une formule précise, est une abstraction immense, grosse de doutes et de controverses, et qui ne laisse pas de place à la résistance. Celui qui n'agit pas selon la loi, agit-il pour l'exécution de la loi? Sujet de dispute; mais, en attendant, ayez à suivre l'agent. De la loi, cet esprit passe à la jurisprudence. La jurisprudence lui donne la forme d'un principe de droit : l'agent, dit-on, a pour lui une présomption de légalité, à laquelle la prévention est due. Mais le sophisme politique ne descend pas impunément de ses hauteurs dans le domaine du droit, il y affronte l'examen du jurisconsulte. Les présomptions de droit ne sont point ici à leur place. Quand la loi défend un acte en général, quand elle ne le permet en particulier qu'à certaines conditions, il y aurait contre-sens à établir une présomption qui dispenserait de ces conditions mêmes. Nul ne peut être arrêté que dans les cas et selon les formes que la loi détermine; voilà la règle; si l'on peut être arrêté, même provisoirement, hors ces cas et sans ces formes, la règle est détruite; car, être arrêté provisoirement, c'est être arrêté. Alors la présomption de la capacité de l'agent, ou n'a point d'effet, ou n'en a qu'un mauvais; si l'agent est en règle, il n'a pas besoin de présomption, il a mieux, il a une preuve complète, à laquelle il faut se rendre; s'il n'est pas en règle, il n'a même pas de présomption; la loi n'établit pas de présomption contre elle, c'est-à-dire contre la garantie dont elle couvre la liberté.

L'évidence de ces principes va ressortir de leur application à des cas où la cour de cassation a admis la présomption de capacité. En matière civile, le Code de procédure[1] ne veut pas que la contrainte par corps soit exécutée dans une maison quelcon-

[1] Art. 784, § 3.

que, sans l'assistance du juge de paix; et son langage est remarquable, en ce qu'il est le même que celui de la Charte : le débiteur *ne peut être arrêté* dans une maison quelconque, que sur l'ordre du juge de paix, qui s'y transportera avec l'officier ministériel. Le style législatif n'a pas, comme on le sait, de locution plus énergique que celle-ci : *ne peut;* elle ôte la puissance de droit et de fait. Cependant un huissier se présente dans une maison pour saisir un débiteur condamné par corps, et s'y présente sans le juge. Le débiteur résiste. La cour de cassation décide[1] que l'huissier a pour lui la présomption de capacité, alors qu'il manque, d'une manière patente et essentielle, aux conditions de cette capacité. L'exemple suivant est de nature à frapper davantage, en ce que la présomption a été admise contre une disposition formellement prohibitive de la loi. La loi *défend* de désarmer un chasseur surpris en délit; cependant un garde forestier tente le désarmement; le chasseur résiste : la cour de cassation[2] admet encore à la présomption de capacité dans le garde. Cette présomption est plus violente que la première, car elle heurte directement une prohibition expresse; le garde a été présumé pouvoir faire ce que la loi lui défend de faire, et a créé une présomption légale de capacité où il y a certitude légale d'incapacité. On comprend que si le juge peut

[1] Arrêt du 14 avril 1820, De Vill. et Carette, vol. VI, p. 218.

[2] *Ibid.* du 26 février 1829, *ibid.*, vol. IX, p. 240.

présumer le contraire de ce que veut la loi, il n'est point de texte qui tienne contre ce genre d'argumentation. A la vérité, cette jurisprudence, sans avoir précisément changé, commence à s'ébranler depuis 1830; en 1832, la cour d'assises de la Seine a acquitté le gérant d'un journal, qui avait soutenu en thèse que la résistance à un acte illégal n'était pas une rébellion. Un arrêt de la cour de cassation, du 7 avril 1837[1], semble composer avec le principe absolu de la capacité présumée chez l'agent, et de l'obéissance provisoire chez le patient. Mais cette modification encore indécise n'a d'autre cause qu'un changement d'esprit politique, car les textes sont les mêmes : tant il est vrai que le principe de l'obéissance provisoire n'a son origine que dans la législation impériale ! Il est né d'hier. Jamais on n'a eu une plus belle occasion de dire que le despotisme est moderne.

La Charte, qui est venue se enter sur cette législation, nous a mis entre deux textes, l'un, respirant le génie de l'Empire, c'est l'article 209 du Code pénal; l'autre, insuffisant comme disposition constitutionnelle, mais précieux encore comme disposition légale, en ce qu'il rétablit la forme de l'arrestation au nombre de ses conditions essentielles: c'est l'article de la Charte que nous commentons. Notre législation est pleine de ces conflits entre les

[1] De Vill. et Carette; vol. de 1838, Ire partie, p. 641.

deux génies contraires qui s'y heurtent, et le plus grand embarras du jurisconsulte sera longtemps encore de les concilier ou d'amortir leur choc. L'article 4 de la Charte n'abolit pas l'article 209 du Code pénal, mais il le complète ; il se combine avec lui ; il restitue dans l'incrimination du délit de rébellion, le mot *légalement*, introduit par l'Assemblée constituante, supprimé par le Code impérial. Grâce à cette combinaison, la question rentre dans les termes du droit naturel, d'où elle n'aurait jamais dû sortir. Nous vivons sous une charte qui fait du droit individuel l'objet à garantir, et du droit social le moyen de la garantie ; intervertir cet ordre, c'est changer la constitution. La liberté des personnes est le premier de ces droits individuels, et il n'y a d'obligation de la *remettre* qu'à l'autorité compétente, se manifestant par un signe légal, par la forme ; seule marque à laquelle chacun de nous soit obligé de la reconnaître. Hors de là, une tentative d'arrestation ne diffère en rien d'une voie de fait, et la voie de fait offensive appelle naturellement la voie de fait défensive.

Cette discussion a un genre d'importance qu'il faut comprendre. Nous ne venons pas jeter le cri d'alarme contre les arrestations arbitraires; elles ne sont pas plus nombreuses aujourd'hui qu'autrefois; elles le sont beaucoup moins qu'à certaines époques ; le danger n'est pas là. Nos efforts tendent à purger le droit constitutionnel des faux principes qu'y ont déposés les régimes précédents, et, lors même que nous n'aurions pas à citer un seul exemple d'arrestation arbitraire, ils n'en auraient pas moins leur utilité. Ils ne seraient pas perdus, quand leur seul effet serait de redoubler chez les agents les scrupules et le sentiment de leur responsabilité. Quant aux citoyens, qu'ils n'y voient pas une excitation à la résistance; on ne résiste qu'à ses risques et périls, et, quand on se trompe, on est rebelle à la loi. Nous prenons la résistance à l'arrestation arbitraire comme un fait accompli, et nous nions alors la capacité présumée de l'agent et l'obligation de l'obéissance provisoire chez le citoyen : voilà tout. Il y a longtemps que nous sommes détrompés de ces généralités vagues et passionnées sur l'ordre et sur la liberté, qui ne prêtent qu'à la déclamation et tombent dans le lieu commun. Au nom de la liberté, on nous a jetés dans l'anarchie; au nom de l'ordre, dans le despotisme; il n'y a de certitude et de salut que dans les principes.

TITRE TROISIÈME.

DE LA LIBERTÉ RELIGIEUSE.

> « Chacun professe sa religion avec une égale liberté et obtient pour son culte la même protection. » (Art. 5 de la Charte.)
>
> « Les ministres de la religion catholique, apostolique et romaine, professée par la majorité des Français, et ceux des autres cultes chrétiens reçoivent des traitements du Trésor public. »
> (Art. 6 de la Charte.)

Commentons d'abord : « Chacun, dit l'article 5, professe sa religion avec une égale liberté, et obtient pour son culte la même protection. » Il n'y a pas un mot de ce texte qui ne soit à peser; la Charte en a peu d'aussi substantiels.

Trois choses sont à y remarquer : 1° la liberté de professer sa religion; 2° la protection accordée au culte; 3° l'égalité parfaite entre les communions reconnues.

Notez que le texte parle séparément de la religion et du culte, et change de langage en passant de l'une à l'autre. S'agit-il de la religion, il proclame la liberté de la professer; du culte, il s'engage à le protéger. Ce n'est pas l'exercice du culte qui est libre, c'est la profession de religion; ce n'est pas la profession de religion qui est protégée, c'est l'exercice du culte.

Tout en séparant la religion du culte, il a cependant un principe qui leur est commun; c'est que la liberté est *égale* pour chaque religion, et que la protection est *la même* pour chaque culte; en d'autres termes, il n'y a deux manières ni pour les religions d'être libres, ni pour les cultes d'être protégés.

Voilà la lettre, cherchons l'esprit.

Pour qu'on ne se méprenne pas sur l'objet de cette étude, et qu'on n'y cherche que ce que nous voulons y mettre, il importe avant tout de le circonscrire: nous entreprenons d'expliquer le sens de l'article 5, et de déclarer le droit qui en résulte; rien de plus, rien de moins. Le sens d'une loi est un fait; ce fait n'est ni le vôtre ni le mien; il est indépendant de nous deux. On peut lui reprocher d'en dire trop ou trop peu; mais, quoi qu'on en pense, ce qu'il dit est irrévocable; il faut le connaître; c'est tout ce que nous nous proposons. Cela bien entendu, nous avons une double précaution à prendre à l'égard des cultes et du gouvernement.

Nous disons aux cultes : il ne s'agit ici, ni pour celui qui parle ni pour celui qui écoute, d'une profession de foi religieuse; nous pouvons différer de croyance, et nous entendre sur le sens de la loi fondamentale; chacun peut, sans préjudice pour les prédilections de sa conscience, venir faire avec nous l'étude de cette grande nécessité sociale que la Charte a proclamée. Car, entendons-le bien, nous étudions une nécessité et non une théorie. Nous avons devant nous, au lieu d'une démonstration ou d'un choix *à priori*, deux faits accomplis, impérieux, indestructibles : la pluralité des cultes d'une part, et de l'autre, une Charte qui la proclame. Voilà notre point de départ, et sur quoi nous n'avons plus à discuter. La cause est jugée; le seul soin que nous laisse l'arrêt inscrit dans la Charte est celui de l'exécution; mais pour que l'exécution soit intelligente et complète, il y a beaucoup à apprendre et beaucoup plus à oublier. Que si, en exposant la doctrine constitutionnelle, on risque d'affliger ce qu'on respecte, et de demander des sacrifices à des convictions auxquelles leur sincérité même n'en permet aucun, il n'y a qu'un mot à répondre : c'est à ces conditions qu'est désormais la vie sociale.

Nous disons au gouvernement : nous faisons la différence de la politique et du droit. Dans ce passage de l'ancien régime au nouveau, il y a des difficultés de transition que nous ne nous dissimulons pas ; parmi les cultes reconnus par la loi, il en est un qui se présente au régime de la liberté avec les habitudes de la domination, et nous ne prétendons pas que les esprits se modifient aussi promptement que l'on écrit deux lignes dans la Charte. Les conseils qu'en pareille occurrence la politique peut donner à l'homme d'État ne sont pas de notre sujet; nous ne nous occupons que du droit; mais quelque parti que la politique prenne avec le droit, qu'elle le sacrifie, l'élude ou l'ajourne, toujours est-il bon de le connaître.

Nous allons parcourir les trois propositions de l'article 5 : 1° la liberté de professer sa religion; la Charte, en l'isolant du culte, ne retient-elle pas ce qu'elle paraît donner? 2° la protection des cultes; comment l'entendre? 3° leur égalité entre eux; n'en résulte-t-il aucun devoir pour les fonctionnaires publics? Mais avant ces propositions que nous lisons dans le texte, il y a une raison qui n'y est point écrite et qui les gouverne toutes les trois : c'est le rapport constitutionnel des différentes Églises avec l'État; c'est par elle qu'il faut commencer.

SECTION PREMIÈRE.

DU RAPPORT CONSTITUTIONNEL DES CULTES AVEC L'ÉTAT.

Les rapports des cultes avec l'État se sont jusqu'ici combinés de trois manières :

Ou l'État a été dans l'Église; c'est alors que le pouvoir ecclésiastique donne ou retire le pouvoir civil;

Ou l'Église a été dans l'État; c'est alors que le pouvoir civil institue, déclare, change ou modifie la religion;

Ou l'État et l'Église se sont établis côte à côte, comme deux puissances parallèles; c'est alors que se présente le problème de leurs limites respectives.

C'est à ces trois combinaisons que se réduisent toutes celles que l'on a essayées de mémoire d'homme, soit qu'il y ait théocratie pure, soit qu'il y ait un culte dominant et exclusif, comme en France après la révocation de l'édit de Nantes, soit qu'il y ait admission indifférente de tous les cultes, à la seule condition qu'aucun d'eux n'exclura les autres, comme sous le polythéisme, comme aux États-Unis d'Amérique, comme en France de 93 à 1801, soit qu'il y ait un culte dominant et non exclusif, comme en Angleterre.

Dans laquelle de ces trois combinaisons principales rentre la période constitutionnelle ? Dans aucune.

Dans aucune, en effet, il n'y a de véritable liberté. La conscience n'est libre ni quand l'Église absorbe l'État, ni quand l'État absorbe l'Église, ni même quand l'Église et l'État cherchent à s'entendre ; car leur harmonie, en la supposant possible, ne tourne pas au profit de la conscience, qui n'en reste pas moins astreinte à un culte dominant. Le règlement de leurs compétences respectives n'intéresse que les deux puissances : de quelque manière que le règlement se fasse, la conscience relève toujours de l'une ou de l'autre, et jamais d'elle-même. La question des deux puissances n'a pas pour objet de savoir si elle sera libre, mais comment on se la partagera.

Le mal vient de l'idée des deux puissances ; cette

donnée une fois admise, il n'y a que deux manières de les combiner, en les unissant ou en les séparant; si elles sont unies, il y a oppression de l'une par l'autre; si elles sont séparées, il y a anarchie entre elles, et la conscience individuelle n'y gagne rien.

Comment la Charte s'y prend-elle pour résoudre le problème? Elle agit en maîtresse qu'elle est; elle fait évanouir le fantôme des deux puissances, elle rétablit l'unité et proclame le droit commun. Et ce qu'elle fait ainsi, elle seule peut le faire; car, seule, elle dispose de la garantie constitutionnelle, que toute autre combinaison ignore, et, seule, elle procure au droit individuel son inviolabilité.

Pour les esprits imbus des anciennes doctrines, c'est certainement un phénomène de voir la liberté de conscience et la protection des cultes inscrites dans une loi humaine; de les y voir placées sous le titre de *Droit public des Français*, en même temps que l'égalité des citoyens, la sûreté individuelle, l'inviolabilité des propriétés, la liberté de la presse; placées, dis-je, au milieu d'elles, et reconnues, proclamées, garanties comme elles, et comme choses homogènes. Cette forme et cette place, aujourd'hui données aux cultes, que sont-elles relativement à leur place et à leur forme d'autrefois? Quand une puissance de la terre dit aux choses divines: *vous êtes libres et je vous protége*, que nous révèle ce langage? Quelque chose de grand et de peu connu, de neuf à la fois et d'antique : le droit commun dans les matières religieuses.

Le droit commun : voilà désormais ce que peut offrir le gouvernement le plus libéral, et voilà aussi, qui que vous soyez, tout ce que vous en pouvez exiger. Cette vérité, disons-nous, est à la fois neuve et antique : elle est neuve, car c'est d'hier que le régime constitutionnel l'a reconnue; elle est antique, car il y a seize cents ans que nos pères l'ont invoquée. Quand l'Église persécutée se plaignait par la voix des apologistes, elle ne demandait que sa part de la protection légale accordée aux autres cultes, leur reconnaissant le droit de vivre comme elle, et offrant de compatir avec eux. La domination et même le privilége lui paraissaient si peu nécessaires, que toute son ambition était d'être admise dans le vaste sein de la loi commune. Rappelons-nous le langage de Tertullien, c'est un point de départ à ne pas perdre de vue[1] : « Nous sommes, dites-vous, des criminels ? traitez-nous donc comme des criminels ; ne nous condamnez pas sur le nom qu'on nous donne ; informez-vous des faits, examinez les preuves, écoutez la défense. Nous n'enseignons, dites-vous encore, rien de plus que vos philosophes ? traitez-nous donc comme vos philosophes ; laissez-nous, comme eux, former des sectes, et ouvrir tranquillement nos écoles dans le monde romain. »

[1] Apologétique.

C'est cette prétention à la simple égalité qui a donné l'empire à l'Église primitive; si elle se fût annoncée comme puissance, il est permis de croire que sa destinée eût été compromise; et il est fort remarquable que le cours des événements ramène ainsi le christianisme, après la longue anomalie du moyen âge, au point même où il tendait d'abord; les deux extrémités de son ère se rejoignent; c'est peut-être la démonstration la plus sûre que le droit commun est l'état normal de tous les cultes.

En rétablissant l'unité de puissance, la Charte n'usurpe sur rien ni sur personne. Qui dit droit commun suppose une suprématie qui le maintienne; car le droit commun ne s'entend pas seulement de chaque culte relativement à l'État, mais des cultes entre eux, et ce double risque de désordre ajoute à la nécessité d'un pouvoir central. Or, à qui cette suprématie sera-t-elle déférée? ce ne sera certes à aucun des cultes, car le moins exclusif se préfère et doit se préférer à tous les autres; son devoir est d'être partial; et, s'il avait la suprématie, on verrait une chose bizarre, un gardien dont la vertu serait de violer son dépôt. Cette fonction demande un médiateur, et tout médiateur est neutre; pour être vraiment hospitalier envers les cultes, il n'en peut adopter aucun, ni en l'attirant à soi, ni en allant à lui. S'il s'identifie avec l'un d'eux, le danger reparaît sous une autre forme; il devient aussi impropre que le culte même à l'objet de sa mission;

il asservit, ou se laisse asservir. Le seul médiateur possible, puisque seul il remplit la double condition de la force et de la neutralité, c'est donc le gouvernement civil.

Se scandaliser de la neutralité religieuse du gouvernement, c'est lui reprocher ce qui constitue son aptitude; et le reproche devient insensé, quand il s'y mêle une imputation d'athéisme[1]. Le jour où il a été dit que des religions qui s'excluent toujours entre elles et quelquefois s'anathématisent, pourraient cohabiter en France sous une loi commune, on a fait à notre gouvernement une position qui n'a son analogue chez aucune nation moderne; on a, par cela même et nécessairement, reconnu que la fonction politique, dans laquelle il faut comprendre la neutralité religieuse, était possible sans tomber dans l'athéisme; car, qu'y aurait-il de plus absurde que la protection des cultes par l'athéisme, et que l'athéisme devenant une nécessité sociale ? Une observation vieille comme le monde est désormais un principe constitutionnel : c'est qu'en dehors de tous les cultes, il y a des vérités universelles dont aucun d'eux n'a la garde privilégiée; il n'en faut pas davantage pour qu'un gouvernement puisse s'assimiler ce qu'ils ont de commun, en laissant à

[1] M. Royer-Collard exprimait ainsi cette pensée dans son admirable discours sur la loi du sacrilége : « La Charte n'est pas indifférente ; elle n'est pas neutre, elle n'est qu'incompétente. » J'adopte cette proposition, au mot *neutre* près, qui, je crois, manque d'exactitude.

chacun ce qu'il a de particulier, sans cesser d'être religieux. Pour faire entendre ce langage aux cultes, il faudrait en obtenir une concession peut-être trop difficile, à savoir qu'ils ne substituassent point leur logique propre à la raison sociale. Car leur logique est étroite et doit l'être; mais la raison sociale est large, et doit l'être aussi. La logique des cultes peut être très-concluante contre les consciences individuelles, quand elle leur conseille un choix entre les religions positives; mais elle est sans force contre le pouvoir médiateur, dont la fonction spéciale est de procurer la liberté à toutes les croyances, et l'égalité à toutes les Églises. En ceci, le régime constitutionnel a pour lui la première des autorités, celle de la Providence : la Providence ne fait-elle pas pour l'humanité ce qu'il fait pour la nation, quand elle inspire la même morale aux cultes les plus divers? Cette morale est la seule règle qu'elle dépose dans toutes les consciences, et elle suffit, puisque avec son secours les sociétés humaines subsistent. C'est donc à l'exemple de la Providence que notre gouvernement s'en tient à la morale universelle, ce qui ne veut pas dire qu'il n'y a plus de vérités au delà de celle qu'il adopte, mais que celle-ci suffit à la tâche qui lui est dévolue; le surplus est abandonné à la liberté individuelle.

On cesserait de contester la suprématie du gouvernement civil, si l'on savait combien est fausse l'idée d'une rivalité entre les deux principes que l'on met si gratuitement aux prises; l'erreur est de voir dans la liberté religieuse, au lieu d'un droit, une puissance. La distinction du spirituel et du temporel est sans doute dans notre nature; elle correspond à celle de l'esprit et de la matière, dont elle n'est qu'une autre expression. Ainsi entendue dans son sens philosophique, cette vérité n'a point d'adversaires; elle est sainte pour tout le monde, car nous lui devons la partie la plus excellente de notre être. Mais l'embarras commence, et avec lui la dispute, dès qu'on retire le spirituel de sa véritable sphère, pour le jeter dans le monde politique, où l'on en fait une personnification vivante et active, à laquelle on donne le nom et les attributs d'une puissance, que l'on anime de passions conquérantes, et que l'on arme de pied en cap pour le combat. Dans l'état actuel des nations chrétiennes en Europe, ce n'est pas seulement un anachronisme, c'est une entreprise contre l'ordre de la Providence de partager ainsi le gouvernement des hommes, et d'introduire dans la cité deux principes, dont la destinée est de ne jamais s'entendre; véritable manichéisme, qui brise en deux cette société moderne si bien liée et si compacte, et y rend l'unité impossible; qui nous livre à des tiraillements contraires et à une lutte sans issue, en nous faisant un droit contre le droit. Ou plutôt, à ne consulter que la pure logique, l'issue de la lutte peut se prédire : c'est nécessairement le temporel qui doit y périr, puisqu'il n'y a pas d'acte de la vie civile qui ne ressortisse au for intérieur ; on n'a point oublié cette juridiction ecclésiastique, dont le flot toujours montant avait pénétré le temporel, et menaçait de le dissoudre. Si l'on passe au spirituel sa prétention d'être une puissance, ce n'est pas un concurrent que l'on se donne, c'est un maître; l'égalité ne lui suffit plus, il lui faut la domination. Vous aurez beau lui dire que la vie sociale est d'institution divine, et que le pouvoir civil, chargé de maintenir ce que Dieu a voulu, le représente sur la terre; que les communions religieuses, quelles qu'elles soient, ne gagnent rien sur lui, en se prévalant de leur céleste origine, puisqu'il peut répondre par un argument d'égale valeur, et qu'aucune puissance au monde, prît-elle son point d'appui dans le ciel, ne se place au-dessus de lui. A cette qualification de puissance, il vous prendra au mot, et sa logique sera la plus forte; il vous prouvera que sa nature est supérieure à la vôtre, et vous tiendra au-dessous de lui de toute la distance du ciel à la terre. Si tel est le spirituel qui reparaît parmi nous, érigé en puissance, avec les prétentions hautaines et les problèmes insolubles dont il a troublé l'ancien régime, il n'y peut reparaître qu'en ennemi de l'unité sociale; il dégénère en usurpateur, et doit être repoussé comme un fléau; ce n'est plus à lui que je me crois redevable de la liberté de conscience; c'est au contraire lui que j'accuse de nous l'avoir ravie, et c'est sur lui que la Charte a été obligée de la reprendre.

En renonçant à la distinction des deux puissances, on ne fait aucun sacrifice; car, de toutes les disputes sans objet réel, celles qu'elle a suscitées sont les plus vaines. La difficulté de les mettre d'accord a de tout temps fait le supplice des chrétiens les plus éclairés, et des plus grands docteurs de l'Église. De Marca était savant entre tous les prélats du XVIIe siècle; il fut archevêque de Toulouse, il allait l'être de Paris quand il fut surpris par la mort. Il avait reçu du cardinal de Richelieu l'ordre de répondre à un livre de l'oratorien Hersent, où les libertés gallicanes semblaient sacrifiées, et il publia, pour le réfuter, son célèbre traité *de Concordia imperii et sacerdotii*. Il faut lire l'allocution au lecteur, qu'il a placée en tête de son livre; c'est le cri de désespoir d'un écrivain qui, après avoir scruté son sujet dans toute sa profondeur, ne réussit qu'à douter de son sujet même : « Les deux puissances sont si voisines, dit-il, que c'est à grand'peine si, avec toute la sagacité du monde, on parvient à en déterminer les limites. On trouve bien quelques règles générales, mais dès qu'on descend à l'application, elles abandonnent les plus habiles, et semblent s'opposer à toute démarcation raisonnable. Il est des cas dont la classification est impossible, soit dans les controverses sur la foi, qui sont évidemment loin de la compétence des princes, soit dans l'administration des affaires publiques, qui est étrangère au soin de paître le troupeau; on ne leur trouve de place que dans des subdivisions communes aux choses et aux personnes, et que chacune des deux puissances revendique par des raisons également probables; aussi ne me proposé-je pas de donner la mesure exacte des droits du sacerdoce et de l'Empire, ni d'assigner à chacun sa part. Cette recherche sur la question de deux domaines demande un grand maître en droit humain et divin, et est, je le déclare, tout à fait au-dessus de mes forces... J'abandonne donc le droit, pour rechercher le fait, qui est plus sûr. Et cependant encore, dans cette route semée d'embûches, se présentent des empiétements de juridiction qui laissent l'esprit perplexe, et feraient désespérer de parvenir à la vérité. Mais un esprit généreux ne s'épouvante pas de ces obstacles... Je me dis sans cesse que les choses humaines ne sont pas à ce point délaissées du ciel, qu'il n'existe une manière de traiter des deux puissances sans déplaire aux princes... Il s'élève tous les jours des querelles de juridiction que l'on peut, grâce à certains tempéraments, empêcher d'éclater en guerre ouverte... Imitons les stoïciens qui, à l'aide d'hypothèses, se relâchaient de la rigueur de leur doctrine pour s'accommoder aux opinions des autres hommes; de même les chefs de la doctrine chrétienne peuvent sacrifier à la paix quelque chose du droit strict. » C'est-à-dire, où il n'y a de proposable que des moyens termes, il n'y a rien d'absolument vrai; je ne sache pas un second exemple d'un écrivain qui, au début d'un gros livre, commence par nier la science qu'il va enseigner, et qui n'en continue pas moins sa lutte contre une impossibilité avouée. Voilà ce que pensait de la distinction des deux puissances le prélat qui l'a le plus étudiée.

Cependant, à la rigueur, on comprend que, sous une religion unique et exclusive, le spirituel soit venu, à titre de puissance, se poser parallèlement à la puissance temporelle, sans trop s'inquiéter de donner la théorie de leur indépendance réciproque; on conçoit cette puissance, seule représentation du spirituel, revendiquant une des deux moitiés qu'elle prétendait faire d'un tout indivisible. Mais aujourd'hui, dans le concours de plusieurs religions, dont chacune est proclamée l'égale des autres, conçoit-on le spirituel se subdivisant en autant de puissances qu'il y a de cultes reconnus, et le problème, déjà si embarrassant dans sa simplicité primitive, se compliquant de chaque Église au gouvernement, et d'elle à toutes ses égales?

Non, il n'y a qu'une puissance où il n'y a qu'une souveraineté; c'est la puissance sociale qui a l'immense tâche de garantir les droits de tous. La liberté de conscience est un droit, qui n'est inscrit dans la Charte parmi les droits de l'homme, que parce qu'il n'en diffère en rien; elle n'est pas plus une puissance que la propriété n'est une puissance, que la sûreté individuelle n'est une puissance, que le droit de publier sa pensée n'est une puissance, distincte, rivale, venant d'un autre monde, délibérant, agissant, traitant avec la puissance sociale et lui faisant concurrence. Le concordat de l'an IX est un de ces actes de la politique, qu'il faut juger relativement, que nous ne blâmons pas de ses concessions à l'esprit du passé, mais indépendamment desquels nous recherchons le droit constitutionnel, le droit définitif et permanent; le gouvernement français, après avoir contracté en l'an IX comme avec une puissance, s'est hâté en l'an X, en publiant les articles organiques, de régler seul les rapports des cultes avec lui, et cet exercice de la souveraineté, en partage de laquelle il n'a admis aucune puissance, fait assez entendre que ce soin important était resté en dehors du concordat de l'année précédente. Dans le régime selon la Charte, il n'y a rien qui ne rentre dans la masse des choses gouvernables ; la liberté de conscience est un droit, et un droit que la garantie constitutionnelle rend inviolable; c'est la meilleure condition qu'aient jamais eue les cultes, car mieux vaut un droit garanti qu'une puissance contestée. Mais ce droit, tout inviolable qu'il est, doit être disciplinable; il est garanti, mais il doit se laisser régir, et il est juste qu'il reçoive sa règle de qui il reçoit sa garantie. Autrement, si l'un des cultes reconnus, après avoir exercé l'empire, n'en voulait rien abandonner en entrant dans sa condition nouvelle ; s'il s'indignait d'être protégé comme droit, après avoir été obéi comme puissance; si le catholicisme romain méconnaissait à ce point la différence des siècles, et cette action du temps qui est aussi un arrêt de Dieu, quel malheur qu'il se déclarât ainsi incompatible avec le droit commun, c'est-à-dire insociable! A qui serait-il donné de concevoir une société telle que celle-ci : d'une part, l'Église, au sortir de ce moyen âge où elle a rendu l'immense service de faire l'intérim des pouvoirs sociaux, l'Église, dis-je, se refusant à les déposer, et apportant au régime constitutionnel l'esprit absolu de la théocratie : de l'autre, la Charte disposant de ces mêmes pouvoirs au nom de la souveraineté française; ici, l'Église ne relâchant rien de l'inflexibilité de ses maximes; là, une Charte, qui ne nous est venue que pour s'empreindre successivement de toutes les vicissitudes sociales; la mobilité et l'immobilité cherchant à se dompter l'une l'autre; en un mot, une communauté dont les membres, différant de pays, de race et d'époque, exprimeraient dans la même langue des idées ennemies, et où ce grand mot de liberté religieuse signifierait pour l'un la domination, et pour l'autre l'inviolabilité de la conscience, avec la soumission aux lois? Y avait-il dans le chaos plus de désordres et de ténèbres?

Grâce au ciel, il n'en a pas été ainsi. La Charte a trouvé presque accompli le grand mouvement dont elle avait besoin. Mais, comme si la Providence eût voulu épargner à la politique humaine un effort au-dessus d'elle, le problème s'est résolu par des faits dans l'histoire, avant de se résoudre par des formules dans la législation. Dans l'Église, les faits n'ont pas devancé les formules; ils ont marché sans en tenir compte, car de ce côté elles n'ont pas changé. Les faits qui se sont accomplis dans le siècle avec le plus d'empire, et de l'aveu manifeste de la Providence, n'ont pas surpris à l'Église un seul acquiescement formel; immuable dans ses maximes, elle n'a point encore pardonné à la déclaration du clergé de 1682; l'introduction du concile de Trente en France est une de ces prétentions qui ne meurent jamais chez elle; les bulles du pape ne nous arrivent qu'accompagnées de clauses de style qu'il faut neutraliser par des clauses contraires; c'est entre l'État et l'Église une guerre continuelle de protestations et de réserves. Et cependant, si vous récapitulez les faits, quelle déviation immense depuis le dictatus de Grégoire VII jusqu'à la déclaration de 1682, depuis la révocation de l'édit de Nantes jusqu'à l'article 5 de la Charte, depuis le jour où Rome faisait dire à Louis XIV : *Il n'y a plus d'hérétiques en France*, jusqu'à celui où elle laisse dire, dans un concordat signé d'elle, que le catholicisme est la religion de la majorité des Français, se résignant, par une sage inconséquence, à la pluralité des cultes, à leur voisinage, à leur contact, à leur mélange dans le monde! L'Église traite avec le gouvernement sous la forme d'un concordat; mais le gouvernement décrète seul les articles organiques sous la forme d'une loi; l'Église avait la garde de l'état civil, mais la loi s'en charge et se l'approprie; les ministres propageaient leurs doctrines par la voie de l'apostolat, la loi leur défend de discuter les affaires publiques dans les exhortations pastorales; l'évêque consultait directement le pape sur les intérêts de l'Église, la loi se place entre eux, et surveille cette communication avec une prétendue souveraineté qui ne serait pas la sienne; le clergé avait un temporel comme corps, les prêtres ont comme individus un salaire. Que serait-ce si nous énumérions les lois civiles, qui même autrefois ont dérogé à la loi canonique! Aussi, à mesure que l'Église entre dans le droit commun, voyez comme une révolution analogue s'opère dans le langage du législateur; sous la Charte de 1814, qui admettait une religion de l'État, la loi du 25 mars 1822[1], quoique punissant de la même peine les outrages aux ministres des différents cultes, réservait la dénomination privilégiée au catholicisme romain, et confondait les autres dans l'appellation commune d'*établissements légaux*; mais la dénomination privilégiée ayant disparu de la Charte de 1830, le Code pénal a réformé son langage; il ne reste que l'ap-

[1] Article 6.

pellation commune, et le Code ne reconnaît que des cultes *légalement établis*[1].

Ce dernier mot est celui de la souveraineté dans sa plénitude; il résume en lui les vicissitudes de plusieurs siècles, et fixe les rapports actuels des cultes avec l'État.

C'est assez dire ce qu'il faut penser de l'appel comme d'abus dans notre nouveau droit public. L'appel comme d'abus suppose deux puissances; il n'est autre chose que l'empiétement de l'une d'elles sur l'autre; ce qui a fait de son institution un triomphe pour la puissance temporelle, c'est qu'il l'a rendue juge de l'excès de pouvoir et par conséquent gardienne des limites. Mais aujourd'hui il doit changer de nom, car il change de nature; il ne peut plus constituer un excès de pouvoir; il ne faut y voir qu'un de ces désordres sur lesquels le souverain a le même droit que sur tout ce qui tombe dans le domaine de la police.

Cette situation est neuve; voyons comment elle s'est développée.

SECTION DEUXIÈME.

DE LA LIBERTÉ DE PROFESSER SA RELIGION.

Le texte de l'article 5 envisage séparément la religion et le culte; cela est évident puisqu'il fait

[1] Articles 260 et 286.

à chacun d'eux une condition différente : à la religion, quand il déclare que la profession *en est libre ;* au culte, quand il s'engage à en *protéger* l'exercice. Pourquoi la liberté à la profession de foi plutôt qu'à l'exercice du culte ? parce que la profession de foi est un acte de droit naturel qui relève uniquement de la conscience, et qui échappe à la discipline humaine. Pourquoi la protection à l'exercice du culte, plutôt qu'à la profession de foi ? parce que l'exercice du culte est un fait extérieur et social qui tombe dans le domaine de la police. Or, la protection suppose la suprématie ; celui-là protége qui est supérieur. Se constituer protecteur des cultes, c'est donc prendre position en dehors et au-dessus ; accepter cette protection, c'est se soumettre. Mais le devoir constitutionnel de protéger impliquant celui de régir, puisque l'un sans l'autre serait impraticable, la protection ne peut s'appliquer à la profession de foi ; autrement la conscience serait régie aussitôt que protégée. C'est donc improprement qu'on dit *liberté des cultes ;* il faut dire *liberté de conscience.*

Cette distinction, si évidente et si sage, entre la liberté de conscience et l'assujettissement du culte aux lois de police, a cependant indigné des esprits généreux. Ils nient le bienfait de la Charte : que devient une religion séparée de son culte ? S'il est de son essence de ne pas rester à l'état de sentiment et d'abstraction, si l'hommage qu'elle adresse à Dieu ne consiste pas seulement dans les mouvements secrets de l'âme, mais dans une manifestation extérieure, que faites-vous, en maîtrisant la forme dans laquelle elle se manifeste, que lui ravir sa liberté? La liberté, réduite au droit de penser, de sentir et de croire, avait-elle besoin d'être reconnue? Comment, s'est-on écrié, la comprenez-vous donc, cette liberté de conscience, vous qui dites : Vous êtes libres, à condition que vous demanderez une autorisation pour l'être; vous êtes libres, si je vous le permets, et tant que je vous le permettrai.

Avant tout, convenons d'une base : Jamais la Charte n'a promis ni pu promettre à aucune religion de la rendre libre à sa manière, et comme elle entend l'être. Elle n'a entendu parler que de la liberté telle que la comporte l'ordre social, et la liberté ainsi comprise n'a sa règle dans la loi particulière d'aucune religion. La Charte ne manque donc pas à sa promesse en demandant à la liberté un sacrifice, et la religion qui ne se plaint pas d'autre chose, ne conclut rien. C'est une vérité que la croyance a besoin du culte; c'est une vérité non moins certaine que le culte ne peut se soustraire à la police. La chose du monde la plus funeste serait de susciter un conflit entre ces deux vérités, et la plus vaine, de rechercher laquelle doit céder à l'autre; elles sont toutes les deux essentielles; il faut donc qu'elles s'accordent par la raison suprême qu'il n'y a pas pour nous de nécessité plus grande que de vivre en société. Toute doctrine qui tendrait à les mettre aux prises serait fausse en religion, fausse en morale, fausse en droit public; il la faudrait maudire comme un fléau. Si nous avions le malheur de ne pas nous entendre sur ce point, nous ne nous entendrions sur aucun.

Il ne faut donc pas s'indigner contre la distinction en elle-même; il faut encore moins, pour la détruire, faire dégénérer cette grande question en une pure logomachie, au risque de renverser la signification des mots. On a dit que les expressions de l'article 5, *professer sa religion*, impliquaient nécessairement *la célébration du culte*. Erreur grammaticale : *Professer, c'est avouer publiquement, reconnaître hautement quelque chose; ce mot reçoit diverses significations, selon les différentes choses avec lesquelles il se joint. Ainsi l'on dit professer une religion, pour dire : être d'une religion*. C'est le Dictionnaire de l'Académie que je viens de copier, et sa définition ne suppose nécessairement aucune pratique extérieure.

Ce que la Charte a dit en bon français, elle a eu la volonté de le dire, elle a éprouvé le besoin de le dire, et ce besoin a sa source dans une vérité historique, qu'apparemment on n'espère pas détruire en la dissimulant. Qu'importe à notre question constitutionnelle que le droit de penser et de croire nous vienne de Dieu? Son origine a-t-elle empêché qu'on ne le persécutât? Quelle est la partie de notre droit public qui n'ait été méconnue, et qui n'ait eu besoin d'être abritée dans un texte? Et parce que la Charte en a été, non l'origine, mais la déclaration, est-ce à dire que cette déclaration soit inutile?

Que nous sommes oublieux et ingrats! et combien notre sécurité présente met d'intervalle entre nous et les dangers passés! Les droits que nous garantit la Charte sont si naturels, que nous ne comprenons pas qu'il ait été possible de les méconnaître, comme si cependant il en était un seul qu'elle n'eût recueilli dans l'histoire, tout sanglant et tout mutilé. Oui, quoique votre fierté philosophique s'en indigne, un temps a été que la liberté de conscience, violemment dépouillée de sa forme extérieure et réduite à la pensée individuelle, n'était plus en sûreté dans son sanctuaire; on l'y poursuivait pour en faire un crime. Quand Polyeucte oppose aux menaces de Félix sa sublime réponse : *Je suis chrétien,* exerce-t-il son culte? Fait-il autre chose que professer sa religion? Cette simple profession le conduit cependant au martyre. Tout l'art de l'inquisition n'était-il pas de surprendre au fond de l'âme le secret d'un dissident? Ce qui fait la beauté du discours que Montesquieu met dans la bouche de son juif, au moment où il monte sur le bûcher, chef-d'œuvre où la logique est touchante et le raisonnement pathétique, c'est qu'il est condamné, non pour des démonstrations extérieures, mais à cause de sa fidélité à sa croyance. Et, pour nous rapprocher de notre époque, qu'on se rappelle la législation sur les protestants. Il s'agissait bien alors de cérémonies! Les temples étaient détruits; le désert lui-même n'avait plus d'asile; le culte avait disparu; il ne restait que la seule pensée de la réforme, et on continuait à la poursuivre sous le nom d'hérésie. Le mot d'extermination était, dans la langue du prosélytisme, le seul qui exprimât dignement la ferveur de son zèle. Ce n'était pas seulement la profession formelle qu'on incriminait, mais tout ce qui pouvait y ressembler, et notamment la conversation à table ou à la promenade. Voici ce qu'on lit dans l'article 36 d'un édit de juin 1551 : « Attendu que ordinairement il advient que plusieurs, de tous états indifféremment, s'ingèrent, sans aucun savoir ni intelligence qu'ils aient en la sainte Écriture, en prenant leurs repas, ou bien allant par les champs..., parlent, devisent, disputent des choses concernant la foi, le saint sacrement de l'autel, et les constitutions de l'Église; faisant des questions curieuses et sans fruit, lesquelles font souvent tomber dans de grandes erreurs...; pour à ce obvier, défendons à toutes personnes non lettrées, de quelque état, qualité et condition qu'elles soient, et à tous étrangers, de ne plus faire dorénavant de telles propositions, questions et disputes, sur les points de notre foi, du saint sacrement, et des constitutions et cérémonies de l'Église, des saints conciles, et autres choses ordonnées par le saint-siége apostolique, sous peine d'être punies comme infracteurs des ordonnances et défenses. » Le même édit promet aux délateurs le tiers des biens des accusés. Un autre édit de 1540 menace de peines sévères les magistrats suspects de mollesse dans les poursuites d'hérésie, et de « s'être petitement acquittés en la faction desdits procès. » Ce texte est un de ceux qu'on invoqua contre Anne Dubourg. Mais c'était surtout contre les relaps que les plus grandes rigueurs étaient déployées ; et cependant qu'était-ce qu'un relaps ? Que punissait-on en lui ? Était-ce une pratique ostensible ? Jamais, ou presque jamais ; cet infortuné qui, en retournant à la croyance pour laquelle il avait souffert, obéissait à un des instincts les plus généreux de notre nature, s'enveloppait des mêmes précautions que la fraude ; aussi était-ce dans un interrogatoire dirigé par un prêtre catholique, que l'on épiait cette récidive de sa conscience ; et, quand elle était constatée, on le livrait au bras séculier. Sa peine était le bannissement à perpétuité et la confiscation[1]. Suivant une déclaration de 1686, ceux qui, ayant fait abjuration et étant malades, refusaient les sacrements de l'Église, et déclaraient aux prêtres de leur paroisse qu'ils voulaient mourir dans cette disposition, étaient condamnés aux galères perpétuelles ; les femmes et les filles étaient renfermées. En cas de décès, le procès était fait à leur mémoire,

[1] Édit de 1685.

leurs cadavres traînés sur la claie et jetés à la voirie. Tant la persécution était jalouse de la croyance seule, même de celle qu'un mourant emportait dans la tombe! C'était si bien à la croyance qu'elle s'attaquait, que, pour disputer aux familles celles de leurs enfants, elle violait en elles le droit le plus sacré, celui de l'éducation; elle leur enlevait leurs enfants[1], les renfermait dans des maisons de propagande, et rendait les parents responsables de leur évasion. Voilà où nous en étions encore avant 89; c'est de là que nous avions à revenir. Et maintenant on peut juger si la liberté de conscience, ainsi considérée en elle-même et dans son inviolabilité propre, n'avait pas besoin de secours, et si c'est en vain que l'Assemblée constituante, dont la Charte a traduit la pensée en d'autres termes, a décrété que *nul ne doit être inquiété dans ses opinions, même religieuses, pourvu que leur manifestation ne trouble pas l'ordre public*; constatant ainsi que l'opinion religieuse, non manifestée, avait cependant des raisons d'être inquiète.

Il y a donc deux erreurs dont il faut se garder : la première, de croire que la reconnaissance d'un droit naturel soit inutile; il n'était pas inutile de reconnaître celui qu'avaient nié François Ier et Louis XIV ; la seconde, d'étendre au culte la liberté qu'on vient de reconnaître à la conscience : si l'un

[1] Édit de 1685.

était libre dans la même mesure que l'autre, aucune police ne serait possible; car la liberté de conscience ne se manifestant par aucun acte est, de toutes celles que proclame la Charte, la seule dont on puisse dire qu'elle est sans limites.

La première des trois propositions de l'article 5 ainsi entendue, passons à la seconde.

SECTION TROISIÈME.

DE LA PROTECTION ACCORDÉE AUX CULTES.

Je résiste ici à la tentation de repousser les anathèmes que, dans les intérêts contraires d'une domination exclusive et d'une extrême liberté, on lance de deux côtés contre le protectorat des cultes. Le simple exposé de la doctrine constitutionnelle est la plus calme, la plus courte, et la plus sûre des réfutations. Je poursuis ma route sans me détourner.

On se fût épargné bien des discussions oiseuses, si l'on avait pris la protection des cultes pour ce qu'elle est. On l'a examinée comme un système particulier aux matières religieuses, que l'on a choisi entre autres, et qu'on eût été le maître de rejeter; il n'en est pas ainsi. La protection des cultes est une application du principe général qui couvre, sans aucune différence, tous les droits des Français de la même protection. Elle dérive de l'assujettissement universel des choses et des personnes à la souveraineté du pays, et n'a pas d'autre raison. S'il est fait dans l'article 5 une mention particulière de la protection due aux cultes, c'est qu'on avait à établir entre eux le principe de l'égalité ; car, du reste, le mot de protection signifie, ici comme ailleurs, que les lois sont tutélaires de la même manière qu'elles sont obligatoires. Cependant il faut convenir que si l'idée de protection se conçoit facilement comme déduction logique, à l'œuvre les difficultés se multiplient.

Et d'abord voici encore un mot à rejeter de la doctrine, un mot que, fort heureusement, on ne trouve pas dans la Charte, mais qui remplit et embarrasse la controverse : c'est le mot de *tolérance*. D'un abus qu'on ne peut empêcher, on dit qu'on le tolère; on ne le dit pas d'un droit. Aussi les cultes, tout en distinguant entre la tolérance civile et la tolérance théologique, n'en acceptent-ils d'aucune espèce, et ils ont raison. Dans la croyance où doit être chacun d'eux qu'il possède seul la vérité, il se regarde naturellement comme l'objet de la prédilection divine, et il renvoie la tolérance aux dissidents. Mais la tolérance dont il ne veut pas pour lui, la loi n'en veut pour personne; elle ne tolère pas les cultes, elle fait mieux: elle les protége, et elle remplit en cela un devoir dont elle ne peut se dispenser.

Toutefois, la protection elle-même peut s'entendre et a été entendue de plus d'une manière; elle s'élargit ou se resserre, selon le point de vue où l'on se place.

Elle peut n'être que philosophique, ne voir dans une religion qu'un mode arbitraire d'exercer un droit naturel, et, à ce titre, les admettre toutes en abandonnant chacune à elle-même. Sa séparation d'avec les cultes est absolue; elle leur reste étrangère, les tient à distance, et les surveille de loin, dans le but unique d'empêcher qu'ils ne se fassent violence. C'est le système de la loi du 7 vendémiaire an IV.

Ou bien la protection, sans cesser d'être philosophique, est encore politique; une religion est à ses yeux un élément social; elle fait acception de celles qui sont établies, s'affectionne à elles et s'y attache. Il y a bonne intelligence et sympathie; c'est le système de la loi de germinal an X, et de la Charte.

§ Ier. — De la loi du 7 vendémiaire an IV.

Dans l'ordre d'idées où cette loi a été conçue, un culte est une des variétés infinies de la manière d'adorer l'Être suprême; chacun choisit entre ceux qui existent, ou en invente qui n'existent pas; connus ou inconnus, ils se valent, et le Panthéon s'ouvre indistinctement à tous les dieux qui s'y présentent. Il y a protection légale en ce sens que le législateur touche les cultes de son caducée, qu'il s'oppose à l'exclusion ou à la domination de l'un d'eux, et qu'il abattrait la tête qui dépasserait le niveau commun. A cela près, il se retire profondément dans son sanctuaire, et laisse le monde religieux rouler autour de lui; il ne regarde au dehors que lorsqu'il est averti par un désordre matériel. Mais, quand il n'y a pas de voie de fait, sa tâche est remplie.

La constitution de l'an III, à laquelle nous sommes d'ailleurs si redevables, et qui fut pour la France un bienfait relatif, a sur les cultes un langage caractéristique; elle dit, article 354 :

« Nul ne peut être empêché d'exercer, en se conformant aux lois, le culte qu'il a choisi.

« Nul ne peut être forcé de contribuer aux dépenses d'aucun culte.

« La république n'en salarie aucun. »

Voilà tout; c'est l'expression la plus complète de l'indifférence. Dans trois formules brèves, sèches, négatives, le pouvoir constituant déclare que, n'étant ni pour ni contre, il laisse faire et laisse passer; chacune de ses paroles est un lien qu'il rompt, un rapport qu'il supprime.

Un mois après la constitution de l'an III, parut la loi du 7 vendémiaire an IV. C'était l'organisation après le principe, et, pour qu'on n'en doutât point, on lui donna un préambule, monument singulier où l'influence de l'esprit philosophique sur le système du législateur se manifeste avec une vérité naïve. On y lit que *la base du libre exercice des cultes étant posée dans la constitution*, il ne reste qu'à *réduire en lois les conséquences nécessaires qui en dérivent;* ainsi, ce que le rapprochement chronologique eût suffi pour nous apprendre, le texte du préambule prend le soin de nous le dire. Nous sommes donc avertis.

La première *de ces conséquences nécessaires,* c'est que, dans une réunion religieuse, il n'est permis de voir *qu'un rassemblement de citoyens* (article 1er); d'où il résulte que la seule surveillance à laquelle puisse être soumis un rassemblement de cette nature *se renferme,* c'est toujours l'article 1er qui parle, *dans des mesures de police et de sûreté;* en d'autres termes, la surveillance des cultes est une affaire de gendarmes.

Seconde conséquence : les ministres des cultes ne doivent à la société *qu'une garantie purement civique* (préambule). Autrement, si l'on exigeait une garantie morale, on excéderait son droit; car le droit du gouvernement ne va pas jusqu'à s'immiscer *dans les rapports du culte et de l'homme.* Et cette garantie purement civique, en quoi consiste-t-elle? Uniquement à souscrire la déclaration suivante : *Je reconnais que l'universalité des citoyens français est le souverain, et je promets soumission et obéissance aux lois de la république* (article 6). Déclaration parfaitement inutile dans la dernière partie, puisque la sujétion aux lois du pays est de plein droit.

Autre conséquence nécessaire : vous voulez ouvrir une église? c'est à merveille, présentez-vous à la mairie. On ne vous y demandera point si vous exercez un vrai culte, un culte existant; c'est assez que celui dont vous parlerez *se prétende tel* (article 25). On ne vous gênera pas au point de vous indiquer l'édifice où vous l'exercerez; c'est vous qui ferez cette indication à l'autorité (article 17).

Voilà toute la recette pour fonder une religion. Vous déclarez à la mairie que vous descendez du ciel avec une mission divine, et le secrétaire vous délivre un brevet d'apôtre. Vous reconnaissez que l'universalité des citoyens est le souverain; allez, vous pouvez enseigner le monde.

§ II. Des articles organiques de l'an x sur les cultes catholique et protestant, et du décret du 18 mars 1808 sur le culte israélite.

Pour soutenir que la loi de l'an IV est encore en vigueur sous le régime de l'an x, il faut refuser de croire à l'abrogation implicite des lois: car ces deux manières de protéger les cultes sont antipathiques dans tout ce qui les constitue, dans leur esprit général et dans les détails de leur exécution.

Ceux qui s'attachent à expliquer la législation par la philosophie, étudieront, comme un des phénomènes les plus curieux de l'histoire du droit, la transition du régime de l'an IV à celui de l'an x :

nous changeons de lois, parce que nous changeons d'école. Pour être juste envers la loi de l'an IV, il faut l'apprécier eu égard au temps dont on sortait. J'ai peu de goût pour les déclamations d'usage contre le XVIIIe siècle; elles ont à mes yeux le double tort de conduire par un lieu commun à une injustice. Le moment d'en médire serait mal choisi, quand on s'occupe de cette liberté de conscience, dans la conquête de laquelle il est pour une si grande part. Mais le déclin de ce siècle mémorable a été souillé par des doctrines que je ne confonds pas avec la philosophie trop décriée de ses grands hommes. L'esprit d'irréligion, qui n'avait encore été que contentieux et railleur dans les lettres, était devenu dans la politique furieux, proscripteur, sanguinaire. La loi de l'an IV n'en est ni tout à fait innocente, ni tout à fait coupable; on sent le calme y renaître et l'orage s'y apaiser. Elle est indifférente, il est vrai; mais, après la haine et la persécution, l'indifférence est une diminution dans le mal, et une transition vers le bien. On avait tout proscrit, elle autorisa tout; c'était le degré de sagesse dont elle était capable, et, malgré cette prostitution systématique à tous les caprices et à tous les monstres de l'imagination humaine, remercions-la de son respect courageux pour le droit naturel.

Ne reconnaît-on pas dans les articles organiques de l'an X la réaction qui s'est faite au commencement du XIXe siècle dans la philosophie générale?

Comme toutes les réactions, celle-ci a eu plus tard son excès; mais, quand elle inspira le législateur de cette époque, elle était encore pure. Sans renoncer à voir dans la religion l'exercice d'un droit naturel, elle accorde beaucoup moins à l'abstraction philosophique, et beaucoup plus au fait social. Et, en effet, pour le législateur, s'agit-il d'autre chose que de s'assurer si le culte est sociable? En cela, comme en tout, il n'y a de certain que ce qui est connu. Quand le législateur trouve tout établis des cultes dont les preuves sont faites, qui ont vécu et vieilli avec la société, qui tiennent à ses entrailles, et qui ont la recommandation des siècles, il s'y arrête; car les faits constants et actuels sont la seule matière d'une législation raisonnable; quant à présent, c'est entre eux uniquement qu'il peut être question de liberté religieuse. Tel est l'esprit de la législation de l'an x; elle a ses prédilections; son hospitalité n'est point banale; elle ne se pique de régir que les cultes qu'elle connaît; mais aussi elle s'y affectionne, elle les nomme par leur nom, et les traite comme des personnes amies, comme de vieux hôtes de la France où ils ont acquis droit de cité.

Ces deux lois ne sont pas seulement différentes, elles sont contraires, et il est impossible qu'elles marchent à côté l'une de l'autre sans se heurter. Ainsi, cette incroyable facilité à reconnaître les ministres des cultes qui se donnent leur mission à eux-mêmes, cette manière de mettre l'apostolat au pillage, sous la seule condition du serment à titre de garantie civique, est inconciliable avec la nomination des évêques par le roi, avec leur institution par le pape, avec l'élection des pasteurs dans les Églises réformées. Ainsi, le salaire que la loi de l'an IV refuse aux ministres chrétiens, la Charte le leur assure. Ainsi, les mesures qu'elle défend de prendre en nom collectif pour le choix d'un édifice et le logement des ministres, la législation de l'an X les recommande aux départements et aux communes. Ainsi, les cérémonies qu'elle interdit hors des édifices choisis, la même législation ne les défend au dehors que dans les lieux où sont établis d'autres cultes. Ainsi encore, le Code pénal prévoit les mêmes délits que la loi de l'an IV, contre le libre exercice des cultes, et c'est toujours pour innover soit quant au caractère de ces délits, soit quant à la peine. Il est particulièrement remarquable que cette loi défend, tout aussi bien que l'article 291 du Code, les associations religieuses hors des édifices destinés au culte, avec cette différence que le Code ne voit le délit que dans une association de vingt personnes, tandis que la loi de l'an IV s'arrête au nombre de dix, et il arrive que, par une singulière méprise, on préfere la loi la plus étroite à la plus libérale.

La loi de l'an IV est abrogée, aussi clairement que si l'abrogation en était écrite dans celle de l'an X.

§ III. — Des cultes nouveaux.

« A la bonne heure, objecte-t-on, le législateur de l'an x et de 1808, qui ne s'occupe que de réglementer, ne réglemente que les trois cultes qu'il nomme. Mais la Charte va plus loin; elle décrète en principe général la liberté de conscience, et, si elle désigne particulièrement les cultes chrétiens, c'est seulement pour allouer un salaire à leurs ministres. A-t-elle exclu ceux qu'elle ne nomme ni ne salarie? A-t-elle épuisé toute la libéralité de son principe, lorsqu'elle en a ajouté deux à celui qui déjà régnait seul? La liberté de conscience demande, ce semble, un peu plus d'air et d'espace. La Charte n'a pas entendu fixer invariablement d'avance toutes les formes que pourra prendre à l'avenir le sentiment religieux. Que le législateur n'ait de prédilection que pour les cultes établis, soit; nous n'y prétendons pas; nous renonçons au salaire des ministres, à la magnificence des édifices, à la pompe des cérémonies. Mais le principe général nous reste, et il nous suffit pour vivre seuls, à nos risques et périls, sous le régime ordinaire des lois de police et de sûreté. »

Convenons d'abord qu'il n'y a en effet dans la Charte aucune fin de non-recevoir contre les établissements futurs; le texte ne les proscrit ni ne les autorise, et il se pourrait bien qu'ils fussent en germe dans le principe général. A part toutes les raisons de les regarder comme impossibles ou inutiles, et même de les craindre comme dangereux, l'hypothèse d'un culte nouveau ou d'un ancien culte modifié, est légalement admissible; elle peut se discuter.

Si donc le cas se présente, il en sera du nouveau venu comme de ses aînés; il devra se faire admettre. Il ne dépendra pas de lui, ainsi que le suppose l'objection, de renoncer aux avantages de la protection légale, pour s'en tenir au pur droit naturel. Les lois obligent tous les citoyens; elles ont des bénéfices et des charges qu'on ne divise pas; renoncer aux uns pour se soustraire aux autres, c'est un subterfuge que n'admet pas l'ordre social. Il n'y a pour les cultes qu'un mode constitutionnel d'existence, c'est d'être reconnus, protégés et régis; le même texte qui proclame la liberté de conscience promet aussi la protection aux cultes, et l'un ne se sépare pas de l'autre.

La protection *s'obtient,* le mot est dans la Charte; donc elle se demande. Plus on médite, moins on conçoit que le droit de juger un culte soit contesté à la puissance civile. Elle n'accordera de lettres de naturalisation à l'étranger le plus méritant qu'après avoir pris ses sûretés avec son nouvel hôte; elle ne permettra l'établissement de certaines sociétés commerciales qu'après l'examen de leurs statuts; et lorsqu'une secte inconnue viendra chez nous prendre le gouvernement des consciences, le gardien de la cité lui ouvrira sans contrôle ! Accorder d'avance sa protection à ce que l'on ne connaît pas, mettre sur le pied d'une égalité absolue tous les cultes possibles, présents et futurs, serait le plus insensé des engagements, et une abdication de la souveraineté pour l'avenir. Les cultes reconnus ont une possession si antique qu'on eût pu douter de la nécessité de les reconnaître ; chacun d'eux n'en a pas moins reçu de l'autorité civile un acte qui lui sert de titre; et des cultes nés d'hier s'indigneraient d'être soumis aux mêmes précautions ! Il y aurait cependant une raison pour les examiner de plus près; car on les soupçonne d'être moins religieux que politiques. Ce n'est pas, à Dieu ne plaise! que nous soyons sans sympathie pour les efforts récemment tentés par le zèle du progrès social. Mais alors encore convient-il de se donner pour ce que l'on est. Est-ce quand la puissance civile est menacée dans sa base que nous lui refuserons le droit de demander un culte qui se présente : « Que venez-vous faire parmi nous? Allez-vous ébranler dans les esprits le fondement de la propriété, qui est celui de l'ordre social? Vous introduirez-vous dans la famille pour y intervertir les rapports de l'homme et de la femme, du père et des enfants? Prêcherez-vous le pouvoir absolu sous la Charte, la république sous la monarchie? Pour soulager les classes souffrantes, n'avez-vous d'autre secret que de souffler au pauvre la haine du riche, de remplir son cœur de fiel, de l'irriter contre l'inégalité naturelle et la diversité des offices? Enseignez-vous la révolte au nom de Dieu, et le pillage au nom de la charité? » Si la puissance civile n'a pas le droit de s'enquérir de ces choses, il faut renoncer à la condition sociale.

Nous avons fait bien du chemin depuis que Rousseau écrivait à l'archevêque de Beaumont : « Je ne crois pas qu'on puisse introduire en un pays des religions étrangères sans la permission du souverain..... Je conviens, sans détour, qu'à sa naissance, la religion réformée n'avait pas droit de s'établir en France malgré les lois; mais lorsque, transmise des pères aux enfants, cette religion fut devenue celle d'une partie de la nation française, et que le prince eut solennellement traité avec cette partie par l'édit de Nantes, cet édit devint un contrat inviolable. »

Voilà ce que disait, avant la garantie constitutionnelle, et dans le ressentiment des poursuites dont il était l'objet, un écrivain dont l'habitude n'était pas de faire fléchir ses spéculations devant les besoins sociaux; il ne défendait le protestantisme que comme religion reconnue, et il voyait son titre dans l'édit de Nantes; il en aurait un plus sûr aujourd'hui.

La condition légale des cultes nouveaux va être expliquée au paragraphe suivant.

§ IV. — De l'article 291 du Code pénal dans ses rapports avec les cultes.

On a cru voir une contradiction entre la garantie constitutionnelle promise aux cultes, et le droit donné à l'administration par l'article 291 du Code pénal, d'autoriser ou de dissoudre les associations religieuses. Les uns ont dit que l'article 5 de la Charte avait aboli l'article 291, les autres que l'article 291, ayant reçu une sanction nouvelle de la loi du 10 avril 1834, prévalait au contraire sur la Charte. On s'est alarmé des deux parts : les amis de la liberté religieuse, de voir la garantie constitutionnelle à la discrétion d'un administrateur; et les amis de l'ordre, de le voir désarmé devant les entreprises d'un imposteur ou d'un factieux.

Le problème est tout entier dans une confusion d'idées; c'est par des distinctions qu'il faut le résoudre.

Ou l'association s'occupe d'objets religieux, sans célébrer de culte, et il est sans difficulté qu'elle reste soumise à la police administrative; elle a besoin d'autorisation, et l'autorisation est révocable;

Ou l'association célèbre un culte, et alors seulement la difficulté se présente; mais alors encore il faut distinguer :

Le culte qu'elle exerce est reconnu, ou ne l'est pas; s'il est reconnu, il vit en vertu d'un droit constitutionnel, et non d'une autorisation administrative. Les réunions auxquelles il donne lieu ne sont pas des associations proprement dites, comme nous allons le voir; il est couvert par la Charte, un seul cas excepté, quand il se célèbre ailleurs que dans les édifices qui lui ont été assignés; hors de chez lui, on n'est plus obligé de le reconnaître.

S'il n'est pas reconnu, il rentre dans la classe des associations sujettes à l'autorisation de la police, et cette différence entre les cultes nouveaux, qui sont de véritables associations, et les cultes anciens, qui ont cessé de l'être, a sa raison dans la nature même des choses.

L'association n'est telle que parce qu'elle suppose une convention entre ses membres; là est le caractère du fait que qualifie le Code pénal. Or, il y a ou il n'y a pas convention, selon l'époque où nous prenons le culte.

Ce qui nous trompe, c'est le spectacle des religions qui nous entourent. Fondées depuis des siècles, entrées à différents degrés de profondeur dans la famille, dans l'état social, elles sont devenues un des éléments de la patrie. Elles en sont à ce point qu'on ne les choisit plus, on les accepte; elles ne se discutent point, elles se transmettent; on naît, on vit, on meurt dans leur sein, par la raison que nos pères y sont nés, y ont vécu, y sont morts, et parce qu'elles se trouvent là pour nous recevoir, sans aucun acte de notre volonté. Nous nous rencontrons à l'église, au temple, à la synagogue, non à la suite d'un rendez-vous, mais parce que les mœurs domestiques nous y poussent. A ce période, les assemblées religieuses n'ont rien de l'association, puisqu'elles ne supposent aucune convention d'individu à individu. Mais ce période n'a pas été le premier; la foi n'a pas toujours été le résultat de la tradition. Chaque religion a ses phases, son commencement, son milieu; je n'ose ajouter sa fin; il y a eu pour elle un temps où son existence était clandestine, humble, persécutée, souffrante. Ces solennités publiques, que les fidèles d'aujourd'hui accomplissent avec pompe et sécurité sous l'égide de la Charte, ont jadis commencé par de périlleux conventicules dans les catacombes. C'était alors le temps des conversions individuelles; la vérité ne s'offrait pas d'elle-même à l'enfant au berceau; ses yeux ne s'ouvraient pas sur elle, à ses côtés; l'homme fait, dans toute son intelligence et son courage, allait, à ses risques et périls, la recevoir d'un apôtre. L'enthousiasme l'embrassait, l'enthousiasme la propageait. On était d'abord en petit nombre, on se connaissait, on se comptait, on s'appelait. En sortant de l'amphithéâtre, où les chrétiens avaient été livrés aux bêtes, on se convoquait sous terre pour inhumer les martyrs, comme une armée ses morts après la bataille. Dans cet âge héroïque des religions, il y avait rapport d'homme à homme, réunion de propos délibéré, concert, en un mot association.

Ainsi la Charte et le Code pénal prévoient deux cas différents, et sont loin de se contredire. Le Code s'applique à toute association qui n'a point pour but la célébration d'un culte; il s'applique aux cultes nouveaux, qu'il saisit à l'état d'association (article 291); il s'applique encore aux cultes anciens, célébrés ailleurs que dans les édifices consacrés. En dehors de ces trois hypothèses, il n'y a plus que des cultes anciens, se renfermant chez eux; ils n'ont rien de l'association; ce sont des établissements légaux; la Charte les prend sous son égide.

Il peut arriver qu'un culte reconnu n'ait pas d'édifice, qu'il demande à l'autorité locale et qu'il n'obtienne pas qu'on lui en indique; ce défaut d'indication peut provenir ou de mauvais vouloir, ou d'un doute sérieux; mais, quelle qu'en soit la cause, il paralyse le droit. Cette hypothèse n'est guère à prévoir que dans l'intérêt des cultes qui sont en minorité; mais il faut la prévoir et la régler, puisque tous les cultes sont légalement égaux, et qu'elle laisse en souffrance un droit légitime. Il n'y aurait pas de garantie pour le culte dont le refus ou l'inertie de l'administration pourrait éluder le droit. Il faudrait, avant tout, fixer le nombre de personnes pratiquant ce culte qui serait nécessaire pour qu'il y eût obligation de lui assigner un édifice; car ce nombre peut être tellement restreint que l'exercice public ne soit pas un besoin pour lui. Mais le nombre déterminé une fois atteint, le droit est né; l'indication de l'édifice n'est plus une chose arbitraire. Cette indication étant un acte administratif, devant quelle partie de l'administration la réclamation sera-t-elle portée? L'objet de la réclamation n'est pas *un simple intérêt*, sur lequel on puisse statuer arbitrairement, sans aucune forme et sans donner de motifs; l'administration gracieuse n'est donc pas compétente. Il s'agit d'un *droit*, d'un droit d'une nature éminente, d'un droit garanti par la Charte; la réclamation est de la compétence du contentieux.

§ V. — De l'enseignement religieux.

On a fait de l'enseignement religieux l'objet d'une question distincte, et on la traite séparément, comme une thèse qui a ses principes à elle. Nous qui avons notre point de départ dans les principes généraux de la Charte, vérifions, avant tout, si elle ne s'y rattache pas comme conséquence, et si ce n'est point par eux qu'il convient de la résoudre; parce qu'on l'isole dans le monde, ce n'est point une raison pour que nous l'isolions dans la doctrine.

Il est convenu que le culte est soumis à la police de l'État; or, il n'est pas douteux que l'enseignement religieux ne soit une partie du culte, ayant droit aux mêmes garanties, mais obligée à la même obéissance.

Les paroles de Jésus-Christ aux apôtres : *Ite et docete omnes gentes*, renferment le double précepte, et d'instruire directement les nations, et de former une milice pour les instruire. L'enseignement n'est donc qu'un mode de l'apostolat, comme la prédication, comme les instructions pastorales. Or, la prédication et les instructions pastorales sont sujettes au droit commun.

Cela posé, quel privilége demande-t-on pour l'enseignement? Car c'est un privilége que l'on demande; autrement il n'y a plus de question qui lui soit particulière; sa condition est réglée par le droit commun et cette discussion n'a plus de sens.

Demande-t-on qu'il soit plus favorablement traité que les autres modes de l'apostolat? Mais quelle raison y a-t-il de lui donner une indépendance absolue, qui ne soit commune à la prédication? Quelle raison y a-t-il de surveiller la prédication, qui ne soit commune à l'enseignement?

On raisonne comme s'il ne s'agissait plus de la police de l'État; et, parce que la question renferme deux éléments au lieu d'un, parce que la liberté de conscience, proclamée par l'article 5 de la Charte, s'y combine avec la liberté d'enseignement promise par l'article 69, on semble croire que la question a changé. La question reste la même, et conserve toute sa simplicité; chacune de ces libertés, prise à part, n'est pas plus illimitée que l'autre, et, bien qu'elles se mêlent dans la question de l'enseignement religieux, la compétence de la loi civile pour les régir n'est pas plus douteuse sur les deux réunies, que sur chacune d'elles séparément.

La nécessité d'une police est même plus grande pour l'enseignement, qui façonne à huis clos des esprits simples et dociles, que pour la prédication, qui se produit publiquement à des esprits capables de la juger. Les précautions législatives n'outragent pas plus les cultes que le Code pénal ne calomnie l'humanité; partout où se cache un risque pour la société, le gouvernement regarde; il n'y a pas de devoir plus sacré. Quel serait donc, dans les lettres divines et humaines, l'enseignement assez sûr de son passé et de son avenir pour s'indigner de n'être pas excepté de la sujétion commune aux lois du pays? Cette susceptibilité, à qui sied-elle? A Dieu ne plaise qu'il m'arrive de réveiller les querelles du gallicanisme! Le gallicanisme, depuis que les deux puissances sont réduites à une seule, n'a plus d'objet, et il aurait trop raison sous la Charte. Je ne veux donc pas exagérer le péril des doctrines ultramontaines; je les crois sans influence réelle sur l'esprit général de la nation. Cependant elles vivent dans l'esprit de prélats éminents qui ont de l'autorité sur les consciences; elles ont encore leur foyer à Rome; de nos jours, on vient d'entendre un membre du conclave, le cardinal Pacca, passant en revue tous les États de la chrétienté, déplorer la déclaration de 1682 comme une tache au catholicisme français. Si la paix est dans les relations diplomatiques, la guerre continue dans les doctrines; et les doctrines de Rome ne sont autre chose au fond que la négation même de la souveraineté française. Elles n'ont pas été autrement entendues par Louis XIV, lorsque, le 10 mars 1682, il s'est départi de sa déférence habituelle envers le saint-siége, jusqu'à intervenir en maître dans la direction des études ecclésiastiques; ni par le gouvernement consulaire, lorsqu'il a ordonné d'enseigner la déclaration de 1682, dans les séminaires par le vingt-quatrième des articles organiques; je dis un des articles organiques, car cette mesure n'eût pu trouver place dans le concordat; ni par le gouvernement impérial, dont un décret, en date du 25 février 1810, a proclamé loi de l'État la déclaration de 1682; ni par la Cour royale de Paris, dont un arrêt rendu le 3 décembre 1825, sous la Restauration, a renouvelé cette proclamation dans la forme judiciaire. Après un tel passé, au moment solennel où tous les principes sociaux tendent à se fixer chez nous, dans un pays qui, plus que jamais, se pique d'unité en tout, l'enseignement des doctrines ultramontaines serait un véritable désordre, et il y aurait telle circonstance où le désordre pourrait redevenir un danger. Le droit de l'État doit être maintenu sur toutes les parties de l'enseignement public, sur la partie objet de la dispute plus que sur les autres; il serait inconséquent que des écoles, autorisées et protégées par lui, restassent fermées à sa surveillance, et que, sous son égide, on apprît à le nier.

Ainsi cependant vont les choses sous la législation actuelle, et celle qui se prépare permet à peine d'espérer un retour aux principes. Le culte a la double fonction de recruter sa milice et de distribuer aux laïques l'instruction religieuse; il ajoute à la première la prétention de former sans contrôle l'esprit de ses ministres, et il dit avec raison de la seconde que la religion est la base de l'instruction publique. Or, voici ce qui arrive : les petits séminaires sont fermés à la surveillance de la police, et le culte a droit d'inspection dans les colléges laïques; la police n'a pas un œil chez lui; il en a un chez elle. Cet état de choses se fonde sur un raisonnement, qui, dans le système des deux puissances, est sans réplique, et qui, dans celui de la Charte, est un contre-sens. Les deux puissances une fois admises, vous serez bientôt forcé de reconnaître que vous n'avez rien à voir dans les choses de la religion, et que ses ministres doivent entrer partout où la religion entre elle-même. Ce principe n'est autre que celui qui servait de fondement à l'ancienne juridiction ecclésiastique; comme elle prétendait connaître de tout ce qui relevait du for intérieur, elle n'avait pas de peine à démontrer que l'ordre social tout entier était de sa compétence; aussi l'avait-elle envahi. N'en peut-il être autrement même aujourd'hui? Quelque raison supérieure veut-elle que le culte puisse fermer sa porte, et se fasse ouvrir celle des autres? Ne peut-on, sans injustice, distinguer dans l'enseignement religieux la surveillance de la direction? A la bonne heure; mais au moins qu'on le sache : car, si c'est une nécessité politique, ce n'est assurément pas un droit constitutionnel.

§ VI. — Des obligations comprises dans la protection des cultes.

Nous avions besoin des notions qui précèdent pour aborder la question suivante: Qu'est-ce, à proprement parler, que la protection des cultes? Dans un pays où l'on en reconnaît plusieurs, où on les déclare égaux, où les consciences se partagent librement entre eux, à quoi oblige la protection promise?

Les cultes, avons-nous dit, sont du domaine de la police de l'État; c'est donc la police de l'État qui les protége, et ce seul mot devrait prévenir toute méprise sur la fin, les obligations et la limite de cette protection. La protection est extérieure au culte; après avoir pourvu à ses besoins matériels, elle écarte autour de lui les obstacles; elle réprime les voies de fait, adressées du dehors aux fidèles qui le suivent, aux ministres qui le servent, aux objets qu'il consacre; c'est l'esprit des articles 260, 261, 262, 263 et 264 du Code pénal. Mais elle s'en tient à cette police extérieure; elle ne pénètre pas dans le culte; elle le laisse à lui-même; elle n'épouse point ses dogmes; elle ne prend point parti dans ses querelles; en un mot, elle est civile, et non théologique. La loi de 1825 sur le sacrilége était plus théologique que civile; elle confondait les limites; elle punissait la voie de fait sur un objet sacré, non comme trouble selon la police, mais comme profanation selon le dogme; elle faisait de la vérité religieuse une vérité légale; elle changeait le gouvernement, qu'elle mettait sur la pente de la théocratie, et, en vengeant l'attentat contre Dieu, devenait elle-même un attentat.

Ce qui est vrai du dogme est vrai de la discipline; car la discipline n'a été établie qu'en vue du dogme; elle est le moyen et il est la fin. Si la loi civile adopte la discipline et lui communique sa force obligatoire, elle n'a plus de raison pour ne pas adopter le dogme; la raison est même plus grande pour l'un que pour l'autre; car le dogme est d'institution divine, et la discipline d'institution humaine; il y aurait de la part de la puissance civile une inconséquence choquante à se communiquer à l'ouvrage de l'homme, et à se refuser à l'ouvrage de Dieu. Si l'on entre une fois dans le cercle d'idées particulières au culte, ce sont là de ces choses entre lesquelles on ne peut plus choisir. On n'est maître de les séparer, que comme on l'est de tomber dans l'absurde. Cela fut si bien entendu lors de la discussion sur le sacrilége, que l'inexorable logique du catholicisme, dans la personne de M. de Lamennais, rappela l'indivisibilité absolue des choses de la religion, et démontra facilement qu'on faisait trop ou trop peu : « La vérité, ajoutait M. Royer-Collard dans ce discours immortel où la raison est si haute et si éloquente, la vérité ne souffre point ces transactions particulières. De quel droit votre main profane scinde-t-elle la majesté divine, et la déclare-t-elle vulnérable sur un point, invulnérable sur les autres, sensible aux voies de fait, insensible à toute autre espèce d'outrages? Il a raison, cet écrivain qui trouve votre loi mesquine, frauduleuse et même athée. Dès qu'un seul des dogmes de la religion catholique passe dans la loi, *cette religion tout entière doit être tenue pour vraie et les autres pour fausses;* elle doit *faire partie de la constitution de l'État,* et de là se répandre *dans les institutions politiques et civiles. Autrement l'État professe l'indifférence des religions; il exclut Dieu de ses lois; il est athée.* » Pour nous aujourd'hui, l'inconséquence ne changerait que de face, et resterait la même; en adoptant une partie de la discipline, on l'adopte tout entière; et l'adoptant tout entière, on adopte le dogme et tous les dogmes; la loi du sacrilége n'avait que le tort d'être incomplète, et un tort bien plus grand serait de l'avoir abolie.

La discipline ecclésiastique n'a point été conçue dans l'intérêt de la liberté; elle en exige le sacrifice continuel par les renoncements de toute espèce qu'elle impose. Son principe est que la liberté est aliénable; le principe constitutionnel est qu'elle ne l'est point; la discipline demande à l'homme et au citoyen de s'abdiquer au besoin pour elle; la Charte ne le déclare incapable que de renoncer à sa propre nature. Tant que la volonté de l'homme persévère dans le sacrifice, c'est sa liberté même que la loi respecte dans sa soumission à la discipline; mais elle la viole dès qu'elle prête à celle-ci sa puissance coactive et coercitive, pour fermer au sacrifice volontaire tout retour à la liberté. L'Assemblée constituante a reconnu ces grands principes en abolissant les vœux monastiques.

Ici se présente la question du mariage des prêtres catholiques. Car entre les vœux monastiques et le célibat des prêtres, l'analogie est évidente; que l'on renonce à sa liberté pour entrer en religion ou pour entrer dans les ordres, la question est la même.

Je dirai d'abord ce que j'y vois et ce que je n'y vois pas. J'y vois une question de droit; rien de plus, rien de moins. Je n'y vois pas un combat de considérations opposées; où il s'agit d'un droit, les considérations sont secondaires; il y a des inconvénients dans le mariage du prêtre, des inconvénients dans son célibat forcé. De quel côté sont les plus grands? Cela même est douteux, et je n'ai point à répondre. Je n'y vois pas non plus un jugement à porter sur l'action du prêtre qui se marie; je puis la croire digne de blâme et même de mépris, sans que la question change. Que l'usage qu'il fait de sa liberté soit bon ou mauvais, il reste toujours à savoir si c'est de sa liberté qu'il use : la question est immuable, et il faut bien pardonner à un publiciste de s'en émouvoir.

Ou la loi civile défend en propres termes le mariage du prêtre, ou elle se tait.

Je suppose une prohibition formelle, et je cherche, dans le point de vue constitutionnel où nous sommes, à me faire une opinion sur ce procédé législatif. Je me demande avant tout à quel ordre d'idées appartient le mariage; je trouve à ce sujet un principe tout établi dans l'édit de novembre 1787, qui rend l'état civil aux protestants, et une doctrine toute faite dans les éloquents mémoires de Portalis et de Target qui l'ont préparé; je les trouve même dans notre Code, qui ne donne à la mort civile d'autre puissance sur le mariage que d'annuler ses effets civils, ce qui lui suppose des effets d'une autre espèce, et je me dis que le mariage est un contrat du droit naturel. Cela posé, je crois que le pouvoir législatif abuse de lui-même, quand il interdit à une personne capable un contrat qu'il n'interdit même pas dans un sens absolu à un mort civilement.

A l'excès de pouvoir s'ajoute une contradiction. La loi civile ne veut pas que l'on viole en moi la liberté du mariage, ni même qu'on la restreigne ou qu'on la gêne; si je me lie, elle me délie au nom de l'ordre public, et cependant elle ne permet pas au prêtre de se délier quand il le veut. Quand je livre ma liberté, elle me la rend malgré moi; quand le prêtre redemande la sienne, elle la retient malgré lui. Quoi donc? L'ordre public serait-il autre pour le laïque, autre pour l'ecclésiastique? La différence n'est pas explicable par le droit commun; car des deux côtés il y a consentement, et le consentement est, là non avenu, ici irrévocable. Pour en trouver la raison, on est forcé de recourir à la dernière de toutes les hypothèses permises, de supposer que la loi qui garantit les droits de l'homme, donne sa sanction à celle qui en immole un des principaux; c'est-à-dire de supposer que la loi qui protége s'assimile la loi protégée; c'est-à-dire encore, de supposer la subversion même du système protecteur.

Voilà ce que l'on pourrait dire d'une prohibition expresse; mais cette prohibition expresse, où est-elle? De l'ordre constitutionnel nous passons ici à l'ordre légal, et sans doute on ne présumera pas facilement que le législateur a fait ce qu'il ne pouvait pas faire. On sent d'abord que le texte prohibitif doit se trouver dans la législation constitutionnelle, et que d'anciens textes, avec lesquels elle serait incompatible, ne seraient pour nous d'aucune autorité, à moins que la législation constitutionnelle elle-même ne se les fût appropriés. Il n'y a qu'un enseignement à retenir de l'histoire de l'Église; c'est qu'elle n'a pas toujours défendu le mariage de ses ministres; la défense ne date que du XIIe siècle, et, puisqu'elle a fourni sous la loi du mariage sa période la plus longue et la plus belle.

c'est qu'apparemment le célibat du prêtre n'est pas essentiel à la religion. La prohibition, portée plus tard dans un esprit que nous n'avons pas à juger, a duré, nous en convenons, jusqu'à la révolution de 89. Quelle a été alors la condition du prêtre relativement à la loi civile? qu'y avait-il à prouver, du droit ou de la défense? Si le mariage eût été une concession de la loi positive, c'est la liberté qui aurait eu besoin d'un texte; mais s'il est de droit naturel, c'est la prohibition qui doit être écrite. Une règle du droit des gens, devenue l'article 1127 du Code civil, dit : « Toute personne peut contracter, si elle n'en est pas déclarée incapable par la loi. » La capacité est donc la règle générale, l'incapacité l'exception, et je demande à l'exception où est son titre.

Les premiers textes, depuis la révolution, sont de 91, 92 et 93. La constitution de 91 déclare que *la loi ne reconnaît plus de vœux religieux, ni aucun autre engagement qui soit contraire aux droits naturels ou à la constitution*: mais elle ne fait cette déclaration que dans le préambule réservé à la doctrine. Il était impossible de désigner plus clairement le mariage des prêtres sans le nommer; cependant elle ne le nomme pas, et n'enlève pas tout à fait la question au raisonnement. Les décrets de 93 vont jusqu'à punir l'évêque de son opposition spirituelle au mariage du prêtre; ils font irruption dans le sein même de la société ecclésiastique;

ils y détruisent toute liberté; ils y violent les devoirs de la protection, et cependant encore ils ne sont qu'implicites sur la question. Assurément, rien ne serait plus facile que d'en dégager le principe de la liberté; mais procédons largement: point d'argumentation sur les textes; ceux de 91 ne sont pas assez formels; ceux de 93 sont violents. Supposons qu'ils n'existent pas; tout ce qui en résultera, c'est que la liberté du mariage reste debout, appuyée sur le droit naturel, et attendant un texte contraire.

On a cru trouver ce texte dans les articles organiques de l'an x; article 6 : « Les cas d'abus sont, l'usurpation ou l'excès de pouvoir, la contravention aux lois et règlements de la république, l'*infraction des règles consacrées par les canons reçus en France*, etc. » Article 26 : « Les évêques ne pourront ordonner aucun ecclésiastique..... s'il ne réunit les qualités requises *par les canons reçus en France.* » On a dit que le canon qui défendait le mariage aux prêtres ayant été autrefois reçu en France, la loi civile l'avait adopté.

Soyons vrais : si telle eût été la pensée du législateur de l'an x, il l'eût dite autrement. S'en référer vaguement aux anciens canons reçus en France, et laisser à la science et à l'induction le soin d'en extraire ce que l'on veut dire, ce n'est pas ainsi que l'on procède, quand on se propose de déroger au droit naturel, et de signifier à la philosophie de son temps le contraire de ce qu'elle croit et de ce qu'elle désire. Personne moins que l'illustre rédacteur des articles organiques n'eût enveloppé cette grande mesure dans une obscurité d'oracle, lui qui venait de contribuer avec Target à restituer le mariage au droit naturel, et qui savait combien une telle exception avait besoin d'être claire, surtout sous l'impression encore récente des textes de 91 et de 93. S'il eût entendu faire revivre dans son intégrité l'empêchement canonique, à la fois prohibitif et dirimant, n'eût-il trouvé, dans son exposé des motifs, d'autres paroles que celles-ci : « Pour les ministres... à qui le célibat est ordonné par les règlements ecclésiastiques, la défense qui leur est faite du mariage par ces règlements n'est point consacrée *comme empêchement dirimant* dans l'ordre civil. ainsi leur mariage, *s'ils en contractaient un*, ne serait point nul aux yeux des lois politiques et civiles, et les enfants qui en naîtraient seraient légitimes. Mais, *dans le for intérieur et dans l'ordre religieux, ils s'exposeraient aux peines spirituelles prononcées par les lois canoniques*. Ils continueraient à jouir de leurs droits de famille et de cité; *mais ils seraient tenus de s'abstenir de l'exercice du sacerdoce*. Conséquemment, sans affaiblir le nerf de la discipline de l'Église, on conserve aux individus *toute la liberté et tous les avantages garantis par les lois de l'État.* » Nier l'empêchement dirimant, se taire sur l'empêchement prohibitif, stipuler *toute la liberté* garantie par les lois de l'État, était-ce la manière de faire entendre que l'empêchement était rétabli comme prohibitif et dirimant? Ce qui prouve qu'en parlant de l'empêchement dirimant, Portalis ne sous-entendait pas l'empêchement prohibitif, c'est ce qu'il a dit plus tard dans son rapport du 3 frimaire an XI sur le mariage : « La prêtrise n'est point un empêchement au mariage; une opposition fondée sur ce point ne serait pas reçue et ne devrait pas l'être, parce que l'empêchement provenant de la prêtrise n'a point été sanctionné par la loi civile. »

Qu'on ne s'étonne pas de ne rien trouver dans les articles organiques qui modifient l'état civil du prêtre; la sécularisation de l'état civil de tous les citoyens était devenue un principe de notre droit public, comme conséquence de la liberté religieuse et de la pluralité des cultes; le prêtre n'avait pas cessé d'être citoyen; Portalis a soin d'en avertir, et on laissait le droit public produire son effet sur lui comme sur les autres. Les articles organiques n'ont qu'un objet : c'est de régler les rapports de la société civile avec le prêtre qui veut rester prêtre, et qui, loin de s'affranchir du ministère de son choix, l'exagère, en abuse et s'en fait une arme pour entreprendre sur les choses et les personnes du siècle. C'est la situation inverse de celle où le prêtre veut se marier, c'est-à-dire rentrer dans la condition commune. Si on ne lui reproche que l'infraction des canons *reçus en France*, c'est parce qu'on ne pouvait lui imputer à faute l'infraction de ceux que l'on ne reconnaissait pas; cette clause de style n'est qu'une précaution gallicane contre les prétentions ultramontaines. La résurrection de l'empêchement canonique devait se trouver là moins qu'ailleurs; car, en stipulant l'indépendance de l'État, il eût impliqué dans les termes de le subordonner à une loi qui n'était pas la sienne.

Lorsque l'ancien régime délibérait sur la réception d'un canon, il n'envisageait que le rapport de l'État avec la cour de Rome; le gouvernement se préoccupait d'une de ses relations extérieures. Son souci n'était pas, ne pouvait pas être de combiner le canon avec le droit public intérieur que nous a donné la Charte. Si le sens des articles organiques est que tout canon autrefois reçu en France est, par cette seule raison, entré dans la loi civile de nos jours, rien n'est plus radicalement contre-révolutionnaire que les articles organiques; il faut renoncer à tout autre droit public, à commencer par la liberté de conscience. Un publiciste[1] a eu raison de dire: « Si cet argument est fondé, je me fais fort d'en faire sortir l'ancien régime tout entier. » Mais l'argument a tort; il ne prouve rien, car il prouve trop.

La prohibition n'est donc pas dans les articles organiques; elle n'y est pas et n'y pouvait pas être. Le droit naturel reste seul.

[1] M. Serrigny, professeur à la Faculté de droit de Dijon, *Traité de droit public*, t. Ier, p. 578.

Pourquoi la loi civile, qui prohibe les vœux monastiques perpétuels, ne prohibe-t-elle pas le célibat des prêtres? La raison en est simple : la vie monastique n'importe pas essentiellement à la religion, et la loi ne veut pas d'une aliénation de la liberté naturelle, qui n'a pas pour elle l'excuse de la nécessité. Mais le culte ne peut se passer de ministres, et la loi n'était dans l'obligation de défendre ni à la société ecclésiastique d'imposer des conditions à ses membres, ni à ceux-ci de les accepter. Voilà pourquoi la loi n'a défendu ni le mariage ni le célibat des prêtres, et a laissé la liberté dans les termes du droit naturel. Ce silence est plein de sagesse.

Chose étrange! La prohibition qui n'est pas dans la loi est, ou peu s'en faut, dans la jurisprudence; la jurisprudence se charge de l'excès de pouvoir, dont le législateur s'est fait un scrupule, et elle s'en charge avec la complication que voici : des arrêts interdisent à l'officier de l'état civil de recevoir le mariage du prêtre, quoique la loi ne le défende pas, et des arrêts permettent l'adoption par le prêtre, parce que la loi ne la défend pas; or, si le mariage est de droit naturel, l'adoption est de droit civil : ce qui donne pour résultat que le silence de la loi s'interprète en faveur du droit civil et contre le droit naturel.

SECTION QUATRIÈME.

DE L'ÉGALITÉ DES CULTES ENTRE EUX.

L'égalité des cultes est le troisième principe que proclame l'article 5 de la Charte. Une classification rigoureuse eût pu la ranger dans la section précédente, comme un des modes de la protection légale; mais elle a des conséquences si graves et si peu aperçues, que je crois devoir lui consacrer une section particulière.

Si l'on entendait, sous la Charte de 1814, que l'égalité des cultes n'était pas détruite par la proclamation d'une religion de l'État, elle ne pouvait au moins subsister, dans l'esprit de ceux qui y croyaient encore, que modifiée et restreinte, et l'on avait apparemment, pour concilier ces deux principes, quelque moyen que nous ignorons. Aujourd'hui qu'il n'y a plus de religion de l'État, l'égalité des cultes, dégagée de toute restriction, est nécessairement entière; autrement où serait la différence entre les deux régimes? Mais, même entendue dans son sens le plus large, elle ne peut s'entendre encore que d'une égalité de droit; car, chez nous, l'inégalité de fait est immense entre le catholicisme romain et les autres cultes; c'est une raison de plus de maintenir l'égalité où elle est possible, puisque, si l'on permet au fait d'envahir le droit, elle ne sera nulle part. Or, il y a invasion de l'un dans l'autre, toutes les fois que le pouvoir résout une question religieuse par la statistique, toutes les fois qu'il fait pour la religion de la majorité ce qu'il ne fait pas pour celle de la minorité, ou qu'il impose au culte numériquement le plus faible un sacrifice qui n'a pas sa raison dans le droit commun. Il est évident que si la supériorité numérique se transforme en droit, l'égalité est détruite, et la garantie chimérique.

Ceci s'adresse à tous les hommes publics qui contribuent à faire la loi ou à l'exécuter : l'obéissance qu'ils ont jurée à la Charte leur crée un devoir que peut-être ils n'ont pas assez médité.

L'égalité des cultes n'est concevable que du gouvernement aux gouvernés; elle n'est pas à l'usage de ceux-ci entre eux, et ils la trouvent si peu dans la morale privée, que même cette morale y résiste. Pour l'homme considéré comme croyant, les cultes ne sauraient être égaux, et l'on n'obtiendra jamais qu'il mette les dissidents sur la même ligne que le sien; en sorte que, dans la situation neuve où nous place notre régime, le principe de l'égalité n'existe que dans la région du droit public, et ne pourrait en descendre dans la vie privée sans renconter autant d'adversaires qu'il y a de consciences convaincues. En supposant donc un homme d'une foi fervente dans un emploi public, il doit se partager en deux personnes, telles à peu près que Louis XIV croyait les reconnaître en lui-même; sa prédilection particulière et son devoir civique sont aux prises au fond de son âme: le fonctionnaire demande ce que le croyant ne peut accorder, l'impartialité religieuse : aussi élevé-je ce sentiment au rang des plus hautes vertus, parce qu'il atteste une lutte et un triomphe.

Chose en effet étrange, et pourtant vraie! Voilà une vertu qui ne sort pas de sa source ordinaire, de la religion que l'on professe; elle en sort si peu, que même elle la contrarie. Et cependant rien n'est plus naturel; la plus simple réflexion réconcilie la croyance avec la doctrine constitutionnelle. Ce que celle-ci demande au dépositaire de l'autorité, ce n'est pas, à Dieu ne plaise! le sacrifice de sa foi, mais seulement de n'en pas porter le joug dans l'exercice de ses fonctions. Effort difficile peut-être, mais nécessaire, et certainement légitime. Est-ce donc la première fois que les nécessités de la vie sociale distinguent l'homme privé de l'homme public, pour imposer à l'un des devoirs très-réels, qui cependant répugnent à l'autre? Notre législation ne défend-elle pas au juge de prononcer d'après l'équité, et de la préférer à la loi écrite? D'Aguesseau n'a-t-il pas recours à toute son éloquence pour se prémunir contre son propre cœur et contre ce qu'il appelle, par une alliance de mots, les séductions de sa vertu? Ne lui défend-on pas encore de juger une question de fait d'après ses connaissances personnelles, et sa conscience de magistrat ne se sépare-t-elle pas de sa conscience d'homme, en lui ordonnant de mettre la preuve judiciaire avant le témoignage de ses sens? Si nous faisons pour les grands intérêts du droit public moins que pour les plus modiques intérêts de la justice civile, songez-y bien : une partialité pieuse s'infiltrera goutte à goutte dans le régime de la Charte; la majorité numérique laissera son empreinte sur chaque acte du pouvoir, le culte le plus faible perdra dans les lois d'application l'égalité que lui promet la loi fondamentale, et le résultat sera le même que s'il y avait une religion de l'État.

Il n'y aura plus de droit commun en matière religieuse; mais, selon l'occurrence, un droit catholique ou protestant, et plus probablement catholique.

C'était une loi catholique que celle du 20 avril 1825 sur le sacrilége; son tort n'était pas de réprimer l'outrage fait à l'objet d'un culte, cette répression entrait dans les devoirs de la protection légale; mais d'élever l'outrage au crime de lèse-majesté divine, et de punir de la même peine le croyant et celui qui tenait de la Charte le droit légal de n'avoir pas la même croyance. Cette égalité extrême était une extrême et violente inégalité.

C'est une loi catholique que celle du 18 novembre 1814, qui interdit certains commerces pendant le temps de l'office divin; son vice ne serait pas d'obliger les sectateurs des cultes différents à des convenances réciproques, mais, au contraire, de ne prendre cette mesure qu'au profit d'un seul, sans réciprocité pour les autres.

Elle est encore toute catholique cette jurisprudence qui ne permet l'action criminelle contre le ministre du culte, qu'à la condition de faire vérifier préalablement, par le conseil d'État, s'il n'y a point d'abus ecclésiastique. Cette jurisprudence ne tient aucun compte de la différence des cultes ; il ne peut y avoir de tort spirituel qu'entre deux personnes appartenant à la même croyance, et l'on entrave l'action du protestant contre le prêtre catholique, par une raison qui ne peut être applicable qu'à un catholique.

TITRE QUATRIÈME.

DE LA LIBERTÉ DE LA PRESSE.

« Les Français ont le droit de publier et de faire imprimer leurs opinions, en se conformant aux lois.

« La censure ne pourra jamais être rétablie. » (Art. 7 de la Charte.)

Les droits de l'homme en général ont été révélés à notre conscience; chacun de nous en a la notion innée, et dans tous les temps, même sous le despotisme, la philosophie, à défaut de la législation, en a trouvé la véritable doctrine. En voici un cependant qui semble né d'hier; il n'en est pas sur lequel les idées aient flotté aussi longtemps, d'un extrême à l'autre, de l'inexorable censure à la liberté sans limite, épuisant toutes les combinaisons intermédiaires, et ne parvenant qu'à grand'peine à se fixer. Leur marche irrégulière offre cependant trois époques principales entre lesquelles on remarque un enchaînement rationnel : d'abord l'ancien régime, présentant le spectacle de la philosophie aux prises avec la censure; ensuite l'époque de 91, posant le principe constitutionnel, sans l'organiser dans les lois, et aboutissant à des alternatives d'anarchie et de despotisme; enfin la période de la Charte, qui entreprend, en 1819 et 1822, d'adopter un ordre légal, un principe constitutionnel, c'est-à-dire de résoudre la dernière et la plus grande difficulté du système. C'est après ce long voyage que l'on est arrivé aux quelques lignes qui composent l'article 7.

La cause de la presse libre est jugée; elle n'est pas seulement un droit pour les citoyens, mais un moyen pour le pouvoir; elle a en France un avantage particulier; nous n'avons d'ardeur politique que pour les révolutions; l'état calme et normal de la société nous refroidit et nous énerve; les mouvements de la presse libre sont les seuls signes de la vie publique.

L'impression produite par la découverte de l'imprimerie fut un singulier mélange d'enthousiasme et d'épouvante; on la célébrait en l'enchaînant; on glorifiait le prodige, on muselait le monstre; le même pouvoir l'appelait *divine*, et punissait de mort quiconque en faisait usage[1]; la témérité semblait aussi grande que si l'on eût dérobé le feu du ciel. Le gouvernement de l'époque ne dut y voir qu'une matière à des règlements de police; l'idée d'un droit ne pouvait même se présenter à lui; au sein des persé-

[1] Édit de Louis XII du 9 avril 1513; *id.* de Henri II, et déclaration de 1553.

cutions religieuses des XVe et XVIe siècles, il eût été inconséquent de reconnaître à la pensée la liberté que l'on refusait à la conscience. On fit comme dans un danger public : on se fortifia sur tous les points, en religion, en politique, dans les lettres, contre la redoutable merveille, qui semblait n'apparaître au milieu d'un incendie que pour y jeter de nouveaux aliments. On confia le salut commun à la censure; mais la censure débuta par une étrange méprise, même dans le système prohibitif; elle se crut appelée non-seulement à empêcher la publication des mauvais livres, mais à porter un jugement sur ceux auxquels elle laissait prendre l'essor, et le protocole de la permission portait que le livre paraissait *avec approbation et privilége du roi.* L'approbation était de trop: la véritable fonction de la censure était d'interdire toute attaque contre les principes fondamentaux de l'ordre social, et de laisser le livre inoffensif se produire à ses risques et périls. En le présentant pour ainsi dire sous son patronage, elle s'associait implicitement à ses doctrines, et prenait sur elle une responsabilité trop lourde pour des hommes. C'est ce que sentit fort bien Malesherbes, directeur de la librairie sous Louis XV; il crut que sa mission était de prévenir certains maux, mais non de discipliner l'esprit humain, ni d'en régler les élans dans les sphères nouvelles où il se lançait; il fut le premier à soupçonner que la découverte de Guttenberg pouvait bien renfermer un droit pour l'humanité, car la philosophie réclamait plutôt une franchise littéraire qu'un droit politique, et ces méditations conduisirent Malesherbes à la gloire singulière de concevoir des scrupules sur son propre pouvoir. Il en fit confidence au duc de Berry, père de Louis XVI, dans des mémoires dont M. Boissy d'Anglas nous a conservé la substance, et où l'on apprend comment un moyen mécanique peut participer à l'inviolabilité de la pensée; mais l'homme d'État ne révéla le mystère à l'héritier présomptif du trône qu'en lui demandant le secret : témérité clandestine qui caractérise l'homme et son siècle, et qui montre de combien l'un avait devancé l'autre. Malesherbes connivait au fond de l'âme avec la philosophie de son temps; il ne faut plus s'étonner que l'Encyclopédie ait pu paraître sous sa direction, ni que, sous une censure qui semblait approuver le livre qu'elle n'arrêtait pas, celui qu'elle avait arrêté allât se faire imprimer hors de France, et y rentrât à peu près sans obstacle. Rousseau, qui avait eu tant de raisons d'étudier ce régime de la librairie, et qui était d'ailleurs bien venu de son directeur, nous en rend le témoignage suivant : « Dans les pays où il est défendu d'imprimer sans permission, ceux qui désobéissent sont punis quelquefois pour avoir désobéi; mais la preuve qu'on ne regarde pas au fond ce que dit un livre comme une chose fort importante, est la facilité avec laquelle on laisse entrer dans l'État ces mêmes livres que, pour n'en pas paraître approuver les maximes, on n'y laisse pas imprimer[1]. »

Ainsi, imprimer sans permission en France avec la chance de n'être pas puni; faire imprimer en Hollande ou en Allemagne, avec la presque certitude d'ouvrir la France au livre; tel était à peu près le régime de la librairie, quand la révolution commença. L'époque de 91 est une de celles où la philosophie se fait loi aux yeux de tous, et où on la surprend le mieux à l'instant précis de sa transformation. Toutes nos premières formules ont été écrites sous sa dictée. Aussi l'Assemblée constituante n'hésita-t-elle pas à proclamer la liberté de la presse comme un droit naturel, et à la garantir à ce titre. S'est-elle trompée? on l'a soutenu depuis; on a prétendu qu'elle dérivait d'une origine moins antique et moins élevée, du droit positif; on l'a souvent traitée en conséquence.

Les droits naturels, a-t-on dit, nous viennent de Dieu; nous les tenons de lui dans leur plénitude et se suffisant à eux-mêmes; à chaque faculté il a donné un organe; nous voulons marcher, et nous marchons; parler, et nous parlons, sans que l'homme ait rien à y ajouter. Mais la liberté de la presse ne nous vient pas de Dieu; elle a sa source dans une invention humaine, et elle n'est possible que par elle. A la vérité la pensée est et doit être communicable.

[1] *Lettres écrites de La Montagne*, partie Ire, lettre 5

puisque l'être auquel elle est donnée n'est pas fait pour vivre seul; mais s'ensuit-il que tous les moyens artificiels de la communiquer sortent de la même origine et participent de la même nature? La conclusion ne semble juste que du don naturel à l'organe naturel; ainsi, Dieu n'a pas été libéral à demi; il a accompagné la pensée de la parole, sans laquelle la créature intelligente n'eût été qu'imparfaitement douée; mais dans cet état, la libéralité divine est complète; rien n'y manque, et, pour qu'elle remplisse les vues de la Providence, elle n'a besoin de rien de plus. Aussi tout obstacle à l'usage de la parole est-il une violation d'une loi de notre nature; l'homme qui en est privé, est infirme; celui à qui on en défend l'usage, est opprimé. Pour Tacite, un des plus effrayants symptômes de la tyrannie est de n'oser communiquer la pensée par la parole. « Nous aurions aussi, dit-il, perdu la mémoire avec la voix, s'il était autant en notre pouvoir d'oublier que de nous taire. » *Memoriam etiam cum voce perdidissemus, si tam in nostra potestate esset oblivisci quam tacere.* Mais on n'en pourrait pas dire autant de la presse. Tout avertit qu'elle n'est pas essentielle à l'homme; elle est contingente; elle n'a pas toujours été; elle pourrait ne pas être. Que fût-il advenu si l'imprimerie n'eût pas été découverte? La société civile eût-elle manqué d'un de ses éléments? Disons-nous des peuples de l'antiquité, qu'ils ont été tous et nécessairement opprimés, par la seule raison qu'ils n'ont pas connu la presse libre? Le disons-nous des peuples contemporains qui n'en jouissent pas? Conçoit-on qu'un droit naturel dépende d'un accident? Le genre humain a longtemps vécu sans elle; au XVe siècle, il avait déjà fourni presque toute sa carrière connue; et il ne l'avait pas fournie sans liberté, sans grandeur ni sans gloire; la civilisation grecque et romaine conserve encore sur la nôtre plus d'un genre de supériorité. C'est un sophisme de dire que les auxiliaires ajoutés par l'industrie humaine à l'organe naturel de la pensée, sont naturels comme lui, puisqu'ils concourent au même but. Cette induction est démentie par les faits et les lois : les représentations théâtrales sont un moyen de communiquer la pensée, et elles sont sujettes à la censure[1]; les crieurs et les afficheurs publics sont des instruments de communication, et l'autorisation administrative leur est nécessaire[2]; la télégraphie est un moyen de communication, et, quand elle n'est pas autorisée, elle est punie comme un délit[3]. L'identité du but ne suffit donc pas à tous les moyens de communication pour participer au droit naturel, et la Charte, en stipulant la liberté de la presse, ne la déclare pas, elle la crée.

Ces raisons m'ont ému; j'ai longtemps hésité;

[1] Loi du 9 septembre 1835.

[2] Loi du 10 décembre 1830.

[3] Loi du 2 mai 1837.

mais la réflexion me ramène aux principes de la Constituante, qui, en ceci comme en tant d'autres choses, a eu un sentiment juste des droits de l'homme. Le tort de l'objection est d'entendre le droit naturel d'une manière trop étroite, de le circonscrire dans je ne sais quel état primitif, et de le séparer de la civilisation. Posez le principe contraire, dites que la civilisation est dans la nature, ce qui vous sera facile en argumentant de notre perfectibilité, et vous verrez l'objection s'évanouir. La perfection est devant nous; c'est l'imperfection que nous laissons en arrière; les auxiliaires que le génie de l'homme adapte à ses facultés innées accroissent au droit naturel, et s'y incorporent; leur culture ne leur est pas plus étrangère que la branche au tronc dont elle sort. Ces développements ultérieurs sont l'objet du travail que la Providence laisse à la charge de l'être perfectible. Je conçois que la pensée, avec la nature communicative pour attribut et la parole comme moyen, fasse un tout complet qui se suffit rigoureusement; mais je ne doute pas que, si l'homme ajoute à la parole l'écriture qui la fixe, et l'imprimerie qui la propage, s'il procure au don céleste l'étendue et la durée qui lui manquent, ces additions ne restent dans la nature. Il est bon, il est moral d'élargir ainsi le droit naturel, de faire couler abondamment cette source sacrée sur la civilisation tout entière, et d'accroître le domaine des choses inviolables. La liberté y gagne, et la Providence en est mieux secondée. Aussi dirait-on qu'elle a voulu marquer l'imprimerie de ce signe privilégié ; elle en a permis la découverte à propos, dans ce XVIe siècle où s'est achevée l'existence des nations, où toutes les barrières se sont abaissées entre elles, où toutes les parties du genre humain se sont rejointes, où la pensée commune qui leur est venue a eu besoin d'une voix aussi puissante qu'elle. Colomb venait d'ajouter un hémisphère à un hémisphère ; Guttenberg ajoute aussi son monde au monde déjà connu, et l'univers intellectuel s'agrandit dans la même proportion que l'univers physique.

L'analogie que l'on cherche dans les représentations théâtrales, les crieurs et afficheurs publics et la télégraphie, manque de justesse. Ces modes de communiquer ou de transmettre la pensée opèrent dans des circonstances et avec des procédés particuliers, qui en font autant d'exceptions. Les représentations théâtrales ne se donnent qu'au milieu d'hommes rassemblés, et les rassemblements d'hommes ont toujours été du ressort de la police ; les crieurs et les afficheurs s'établissent sur la voie publique, dont la police a toujours réglé l'usage. Quant à la télégraphie, l'analogie est encore moins juste ; l'objet du télégraphe n'est pas la diffusion de la pensée, mais sa transmission par une voie secrète ; sa fonction est celle d'un messager ; il reçoit la pensée d'autrui par une sorte de dépôt nécessaire, pour la faire connaître, à l'aide de signes mystérieux, sur un point désigné ; il s'en rend le confident obligé ; il s'en rendrait le maître dans les affaires publiques et privées, si une loi ne l'avait fort justement retiré du commerce. Rien de semblable ne se passe entre un livre et ses lecteurs.

La Constituante a donc eu raison ; un droit est né de la découverte de l'imprimerie, un droit homogène à ceux en compagnie desquels il est inscrit dans la Charte, et qui est inviolable comme eux. Il fallait avant tout le déclarer ; car l'indifférence sur l'origine de nos droits dégénère bientôt en scepticisme sur nos droits mêmes [1]. Mais pourquoi s'est-elle arrêtée à la proclamation du principe et n'en a-t-elle pas réglé l'application ? Par plusieurs raisons.

D'abord, tout est successif en législation, rien ne s'y fait d'un seul jet. La Constituante avait le génie de l'humanité, elle n'avait pas celui de l'organisation ; le sentiment éclairé du droit suffisait à sa tâche ; ce qui restait à faire demandait une expérience que le génie ne supplée pas, et que le temps seul peut donner.

Ensuite, la liberté de la presse a ceci de particulier entre les autres, qu'elle ne présente d'abord à

[1] Nous verrons dans la seconde partie en quoi la liberté de la presse est indispensable à la représentation nationale. Nous nous en tenons ici à constater son origine et à la revendiquer pour le droit naturel.

l'esprit qu'une idée, celle d'affranchir ce qui était asservi; il semble que quand on a ôté son entrave à une faculté naturelle qui a son énergie spontanée, il ne reste qu'à la laisser marcher seule, et qu'ici l'œuvre du législateur consistât dans un acte unique, la suppression de la censure. Cela fait, on a eu peine à comprendre que la pensée pût avoir sa discipline; il semblait être de son essence qu'on lui donnât tout ou rien, et que, la régler, supposât le droit de l'asservir. Dirige-t-on le vol de l'aigle, sans lui couper les ailes? Modère-t-on les mouvements de la flamme sans l'éteindre au besoin? On est allé jusqu'à dire que les écrits ne sont pas au nombre des faits punissables, ni même des faits proprement dits. Dans Tacite, *Cremutius Cordus*, le premier martyr peut-être de la liberté de publier sa pensée, commence ainsi sa défense : *Scripta mea arguuntur, adeo factorum innocens sum.* On accuse mes écrits, tant mes actions sont innocentes! Cette impression fut celle des philosophes du dernier siècle; Voltaire qui avait adressé une épître au roi de Danemark, pour le féliciter de la liberté qu'il laissait à la presse dans ses États, écrivait à madame du Bocage, à l'occasion des poursuites dont le livre d'Helvétius était l'objet[1] : « Il n'y a qu'à ne rien dire. Les livres ne font ni bien ni mal. Cinq ou six cents oisifs, parmi vingt millions d'hommes, les lisent et les

[1] Lettre du 27 décembre 1759; *Correspondance générale*, t. XXXVIII, p. 426, de l'edition de Crémiere-Bonhomme.

oublient. Vanité des vanités, et tout n'est que vanité! Quand on a le sang un peu allumé, et qu'on est de loisir, on a la rage d'écrire. Quelques prêtres atrabilaires, quelques clercs ont la rage de censurer.... » On peut croire ce que l'on voudra de l'indifférence de Voltaire pour les productions de l'esprit; toujours est-il que la première notion de la liberté de la presse a été celle d'une liberté sans limite, et qu'aujourd'hui encore cette idée n'est abandonnée ni par tous ses amis, ni par tous ses ennemis; car on arrive au même résultat par les motifs les plus contraires; et, selon le point de vue que l'on se choisit, on peut, en la souhaitant affranchie de tout frein, lui vouloir également beaucoup de mal ou trop de bien. Ses véritables amis savent qu'une liberté non responsable serait un monstre en morale et en droit, et que, vouloir ainsi la liberté de la presse, c'est ne la vouloir pas. Aussi leur plus grand souci est-il de trouver le vrai système pénal de la presse, comme le corrélatif nécessaire de sa liberté. De qui vient ce mot d'*immanis lex*, sous lequel on a appelé sur elle une loi répressive? D'un de ses amis les plus fervents : soyez terribles, s'il le faut, semblait dire M. de Chateaubriand, mais laissez-nous libres. A ne considérer, dans une poursuite judiciaire, que la poursuite elle-même, c'est un contre-sens d'y voir un signe d'asservissement de la presse; il n'y a pas de preuve plus évidente de sa liberté.

Ce que peut ou ne peut pas pour la presse le principe constitutionnel, à l'état de simple proclamation et sans organisation légale, la période de 91 le montre à tous les yeux; tour à tour violent ou faible, selon les réactions de la politique; oppresseur de 91 au 18 fructidor an v; opprimé par le coup d'État de cette époque, il se relève et succombe alternativement dans le cours des révolutions suivantes. La constitution de l'an VIII institua sous un titre retentissant *la commission sénatoriale de la liberté de la presse*, et presque aussitôt, à un mois d'intervalle, après avoir, par cette déception pompeuse, accordé au principe la satisfaction d'un mot et d'un fantôme, l'arrêté du 27 ventôse an VIII, trouvant sous sa main l'arme laissée par le coup d'État de fructidor, la jugea bonne, la prit pour son usage, et en frappa un peu plus fort sur la presse périodique. L'empereur eut en 1806 une velléité libérale; une comédie de Colin d'Harleville venait d'être publiée, avec une permission conçue dans le protocole de l'ancienne censure; *le Moniteur*[1] eut ordre de faire connaître le déplaisir qu'en ressentait l'empereur; démonstration sans conséquence en faveur d'une muse inoffensive. Mais, moins de quatre ans plus tard, le décret du 5 février 1810 s'appesantit sur toute la presse périodique ou non périodique, jusqu'à la faire retomber dans la même

[1] Du 22 janvier 1806, p. 96.

dépression qu'avant 89; je me trompe, dans une dépression plus grande; car mieux vaut le temps où l'on aspire à la liberté que celui où on la perd. Quant à la Restauration, elle a passé les quinze années de son existence dans une guerre de tous les jours contre la presse; elle a élevé sur les termes de la Charte de 1814 des disputes dignes du Bas-Empire; elle a soutenu, pour rétablir la censure, que *reprimer* était synonyme de *prévenir,* sans s'apercevoir que sa logomachie n'allait pas seulement à la destruction de la liberté de la presse, mais de toute liberté physique et morale; elle a décidé que lorsque la Charte proclame notre droit de publier nos pensées, en nous conformant aux lois, elle désigne les lois préventives autant que les lois répressives, et elle a mis l'écrit entre deux feux, la censure avant, la peine après la publication; elle a déclaré que la presse périodique n'était pas comprise dans la presse libre, et elle a fait à celle-ci cet immense retranchement. Elle n'a su approcher le monstre qu'en le chargeant d'entraves, ni les lui ôter sans s'effrayer de ses bonds.

Enfin elle a institué en mai 1819 et mars 1822 l'ordre légal, la troisième des périodes de la presse, celle où nous sommes, et nous lui devrions une éternelle reconnaissance d'avoir donné son complément au principe, si elle ne s'était presque aussitôt déclarée incompatible avec son propre ouvrage. Qu'est-ce que le rapport de M. de Chantelauze sur les ordonnances du 25 juillet, sinon un adieu, dans lequel elle proclame que la monarchie, telle qu'elle l'entendait, ne peut vivre avec l'ordre légal, tel qu'elle l'avait créé? Que fait la Charte de 1830, lorsque après avoir garanti le droit de publication elle défend le rétablissement de la censure, c'est-à-dire lorsqu'elle insère dans son article 7 un pléonasme devenu nécessaire; que fait-elle, sinon raffermir le principe constitutionnel et garder l'ordre légal? Car la conquête s'est faite en deux campagnes, celle du principe d'abord, celle de la conséquence ensuite. Et cependant, aujourd'hui que la victoire est complète dans la loi, elle ne l'est pas encore dans les esprits: plus d'un ami sincère du régime constitutionnel excepte la liberté de la presse de son dévouement à la Charte, et assiste en spectateur incrédule à son développement légal. Comprenons cette défiance, sans la partager, car tout n'est pas préjugé en elle; ce serait même un préjugé fort injuste de le supposer. Disons ses vérités à la presse dans son triomphe, nous qui croyons à la bonté de sa cause: et il faut en effet que sa cause soit bien bonne, pour qu'elle ne l'ait pas gâtée : ses excès ont trop souvent donné raison aux sceptiques et découragé ses propres amis. Cet aveu coûte d'autant moins que sa cause est gagnée, et qu'il est aujourd'hui bien démontré, qu'en elle la force qui attire est plus grande que celle qui repousse. Chercher la raison de cet état de choses, c'est la tâche de la doctrine. La doctrine, venant définir le droit si laborieusement conquis, rappelle ces savants de l'armée d'Égypte, qui, mettant la science à la suite de la victoire, étudiaient derrière elle les monuments qu'elle leur avait livrés.

Les deux parties de l'article 7 correspondent aux deux grandes difficultés de la matière : *Le droit de publier et de faire imprimer*... c'est la liberté dont la conquête a tant coûté, et il ne restait qu'à écrire : *En se conformant aux lois;* c'est la condition de toute espèce de droit; la liberté qui ne serait pas gouvernable ne serait pas sociable. Non-seulement une règle est nécessaire à la liberté de la presse, mais elle lui est plus nécessaire qu'à toute autre; la raison en est simple. Tandis que nos droits en général se renferment dans la vie privée, et n'y demandent que la protection des lois, celui-ci est essentiellement actif; le repos serait pour lui le néant; la vie privée ne saurait le contenir sans l'étouffer; il faut qu'il en sorte, qu'il fasse, comme la flamme, irruption au dehors et qu'il pénètre chez les autres; il est d'une nature entreprenante, agressive, inquiète; tout cela est virtuellement dans le droit de publier sa pensée. Certes, jamais droit n'eut plus besoin d'une discipline, comme jamais discipline ne fut plus difficile à trouver. Mais quand elle est trouvée, il n'y a plus d'objection de bonne foi contre la liberté de la presse, et ce nouvel hôte des nations civilisées doit être mis par elles à la même place que leurs droits les moins contestés. Cette égalité que nous réclamons pour tous les droits inscrits dans la Charte, nous impose une tâche différente, selon que nous traitons de la liberté de conscience ou de la liberté de la presse : la première affecte de leur être supérieure, il faut la réduire à l'égalité; la seconde passe chez quelques-uns pour leur être inférieure, nous la relevons jusqu'à l'égalité. Celle-là prend le titre de puissance et de puissance gouvernante, nous lui répétons qu'elle est un droit constitutionnel, et par conséquent une chose gouvernable; on a bien dit de celle-ci qu'elle était une puissance, mais ce n'était qu'une figure de style pour exprimer son influence sur les esprits. Il y a donc dans le monde, pour et contre chacune d'elles, des notions diversement fausses, qui ont un égal besoin d'être rectifiées.

Les lois sur la presse peuvent s'envisager sous deux rapports : comme prohibitives, ou défendant l'usage sur certaines choses; comme répressives, ou punissant l'abus après l'usage.

§ Ier. — Des lois prohibitives.

Le droit de tout dire n'existe pas plus que celui de tout faire. Il y a des choses dont on n'a pas besoin d'attendre la publication pour les condamner, car elles sont jugées d'avance, puisqu'il en résulte un mal certain, sans aucun bien possible. C'est donc légitimement que la loi en prohibe la publication. La liberté n'en souffre pas.

La prohibition peut s'entendre ou des personnes ou des choses.

Quant aux personnes, il est rare que la loi leur interdise la publication de leurs opinions. Cependant le Code pénal en offre un exemple lorsqu'il défend aux ministres des cultes la critique des actes du gouvernement dans leurs instructions pastorales; partout ailleurs, ils jouissent du droit commun; mais là, quand ils distribuent le pain de la parole, la loi use de son droit, dans l'intérêt même de la liberté, en défendant aux régulateurs de la foi religieuse de présenter comme articles de foi les solutions politiques de leur prédilection.

Un critique spirituel[1] blâme les lois du 9 septembre 1835, par la seule raison qu'elles rendaient impossibles les travaux théoriques d'un célèbre publiciste sur la constitution américaine. La loi qui fait taire un tel homme n'est pas, dit-il, une bonne loi. Il veut que tout soit permis sur toutes choses au talent supérieur, pour ne perdre aucune de ces vérités qui se révèlent aux esprits élevés et hasardeux, ne voyant d'ailleurs aucun inconvénient à ce que la presse ne soit accessible qu'aux hommes sérieux et instruits, et à ce que des lois rigoureuses en fer-

[1] M. Nisard, *Étude sur Armand Carrel*, t. II, p. 176.

ment l'entrée aux autres. Ce ne serait plus la liberté, mais le privilége, et le privilége serait illégitime même au profit du génie. Il n'y a rien à dire des théories dont la mort a emporté le secret; mais je sais que les Français sont égaux devant la loi, et que le droit de publier leurs pensées leur est reconnu à tous sans distinction.

Il y a des faits dont il est légitime d'interdire absolument la publication. Ainsi il n'est pas permis de rendre compte des débats d'un procès en diffamation; le compte que l'on rendrait du procès serait la répétition du délit; il est juste qu'on refuse la publicité à un fait, dans lequel la publicité même est le mal à réprimer. L'opinion réclame une exception analogue pour les dispositions des témoins cités devant les tribunaux criminels; la loi recommande de les entendre en l'absence les uns des autres, afin qu'ils ne s'influencent pas réciproquement, et qu'ils ne livrent à la justice que leurs impressions personnelles. Si cependant les débats se prolongent pendant plusieurs jours, les journaux font connaître les déclarations de la veille aux témoins entendus le lendemain, et la publicité rend vaines les précautions de la justice.

La défense de publier un fait dommageable n'est pas une atteinte réelle à la liberté, et l'on y acquiesce volontiers. Mais on ne se rend pas aussi facilement sur la prohibition, dont l'objet est un principe que l'on veut retirer de la discussion et mettre en réserve. La loi du 9 septembre 1835 a, la première, donné l'exemple de ce genre de restriction, et l'esprit philosophique ne le lui a pas encore pardonné. Il faut comprendre sa susceptibilité, et, comme c'est à lui que nous devons la liberté de la presse, il est juste de lui rendre compte de la manière dont on régit son ouvrage. Toutes les fois qu'il s'agit d'une chose sujette à la loi du progrès, faisant partie du monde perfectible et par conséquent variable, où la présomption est qu'il y a chance permanente d'amélioration, il n'appartient à aucun homme de décider que tel principe n'a plus rien à gagner à l'examen public, et de le dérober à l'éternel travail de la raison; c'est proprement le domaine du droit de discussion, et je suis d'avis que la philosophie le défende à outrance. Mais tout dépend-il donc de ce monde perfectible? N'y a-t-il pas de ces choses essentielles, qui ne sont vraies que si elles sont immuables, et desquelles le seul soin à prendre est de les conserver? La morale n'est-elle pas de ce nombre? Peut-elle être, si elle n'est absolue? Y a-t-il une morale de rechange? Les choses réservées par la loi du 9 septembre ne semblent pas d'une autre nature, et je ne sais pas à quel genre de perfectionnement renonce une nation, qui ne veut pas que l'on attaque la sainteté du serment et le droit de propriété.

Une épreuve, que n'a point encore subie la liberté de la presse, mais qui l'attend dans l'avenir, c'est la crise d'une guerre, d'une guerre sérieuse, menaçante pour nos institutions et notre indépendance, et qui oblige à rassembler toutes les forces physiques et morales du pays. L'armée tient la campagne; mais au dedans s'agitent les factions, de ces factions sans patriotisme, que nous avons vues à l'œuvre, et que l'on ne calomnie pas, en affirmant qu'on n'en saurait ni penser ni craindre trop de mal. Quel sera pendant la crise le régime de la presse? Il va sans dire que la loi peut commander le silence sur les opérations militaires; ce que l'on fait légitimement dans un intérêt ordinaire, et à l'occasion d'un procès, on le peut sans contredit quand il y va du salut de la nation. Mais que l'on y prenne garde : la question va plus loin; le régime prohibitif peut paraître insuffisant; ses moyens d'intimidation n'agissent pas sur les factions politiques; il n'a rien pour balancer chez elles la grandeur de leur intérêt et la chance de trouver dans le succès l'impunité et le pouvoir; même quand il s'arme de ses plus terribles menaces, il n'a encore de sanction que dans l'application d'une peine après le crime. Le crime que les lois ordinaires attendent avant de sévir, n'occasionne qu'un désordre partiel, et n'est pas mortel à la société tout entière; ses effets sont réparables; la vie sociale n'en continue pas moins, et la peine qu'il subit plus tard produit le double effet de l'expiation et de l'exemple. Mais un crime qui se commet en avertissant l'ennemi, en divulguant le secret des opérations, en détruisant chez ceux qui exécutent toute confiance dans ceux qui commandent; un crime dont le résultat possible est de compromettre l'armée, la flotte, l'État; un tel crime est-il de ceux auxquels pourvoit la justice répressive? L'asservissement et la conquête sont-ils de ces maux que l'on attende, par respect pour les principes? Les principes sont-ils faits pour perdre ou pour sauver? Il y a de ces extrémités où l'on ne réprime plus; on prévient ou l'on périt. Que faire donc? Cette question se présente aujourd'hui pour la première fois dans toute sa difficulté; car aujourd'hui seulement l'ordre légal commence à donner de véritables scrupules. Jusqu'ici le nœud n'a été que tranché, et l'on a moins cherché des solutions que des expédients. Le premier consul venait de réduire le nombre des journaux à quatorze, et avait ainsi montré à la presse périodique s'il entendait se faire un embarras de sa liberté, lorsque, après la rupture de la paix d'Amiens, il se trouva en présence de la nécessité que nous discutons; ce qui serait aujourd'hui l'occasion d'un orage parlementaire, fut pour lui l'affaire de quelques lignes écrites de sa main; il adressa au ministre de la police le billet suivant, que nous a conservé M. Thiers[1]:

[1] *Histoire du Consulat*, t. II, p. 379. On retrouve cette recommandation à l'ouverture de la campagne d'Austerlitz : « Faites défense aux gazettes du Rhin de parler de l'armée, pas plus que si elle n'existait pas. » T. VI, p. 82.

« Je vous prie, citoyen ministre, de prévenir par une petite circulaire les rédacteurs des quatorze journaux, de ne rien mettre qui puisse instruire l'ennemi des différents mouvements de nos escadres, à moins que cela ne soit tiré du journal officiel. Paris, 1er ventôse an IX. » Cette façon de faire réussirait mal aujourd'hui ; autre temps, autres principes, autre esprit. Le premier consul se trouverait en présence d'une nécessité à lui inconnue, de cette défense inexorable : *La censure ne pourra jamais être rétablie*, inscrite par une révolution dans la Charte, et avec laquelle il serait obligé de compter. Il m'en coûte d'être inconséquent, sitôt après avoir posé le principe ; comme Louis XI, qui demandait pardon à sa bonne amie du mal qu'il avait résolu de faire, je demande pardon de la manière dont j'évite celui que nous prévoyons ; mais le système préventif me paraît seul efficace contre l'affreux malheur dont il n'est même pas permis de courir le risque, et le mot de censure tombe malgré moi de ma plume.

§ II. — Des lois répressives.

Nous examinerons successivement les deux parties nécessaires de tout système répressif, l'incrimination et la juridiction. Commençons par la première.

De l'incrimination.

Cette belle loi du monde moral qui, à l'idée de liberté, attache nécessairement l'idée de responsabilité, est tellement rigoureuse, que partout où la responsabilité ne se voit pas, la liberté peut se nier, mais que partout où la responsabilité est évidente, elle atteste la liberté; cette réflexion est plus vraie de la liberté de la presse que de toute autre; car plus on la conteste, plus elle a besoin de preuves. La responsabilité ne se réalise cependant que par un bon système pénal; c'est donc bien mériter de la presse, d'indiquer le point où on peut lui dire : Tu viendras jusqu'ici, tu n'iras pas plus loin; et, quand elle le dépasse, la châtier, c'est l'aimer. Mais dans cette matière toute métaphysique, la véritable incrimination, celle qui a pour base une analyse exacte du délit, ne s'est révélée qu'à des esprits d'élite, et si les grands noms de la littérature du XVIIIe et du XIXe siècle ont donné plus d'éclat aux preuves philosophiques de la liberté de la presse, il y avait peut-être plus de difficulté dans l'organisation légale de sa responsabilité. Ce coursier ailé, que l'Arioste donne pour monture à ses preux, est une allégorie assez juste de la liberté que nous voulons définir; sauvage et indompté, il faut le craindre; son vol à travers l'espace donne le vertige; ses écarts précipitent le téméraire qui l'essaye; et cependant il peut devenir le messager des mondes, bondir sûrement d'un pôle à l'autre, supprimer par sa vitesse l'intervalle des deux hémisphères, s'élancer jusqu'aux astres pour en rapporter la raison d'un homme; mais toutes ces merveilles ne sont possibles, que s'il reçoit le frein, et il ne le reçoit que de la main des héros.

Deux ordres de lois régissent la presse : les lois de police sur l'imprimerie en général, sur les journaux en particulier, et les lois pénales proprement dites qui s'appliquent aux délits moraux. Celles-ci seules sont de notre sujet, car elles intéressent plus directement le droit constitutionnel; l'objet de notre étude est de vérifier si elles imposent à la liberté quelque sacrifice qui ne soit point nécessaire, et comment elles organisent la responsabilité.

I. Les délits de la presse, ainsi distingués des contraventions de police, ont, avec les délits ordinaires, des rapports de ressemblance et de dissemblance. Ils ont ceci de commun qu'ils se composent des mêmes éléments, du fait et de l'intention; c'est en cela qu'ils sont des délits moraux. Ils en diffèrent en ce que les deux éléments, que les délits ordinaires réunissent dans le même sujet, se séparent dans les délits de la presse; c'est sous ce rapport que ceux-ci deviennent des délits *sui generis*. La différence provient de ce que, dans le délit ordinaire, le même sujet conçoit et exécute, tandis que, dans le délit de la presse, l'exécution tient à l'emploi d'un moyen mécanique, qui n'est jamais ou presque jamais à la disposition de celui qui conçoit.

Envisagez, en effet, la culpabilité ordinaire sous tous ses aspects, dans l'auteur principal, dans le co-auteur, dans le complice par tous les modes possibles de complicité; il faudra bien toujours retrouver entiers dans chaque prévenu les deux éléments essentiels, le fait et l'intention, qu'il s'agisse soit du délit complet, soit de la partie du délit qu'on lui impute.

Au contraire, dans le délit de la presse, le fait de publication, qui est le fait incriminé, se compose de trois actes distincts et successifs : la rédaction, l'impression et l'édition. Ce qui arrive le plus communément, c'est que chacun de ces trois actes est dévolu à un agent séparé, et que chaque agent reste étranger aux deux actes qui ne sont pas les siens : l'auteur écrit, mais ne publie pas; l'imprimeur imprime, mais ne publie pas; l'éditeur publie, mais n'a ni écrit ni imprimé. A la vérité, les trois agents ont une intention commune : l'auteur n'a écrit que pour publier; l'imprimeur n'a fourni ses presses qu'en connaissance de la destination du livre; mais enfin l'intention séparée du fait ne constitue pas le délit. Le délit semblerait donc ne se trouver que chez l'éditeur, le dernier des trois agents, qui s'approprie le fait des deux premiers et y ajoute le sien, c'est-à-dire la publication même. En effet, on s'est d'abord arrêté à l'idée que le délit gisait uniquement dans l'édition.

Quel serait alors le rapport légal des deux premiers agents avec le troisième, en considérant l'éditeur comme auteur principal?

On a répondu que l'écrivain devait être considéré comme complice, parce qu'il avait fourni à l'éditeur l'instrument du délit. Mais cette réponse est fausse en droit; l'écrit publié n'est pas l'instrument du délit; c'est le corps du délit même; le fait de la publication ne se conçoit pas indépendamment de l'écrit publié. La situation légale de l'écrivain n'est donc pas celle du complice. Ajoutons que, dans un délit de cette nature, le rôle de l'écrivain ne peut pas être secondaire; les effets bons ou mauvais du livre étaient tous dans sa pensée, et c'est à lui surtout que revient le mérite ou le démérite de la publication. On ne serait plus dans le vrai, si l'on rejetait le délit principal sur un des deux derniers agents qui, en imprimant et en publiant, ont exercé une industrie dont ils vivent et fait un acte de leur profession.

Quant à l'imprimeur, on l'a envisagé sous les rapports les plus divers; on a dit tour à tour qu'il exerçait et un ministère forcé et une profession libre. Si son ministère est forcé, il n'est pas responsable; il n'est responsable que s'il a le droit de refuser ses presses, si sa profession est libre. On a soutenu que son ministère était forcé, par la raison qu'il ne pouvait pas dépendre de lui de paralyser par son refus l'exercice d'un droit reconnu naturel, et qu'en faisant de l'imprimeur un officier ministériel, on avait, quand il y a délit, l'avantage de détourner la responsabilité d'une tête presque toujours innocente pour la fixer sur celle de l'auteur, qui ne peut pas ne pas être coupable. Mais la liberté de la presse n'est de droit naturel que des citoyens au pouvoir, pour empêcher celui-ci de l'entraver par des mesures préventives, et lorsque les parties sont d'ailleurs d'accord, l'une pour faire imprimer, l'autre pour imprimer; de l'auteur à l'imprimeur, cette convention est libre comme toutes les conventions. Il n'y a aucune analogie entre l'imprimerie et les officiers ministériels; l'office est de la création de la loi; l'imprimerie est un produit de l'industrie; le ministère de l'officier doit être forcé, puisque la loi oblige à y recourir, et que, dans certaines conjonctures dont on n'est pas le maître, on ne peut se passer de notaire, d'avoué, d'huissier, de commissaire-priseur. Mais personne n'est dans la nécessité d'écrire; *écrive qui voudra;* et si l'auteur ne peut publier son opinion sans le concours d'un tiers, rien au monde ne met ce tiers dans sa dépendance. La profession de l'imprimeur est donc libre; il reste par conséquent au nombre des agents responsables; il a fourni l'instrument du délit; il peut être complice. Quant à l'application qu'on lui fera du principe, elle sera relative aux circonstances; c'est une question de fait, du domaine du juge; et si, dans l'hypothèse donnée, l'auteur est nécessairement coupable, il est très-possible que l'imprimeur ne le soit pas.

En ce qui touche l'éditeur, comme l'acte dont il

se charge, à savoir la publication, est l'accomplissement même du délit, il est difficile de lui donner la qualification de complice.

En résumé, toujours dans la supposition d'un délit avéré, la qualification d'auteur principal convient à l'écrivain et à l'éditeur, celle de complice à l'imprimeur; mais l'acte de l'écrivain est nécessairement un acte de l'intelligence, ce qui n'est pas vrai au même degré de l'imprimeur et de l'éditeur. Si l'écrivain et l'éditeur sont auteurs du délit, chacun en ce qui le concerne, c'est avec cette différence qu'il est certain que l'écrivain s'est associé au fait de l'éditeur, puisqu'il l'a voulu et qu'il a compté sur lui, tandis qu'il ne l'est pas que l'éditeur se soit associé à la pensée de l'écrivain, qu'il a pu ne pas connaître ou ne pas bien juger. En un mot, il y a quelque chose d'absolu dans la culpabilité de l'écrivain, et de relatif dans celles de l'imprimeur et de l'éditeur.

Les rôles ainsi fixés, où réside le délit de la presse? Il est hors de doute qu'il ne se consomme que par la publication. Mais la publication le constitue-t-elle tout entier et exclusivement? Cela ne saurait être, puisqu'il n'y aurait de coupable que l'éditeur. La publication est la condition nécessaire du délit, mais elle n'en est pas l'essence; elle ne l'absorbe pas. Les éléments du fait moral sont dans l'écrit; l'écrit est intrinsèquement coupable; la publication n'est qu'un fait extérieur, sans lequel, à la vérité, il ne tombe pas sous la juridiction pénale, mais avant lequel existe la culpabilité morale.

On n'est point parvenu sans effort à mettre cette précision dans la doctrine; elle a commencé par confondre ce qu'elle démêle aujourd'hui laborieusement. La loi française ne connaît de délit qu'après la publication; le manuscrit non publié n'est que le confident de l'auteur; quoique exprimées sur le papier, ses plus mauvaises pensées ne sont pas encore sorties de sa conscience. Notre loi considère la presse comme l'instrument de la publication, et pas autrement. Mais la publication n'est que la condition extérieure du délit; à peine la condition est-elle accomplie, que la pensée sort de la conscience et vient se soumettre aux tribunaux; aussi la discussion ne porte-t-elle que sur l'écrit qui la contient, comme sur le siége de la culpabilité. Cette doctrine date chez nous de 1819; c'est la gloire de M. De Serres. Autrefois, la loi anglaise avait mis la culpabilité elle-même dans la publication; la question de *coupable ou non coupable* ne se posait que sur ce fait, et la discussion de l'écrit était interdite. Il a fallu de longs efforts, et une grande et généreuse éloquence pour remettre la culpabilité à sa véritable place, et pour rendre au jury l'appréciation morale de l'écrit; c'est la gloire d'Erskine[1]. De

[1] Voy. particulièrement son plaidoyer pour le doyen de Saint-Asaph; *Barreau anglais*, t. II, p. 101.

cette conquête commune résultent deux principes fondamentaux : il n'y a de délit punissable qu'après la publication, mais la culpabilité est dans l'écrit.

II. Examinons, à l'aide de ces principes, une institution sur laquelle la loi du 18 juillet 1828 a fondé l'organisation de la presse périodique, l'institution des gérants de journaux. La presse périodique est, peu s'en faut, la presse entière; ses bons ou mauvais effets se généralisent, et semblent devenir le caractère de la liberté même de la presse. Inutile de dire que nous n'allons pas l'envisager dans ses rapports avec les lois de police; il est clair qu'un journal, personne fictive, a besoin d'un représentant qui parle, agisse, stipule et compte pour lui; qui fournisse le cautionnement, et fasse les déclarations et les dépôts; il est tout aussi clair que la loi peut mettre à une institution créée par elle les conditions qu'elle jugera convenables, et exiger que le gérant jouisse de ses droits civils, qu'il soit mâle, majeur, sujet du roi. Rien de tout cela n'est en question; car dans ces choses d'administration, de pure observance, de procédure, pour lesquelles on a réservé le mot de contravention, le droit naturel est désintéressé, et le droit positif peut très-compétemment pourvoir à de simples besoins de police. Mais ce qui nous préoccupe, c'est le rapport de l'institution du gérant avec les délits moraux commis dans le journal; c'est que le gérant réponde non-seulement de la contravention qui est de son fait, mais du délit qui n'en est pas; c'est qu'il sorte de l'ordre de la police, où il est né, et qu'il entre dans l'ordre moral. Je sais bien que cette institution ainsi comprise a pour elle l'autorité de la loi positive en France et en Angleterre; je sais qu'en Angleterre elle a résisté aux attaques que lui a livrées le bon sens public, et que notamment le bill qui fut présenté en 1712, dans le but de forcer les rédacteurs à signer leurs articles, échoua par le crédit de *Swift*, qui n'a jamais rien publié sous son nom, son génie satirique ne se sentant à l'aise que sous le voile d'un pseudonyme[1]. L'Angleterre n'était pas le pays où l'on devait insister sur la responsabilité personnelle des journalistes; un journal s'y occupe avant tout des intérêts collectifs, politiques, commerciaux, industriels; ce qu'on lui demande, c'est l'opportunité des renseignements, c'est la promptitude de leur transmission; il suffit à l'homme public ou au négociant d'être exactement informé de ce qu'il lui importe de savoir. On s'y inquiète peu du rédacteur de tel article, car le plus grand intérêt de la feuille y est moins personnel qu'ailleurs. Mais autres sont les mœurs de la France; le rôle du rédacteur y est plus en relief. Aussi j'examine en France la question indépendamment de la loi écrite, d'après le droit na-

[1] Hallam, *Histoire constitutionnelle d'Angleterre*, t. V, p. 140.

turel et la morale universelle, à laquelle elle appartient, et je demande si, une personne ayant écrit un article de journal, une autre peut se présenter pour en répondre, et s'il suffit que la loi positive l'ait ainsi voulu, pour que cet arrangement soit légitime.

L'unique raison que l'on en donne, c'est que le gérant est chargé de la publication, et que la publication contient si complétement le délit, qu'il n'y a rien à chercher en dehors. Mais nous savons à quoi nous en tenir sur un argument qui ferait douter de la liberté de la presse, puisque entre deux personnes, dont l'une est certainement coupable et l'autre le plus souvent innocente, c'est celle-ci qu'il rend responsable du fait de l'autre. Aux yeux de la loi et de la jurisprudence, le rédacteur se confond si peu avec le gérant, que l'on acquitte celui-ci quand il n'a pas connu ou n'a pas pu connaître l'article incriminé; l'acquittement fondé sur ce motif suppose nécessairement un rédacteur en dehors de la poursuite; autrement l'article incriminé serait un effet sans cause. L'identité du rédacteur et du gérant n'existant pas plus en droit qu'en fait, il y a nécessité, sous peine de tomber dans l'absurde, que la loi fasse acception des deux personnes. Il n'est plus en elle de ne connaître que le gérant.

A défaut de la raison, on oppose l'autorité; que l'argument ne vaille rien, à la bonne heure, dit-on;

mais il y a une déclaration souveraine de la loi; la loi, par une de ces fictions qu'elle a le droit de créer, transporte la responsabilité sur la tête du gérant.

Quand la loi parle, il y a obligation d'obéir, mais non d'approuver; c'est en cela seulement que sa déclaration est souveraine. Le *sit pro ratione voluntas* n'est la devise que du despotisme, et je ne crois point à l'omnipotence du législateur. Il y a pour lui des impossibilités morales comme des impossibilités physiques, et quand il a établi des gérants responsables du délit des rédacteurs, je crois qu'il a rencontré sa limite, et qu'il l'a franchie. La loi qui attache la responsabilité au mauvais usage de la liberté est une loi fondamentale, à laquelle la loi humaine ne peut déroger. La responsabilité n'est point une chose officielle. Aucune puissance au monde ne peut faire, ni que celui-là qui est libre ne soit pas responsable, ni que celui-là soit responsable, qui n'est pas libre, ni que celui-là ne réponde de rien, qui a agi, ni que celui-là réponde de tout, qui n'agit point; en d'autres termes, aucune puissance ne peut faire que les fautes et les peines ne soient pas personnelles. Je ne suis pas plus responsable pour votre compte, que je ne suis libre à votre place; je ne puis être responsable que de la manière dont je suis libre, pour moi seul; la proposition contraire se retournerait contre la liberté; car, si je dois répondre de vous, je dois pouvoir vous empêcher d'agir.

Et c'est précisément ce qui arrive dans tous les cas où le droit civil rend responsable du fait d'autrui; il ne rend responsable que du fait des personnes sur lesquelles on a de l'autorité : du mineur, du préposé, du domestique, auxquels on peut faire des injonctions et des défenses; ces personnes ne sont pas libres, dans les circonstances où la responsabilité est prononcée. Les rédacteurs d'un journal acceptent-ils cette position vis-à-vis du gérant? Et encore la responsabilité du père, du commettant et du maître n'est que civile; celle du gérant est pénale; elle l'atteint dans ses biens et dans son corps.

On parle de fictions. Mais, en droit, les fictions sont loin d'être arbitraires; elles ont leur règle dans la raison et dans la justice universelle; leur objet est de suppléer à la réalité dans un intérêt social, et elles ont alors leur vérité relative; elles deviennent illégitimes si elles blessent cette raison et cette justice mêmes, qui leur servent de base. La loi peut feindre qu'une personne en représente une autre, dans toutes les choses où celle-ci peut être représentée ou a besoin de l'être; mais elle ne peut feindre cette représentation dans les choses qui, comme la responsabilité pénale, tiennent essentiellement à la personne : vérité rigoureuse qui n'a été méconnue qu'où le droit naturel a été méconnu lui-même. A Rome, l'accusé prouvait son innocence en faisant appliquer son esclave à la question[1]; mais il fallait pour cela l'esclavage.

Le faux principe de la loi de 1828 a plus de portée qu'on ne pense. Non-seulement il déplace la responsabilité qui ne se déplace pas; mais il a un autre tort qui réagit sur la liberté même de la presse, ou au moins de la presse périodique. Cette liberté, avons-nous dit, est de droit naturel; la Charte la reconnaît chez tous les Français sans distinction d'âge ni de sexe; les étrangers eux-mêmes y participent; elle n'est point bornée aux nationaux. Si cependant la responsabilité qu'elle engendre se concentre uniquement sur la tête d'un gérant, d'une personne à qui la loi fait la condition d'être mâle, majeure, sujette du roi, de jouir de ses droits civils et de payer un cautionnement, à ce point qu'aux yeux de la loi tout soit censé provenir de cette personne, la liberté de la presse périodique n'est plus de droit naturel; car la liberté s'abîme dans la fiction avec la responsabilité, et les mineurs, les femmes, les étrangers, les morts civilement en sont exclus. Plus on y songe, plus les difficultés de droit se multiplient.

La loi est souveraine sans doute dans les détails extérieurs et matériels de son exécution; on nomme un gérant; on le poursuit, on le condamne. Mais

[1] « Innocenti saluti solet esse, ut servos in quæstionem polliceatur. » Cic., *Pro Roscio*, 28.

voilà tout; les effets moraux sont hors de sa puissance; ceux-ci ne s'obtiennent que si les principes de la loi sont dans le vrai. A quoi tend l'application d'une peine? ce n'est pas à frapper pour frapper; son but est plus élevé : c'est à l'expiation, selon les uns; à l'exemple, selon les autres, et peut-être aux deux résultats en même temps. Lequel obtient-on dans le système des gérants?

D'abord, il est clair que l'effet est nul sur le rédacteur. C'est lui qui a délinqué; et il voit le coup qui le cherche passer sur sa tête, et frapper à ses côtés. Il ne se met en évidence que s'il le veut bien; sa présence est un luxe dans une procédure qui marche sans lui et se suffit à elle-même, ou plutôt, je me trompe, le système produit un effet très-réel, mais directement contraire à celui que l'on attend; il enhardit le rédacteur; il ne lui procure pas seulement l'impunité, en quoi il ne le délivrerait que de la responsabilité pénale; il lui assure encore l'incognito, qui lui épargne jusqu'à cette responsabilité morale, cette crainte de l'opinion qui, dans nos délibérations intimes, sert de contre-poids aux tentations de mal faire. Quelque chose de nous s'attache toujours à nos actes extérieurs et immédiats; après une bonne conscience, c'est le frein le plus puissant de nos passions. Mais grâce à cette égide du pseudonyme dont l'organisation du journal couvre le rédacteur, rien de lui ne reste dans l'article coupable; il aventure sa mauvaise pensée sur le papier;

il s'en décharge et s'en détache entièrement; un intermédiaire s'en empare, qui rompt la voie; le délit est jeté dans une bouche de bronze, qui le livre au public et se tait sur l'auteur; de l'ombre où il se tient, il décoche son trait dans la lumière; c'est la lâcheté autorisée; c'est un guet-apens légal. Que l'on songe à tout ce que cette combinaison renferme d'encouragement à la déclamation, à l'injure, au paradoxe, et que l'on dise s'il se peut quelque chose de plus dépravateur pour la presse périodique.

L'effet vaut-il mieux sur le gérant? Mais quelle expiation tirer d'un homme qui n'a rien à expier? Condamnez-le à la prison et à l'amende; d'autres payeront l'amende, et il ira en prison, moyennant une haute paye qui lui sera faite; il n'existe pas à autre fin. Que parlez-vous de remords, de regret, de pudeur, de blâme? Pâtir pour les autres, c'est sa profession: il en vit comme l'Intimé des coups qu'il reçoit; nous connaissions un homme qui est bourreau par métier, en voici un dont le métier est d'être victime. Le délit du rédacteur est le gagne-pain du gérant; l'intérêt de celui-ci est l'inverse de l'intérêt public, et plus le délit donne, mieux va le commerce. Pour qui, de grâce, une peine ainsi infligée est-elle une leçon? Partisans de l'expiation, où est sa moralité? Partisans de l'exemple, où est son utilité? Entre un coupable dont la peine se détourne, et un spéculateur qui s'en enrichit, que devient la répression?

On allègue l'impossibilité d'organiser autrement un journal. S'il en était ainsi, la conclusion ne serait pas encore en faveur de l'institution des gérants; elle serait seulement contre la liberté de la presse périodique. Une liberté qui ne serait possible que par la subversion des fondemens de la morale, ne serait pas une vraie liberté, et je nierais le droit qui serait à ce prix. Mais, plus on y pense, moins on conçoit l'impossibilité pratique d'une organisation, qui aurait pour bases principales, d'une part un gérant représentant le journal comme administrateur seulement, de l'autre, des rédacteurs signant leurs articles. On s'exagère la difficulté d'astreindre les rédacteurs à se déclarer: on ne compte pas assez sur la force morale de l'institution, une fois rentrée dans le vrai. Où est l'homme de cœur qui reculerait devant un devoir, conséquence nécessaire de son droit? Quant à ceux qui seraient assez malheureux pour trouver ce devoir difficile, les mœurs aideraient la loi: un point d'honneur s'établirait chez chaque journal: une sorte de flétrissure s'y attacherait à l'anonyme et au pseudonyme; ce n'est pas l'exécution de la loi, c'est la fraude qui serait difficile: car l'opinion conspirerait avec la justice. Au pis aller, la fraude se poursuivrait devant les tribunaux correctionnels, comme contravention de police, et se constaterait par tous les moyens de l'instruction ordinaire. La pénalité devrait être forte; l'*immanis lex* de M. de Chateaubriand ne serait pas de trop, car il s'agit de réprimer un mensonge qui compromet la presse périodique; je voudrais une amende ruineuse, et, en cas de récidive, la suppression même du journal; en manquant à la condition de son existence, il se serait rendu indigne de vivre. Le gérant, nécessairement complice de la fraude, et qui, cette fois, répondrait de son propre fait, serait déchu de ses droits civiques et déclaré incapable d'être gérant d'un journal. Je voudrais ainsi donner une idée de la grandeur du mal par la gravité de la peine. Cette réforme aurait un effet immédiat sur le ton général de la presse périodique; on y sentirait l'œuvre d'hommes qui se respectent, parce qu'ils se produisent au grand jour: exactitude dans les assertions, mesure dans la polémique, conscience dans la discussion des intérêts sociaux. De généreux écrivains se sont plaints naguère d'une injustice de l'opinion qui fait tort à la mission de journaliste, jusqu'à la ravaler au rang d'un métier; j'aime leur indignation, mais voilà la cause du mal et le remède. Que chaque combattant sorte des rangs; qu'il se montre, la visière levée, et qu'il se nomme, comme les héros d'Homère; dès que la presse périodique ne sera plus représentée au dehors par un mercenaire exécutant une œuvre servile, elle parlera plus dignement au monde, elle en sera mieux écoutée.

III. Jusqu'ici nous avons supposé que le délit tout entier se consomme par la publication, et nous avons examiné sur quelles têtes réside, comment se distribue la responsabilité qui naît à cet instant précis. Mais il est un cas où le délit n'est pas complet par la publication, et où, pour le devenir, il attend un événement ultérieur, qui lui-même est le fait d'un tiers, étranger aux trois actes successifs que nous avons distingués, à la rédaction, à l'impression, à l'édition. Il s'agit de la provocation par une voie quelconque de publication, et suivie d'effet; l'écrit se publie; un de ses lecteurs en reçoit une impression telle, qu'elle le pousse à un crime. Un quatrième acte est ajouté aux trois premiers; la chaîne se prolonge; on demande si la culpabilité se communique d'une de ses extrémités à l'autre. Le crime du tiers est-il imputable à l'écrit et à ceux qui y ont pris une participation quelconque? Par quelle raison, à quel titre, jusqu'à quel point et à quelle condition l'est-il?

Cette question est de celles qui nous appartiennent, puisqu'elle sert à caractériser le délit et la responsabilité qui en sort; elle a ceci de particulier, qu'elle ne s'arrête pas au droit spécial de la *presse*, mais qu'elle le combine avec le droit commun. Voici comment on peut la poser :

Un des modes de complicité reconnus par le droit commun, est de provoquer au crime par dons, promesses, menaces, abus d'autorité ou de pouvoir, machinations ou artifices coupables. C'est la disposition de l'article 60 du Code pénal. Pour que ce mode de complicité se réalise, il faut que le provocateur ait en vue une personne et un fait déterminés. Le don, la promesse, la menace, l'abus d'autorité ou de pouvoir, la machination ou l'artifice coupable n'agissent que sur un individu avec lequel on est en rapport direct. D'un autre côté, on ne le pousse que vers un but précis; on ne le provoque pas vaguement à un crime indéterminé et dont on lui laisse le choix; en un mot, on ne pousse pas une personne quelconque à un crime quelconque. La complicité par provocation suppose donc une double relation au fait et à la personne.

Cependant le droit spécial de la presse, tel que l'a établi chez nous la loi du 17 mai 1819, répute complice et punit comme tel le provocateur qui a poussé au crime par des discours, des cris ou menaces proférés dans des lieux ou réunions publics, des écrits, des imprimés, des dessins, des gravures, des peintures ou emblèmes vendus ou distribués, mis en vente ou exposés dans des lieux ou réunions publics, des placards et affiches exposés aux regards du public. Ce texte ne reproduit pas les conditions que le Code pénal met à la complicité; il énumère les diverses manières de publier la provocation, mais il ne spécifie pas les motifs par lesquels le provocateur doit agir sur la volonté de la personne provoquée, les dons, promesses, menaces, etc. On demande si le droit spécial n'exige que ce qu'il exprime et dispense de ce qu'il n'exprime pas; en d'autres termes, si, en ne parlant que des moyens de publication qui s'adressent aux masses, et, en se taisant sur les moyens d'influence qui ne s'adressent qu'aux particuliers, il ne déroge pas au droit commun, et ne donne pas à entendre que, pour lui, la relation à une personne déterminée cesse d'être nécessaire. La Cour des pairs, par son arrêt du 23 décembre 1841[1], a décidé que la provocation, par une des voies qu'indique la loi de 1819, constituait la complicité, *qu'il y ait eu ou non rapport personnel entre l'auteur de la provocation et ceux qui ont commis le crime*. Cette décision a jeté l'alarme dans la presse; on l'accuse d'avoir exagéré la responsabilité, au point de rendre la liberté impossible: il ne reste à l'écrivain qu'à briser sa plume, s'il doit répondre de la manière dont un inconnu s'affectera de ses écrits.

La loi de 1819 ne continue ni ne renferme le Code pénal. Il a son point de vue, et elle a le sien.

Le Code pénal s'occupe des crimes ordinaires, de ceux qui se trament dans l'ombre, entre gens qui se connaissent, qui se choisissent, et qui s'associent pour le mal. Il est donc naturel que les conditions qu'il met à la complicité supposent entre le provocateur et l'agent un rapport personnel. Quand il fut conçu, les factions avaient perdu de

[1] Affaire Quenisset et Dupoty, *Journal de droit criminel*, 13e année, 1841, p. 353.

leur audace, la presse n'était pas libre, et la préoccupation principale du législateur n'était pas de pourvoir à ses dangers. A la vérité, son article 102 punissait la provocation par des écrits imprimés; mais, borné aux crimes contre la sûreté intérieure de l'État, muet sur la nécessité de la publication, cet article ne prononçait même pas le mot de complicité, comme pour laisser intactes les règles générales de l'article 60, et enfin il a été abrogé par la loi de 1819, qui reste seule en présence de ces règles.

La loi de 1819 est la loi d'une presse libre, qui a devant elle un vaste horizon où semer à pleines mains le bien et le mal. Le fait qu'elle a en vue ne se passe pas sur un point unique, entre deux où plusieurs personnes qui se cachent, mais au grand jour et dans un espace immense, où la voix d'un homme s'adresse à tous. Ce qu'elle craint, c'est que l'appel fait aux masses n'excite au crime un seul de ceux qui lisent ou qui écoutent. Aussi ne reproduit-elle aucune des conditions de la complicité ordinaire, qui ne s'accomplissent que dans le rapprochement et le contact de deux individus, et n'exige-t-elle que la publication de l'écrit. L'écrit publié, elle en *répute* l'auteur *complice* du crime qui en est l'effet; elle ne l'eût point assimilé au complice par une déclaration formelle, si elle se fût purement et simplement référée aux conditions du Code pénal: elle n'aurait eu qu'à laisser faire le

Code ; mais l'assimilation expresse devenait nécessaire pour une complicité *sui generis*, qui avait ses règles propres. Aux yeux du juge, et à n'envisager que l'ordre légal, la loi de 1819 se sépare donc du droit commun, ce qui suffit pour justifier l'arrêt de la Cour des pairs.

Mais cette séparation est-elle légitime ? C'est surtout la question qui nous importe.

Gardons-nous de croire que le Code pénal ait immuablement fixé le caractère de la complicité pour tous les cas possibles, de telle manière que le législateur ne soit plus le maître d'introduire un droit nouveau pour une combinaison nouvelle. Qui lui contesterait le droit d'incriminer un fait non encore qualifié, et de faire un délit de ce qui n'en était pas un ? Pour que l'usage de ce droit soit légitime, je n'y mets qu'une condition : c'est que le fait nouvellement incriminé recèle en lui les éléments essentiels de toute culpabilité ; car ces éléments sont éternels et immuables comme la raison. Les combinaisons inattendues que la liberté de la presse a jetées dans nos rapports sociaux, sont assurément de celles qui peuvent le mieux justifier des innovations dans nos lois : et, par exemple, quand il s'agit de complicité par provocation, comment tenir, avec le Code pénal, à la nécessité d'un contact entre les personnes, dans un monde où ce sont les esprits qu'une publicité libre et vaste met en contact ? La presse, avons-nous dit, est libre de droit naturel, parce qu'elle sert de véhicule à une pensée communicable; l'écrivain qui s'en sert communique donc avec tous ses lecteurs; sa célébrité même provient de ce qu'il s'en fait connaître sans les connaître lui-même. Son devoir sort ici de la même source que son droit; il n'est pas plus nécessaire qu'il les connaisse, pour répondre du mal qu'il fait sur eux et par eux, qu'il ne lui a été nécessaire de les connaître pour leur parler. Qu'il tire l'un d'eux de la foule pour le pratiquer à part, ou que sa mèche incendiaire lancée sur la foule entière tombe sur une tête inflammable et y mette le feu, qu'importe? Où est raisonnablement la différence, quant à la culpabilité? N'y a-t-il même pas plus de danger dans la provocation collective, que dans la provocation individuelle?

De deux choses l'une : ou le rapport personnel exigé par le Code pénal s'entend de la présence même du provocateur et du provoqué, et alors c'est à bon droit que la loi spéciale en dispense; car ce rapport serait impossible, quand la provocation part de Paris pour aller produire ses effets à Perpignan; ou bien il s'entend d'un rapport intellectuel et moral, et l'on peut dire qu'il existe; car l'auteur se met en rapport avec son lecteur; il se personnifie dans son écrit, et assiste à chaque lecture qui en est faite. Ici se présente un exemple lamentable, mais décisif. C'était pendant la disette de 93; la nature ajoutait ses fléaux à ceux des révolutions humaines. *L'Ami du peuple*, journal de Marat, qui avait sur la multitude la puissance du tocsin, contenait dans son numéro du 23 février ces paroles : « Laissons là les lois ; il est évident qu'elles ont été toujours sans effet. Au reste, cet état de choses ne peut durer plus longtemps ; un peu de patience, et le peuple sentira enfin cette grande vérité, *qu'il doit se sauver lui-même.* Les scélérats, qui cherchent, pour le remettre aux fers, à le punir de s'être défait d'une poignée de traitres les 2, 3 et 4 septembre, qu'ils tremblent d'être mis eux-mêmes au nombre des membres pourris qu'il est utile de retrancher du corps politique. » Le lendemain, le peuple, dont la feuille de Marat était, dit M. de Lamartine, la tribune à quarante mille voix, obéit au signe de son apôtre ; des bandes affamées forcèrent la porte des boulangers et enfoncèrent des magasins de comestibles. La Convention, en lançant contre l'instigateur du désastre un décret d'accusation que personne n'osa exécuter, car le démagogue a son inviolabilité au sein de l'anarchie, se crut-elle liée par la définition de la complicité ordinaire ?

Un criminaliste[1], dont je n'aime pas à combattre l'opinion, soumet à une analyse sévère le délit de provocation par la voie de la presse, et fait le raisonnement suivant : « La seule différence qu'il y ait entre l'article 1er de la loi de 1819 et l'article 60 du

[1] *Encyclopédie du droit*, v° *Complicité*, sect. III, § 1er, par M. Faustin Hélie.

Code pénal, est celle-ci : Dans l'article 60, la provocation a lieu *à l'aide de plusieurs moyens : la promesse, la menace, l'assistance, etc.* ; dans l'article 1er, la provocation a lieu *à l'aide d'autres moyens tels que l'écrit et l'imprimé, etc.* Les moyens sont donc distincts, cela est incontestable ; mais faut-il aller au delà ? Non. En effet, aux termes de l'article 1er, comme aux termes de l'article 60, il faut toujours, pour que la complicité existe, trois choses, à savoir : un agent provocateur, un agent provoqué, un moyen de provocation capable d'influencer et de décider l'action. Les moyens pourront changer ; on pourra, dans des législations successives, ajouter des moyens nouveaux non prévus encore aux moyens prévus et existants ; mais ce qui est et toujours avait été, c'est *la nécessité de la présence et du rapport de deux agents,* l'agent provocateur et l'agent provoqué. »

Je réponds : Autre chose le moyen de transmission de la pensée, autre chose le moyen d'influence qu'une des deux parties emploie sur la volonté de l'autre. La pensée se transmet, dans la provocation ordinaire, par la parole ou par des signes, ou, si l'on veut même, par un écrit non publié ; dans la provocation spéciale, par un signe quelconque que l'on publie. Les moyens d'influence sont, dans la provocation ordinaire ceux qu'énumère le Code pénal, les dons, promesses, menaces, etc. ; les moyens d'influence, dans la provocation spéciale, ne sont pas indiqués par le droit spécial, et ne pouvaient pas l'être. S'il ne s'agit que des moyens de transmission de la pensée, je reconnais qu'il y a parité entre la parole dans un cas, et la presse dans l'autre, mais la parité qu'établit l'auteur entre le don, la promesse, la menace, selon le Code pénal, et l'écrit ou l'imprimé, selon la loi de 1819, je la nie; l'imprimé, moyen de transmission dans le second cas, n'est pas l'analogue du don ou de la promesse, moyens d'influence dans le premier, et ne les remplace pas. La substitution de l'imprimé à la promesse ou à la menace, n'est donc pas un simple changement dans des choses analogues, qui laisse subsister dans toutes les hypothèses la nécessité de la présence des deux agents, comme élément essentiel de la complicité. Il faut voir tout autre chose dans cette substitution : là, c'est un moyen d'influence qui suppose la présence des deux parties; ici, c'est un moyen de transmission de la pensée, dont la propriété est de franchir les distances, de rayonner au loin autour de lui, et qui, par cela même, suppose l'éloignement des deux agents.

L'auteur ajoute : « Parmi les conditions de la complicité, deux sont intelligentes et actives, l'agent provocateur et l'agent provoqué; une est inintelligente et passive, le moyen, l'instrument de la provocation. Eh quoi ! on concevrait une responsabilité morale, une complicité là où le rapport manque entre les deux agents intelligents et actifs, et où le rapport existe entre l'instrument passif et l'un des agents actifs seulement! » Mais il suffit, ce semble, qu'il y ait intelligence et liberté chez les deux agents, pour que toutes les conditions du délit moral soient remplies; l'écrit qui leur sert d'intermédiaire n'est, à la vérité, qu'un instrument; mais ce n'est pas lui qu'il s'agit de punir. On dit qu'il rompt le rapport moral entre le provocateur et la personne provoquée; tout au contraire, il l'établit. C'est une chose inanimée transmettant une pensée coupable.

Ne concluez pas de tout ceci que vous êtes responsable, parce qu'un cerveau malade interprète mal votre écrit et en tire une conclusion qui n'y est pas; si je ne crois pas à la nécessité d'un rapprochement des parties dans un conventicule, ni d'une relation de personne à personne, je crois à celle d'une relation au fait, sans laquelle il n'y aurait même pas de provocation. Mais cette dernière relation ne présente qu'une question de circonstances, sur laquelle la loi garde le silence, car elle n'avait pas de règle à donner. Tout ce que j'entends dire, c'est que le législateur était en droit d'incriminer la publication, comme mode de complicité, sans s'arrêter à l'éloignement des parties; que l'arrêt de la Cour des pairs est légalement rendu, et que la loi de 1819 est légitimement faite.

De la juridiction.

Ce que la loi recherche, quand elle remplace les tribunaux ordinaires par le jury, c'est le sens commun. Qu'on ne s'offense point de cette explication : le sens commun, cette faculté de juger raisonnablement des choses et des personnes, s'altère chez tous les hommes par les préjugés de leur état et de leur éducation, et notre esprit se blase ou se fausse, selon le genre d'exercice que nous lui donnons. Mais si le résultat que la loi attend du jury est le même indistinctement pour tous les délits qu'elle lui défère, crimes communs, délits politiques, délits de la presse, l'espèce d'inconvénient qu'elle cherche à éviter dans le juge, varie suivant la nature du délit.

Le danger des tribunaux ordinaires pour le jugement des crimes communs est dans l'habitude même d'en connaître. On croit voir partout ce que l'on voit chaque jour, et les yeux auxquels la société ne découvre que ses plaies, n'en aperçoivent pas les parties saines. Le juge, dont la vie se passe dans une sorte de familiarité avec la perversité humaine, y contracte une misanthropie qui le rend trop facile sur la preuve, et trop sévère pour la peine ; l'espèce entière est en prévention devant lui, et la présomption d'innocence s'affaiblit jusqu'à s'éteindre. C'est donc avec une profonde connaissance du cœur humain que nos lois demandent au jury cette naïveté d'impression, qui laisse presque toutes ses chances à la vérité.

Avant de donner à la juridiction du jury sur les délits politiques, son explication, on serait tenté de chercher celle des délits politiques eux-mêmes, et de leur demander ce qu'ils sont, et même pourquoi ils sont. Cette classe, que l'on sépare de la grande masse des délits ordinaires par la dénomination et la compétence, que l'opinion ne flétrit pas, que souvent même elle préconise, que la loi, trop indulgente à l'opinion, traite avec une sorte de faveur, comme des infractions de bon goût, comme des crimes de qualité, cette aristocratie du monde pénal n'est, il faut bien le dire, qu'un relâchement de la morale sociale dans ces temps de révolutions[1]. La raison ne met qu'une différence entre les délits politiques et les autres, et cette différence est à la charge des premiers; ils sont plus dangereux et plus graves; dans l'état normal de la société, l'opinion leur sera aussi inexorable que la loi, et ne leur épargnera pas le déshonneur. Mais en attendant que la société se soit rassise, le législateur prend la morale telle que les révolutions la lui ont faite, et il met les tribunaux, créatures du gouvernement, sous une présomption de partialité politique; il ne voit de garantie que dans le jury. Cette pensée est libérale; mais la partie de

[1] La loi du 8 octobre 1830, qui indique les delits réputés politiques, et attribués à ce titre aux cours d'assises, est fort loin de pallier l'inconvénient du principe général par le mérite de ses classifications; elle y comprend jusqu'à des faits qui ne sont même pas des délits moraux, mais de simples contraventions, comme celui qui est prévu par l'article 201 du Code pénal.

notre législation qu'elle a créée n'a sa raison que dans une situation transitoire, dont il faut souhaiter le terme.

La raison qui attribue au jury les délits de la presse n'est pas transitoire; elle est permanente comme la nature même des choses. Quand on applique la législation pénale aux écarts de l'intelligence, la difficulté est de discerner l'erreur du délit; si le délit était nécessairement dans l'erreur, la liberté de la presse ne serait plus que le droit de publier sa pensée à la condition d'être infaillible. Or, de tous les hommes, les moins propres à observer cette démarcation entre la proportion fausse et la proportion subversive, ce sont ceux qui se vouent par état à l'étude des lois et de la doctrine; toute proposition mal sonnante est subversive à leurs yeux. Les principes et les conséquences s'enchainant dans leur pensée, déranger leur synthèse, c'est renverser l'édifice social, comme dans l'esprit d'un théologien, l'hérésie conduit fatalement à l'athéisme; mais le monde n'a pas cette susceptibilité; le plus souvent il reste froid à l'erreur qui les échauffe et les alarme, et cependant son émotion est la véritable mesure de la loi pénale. Voilà comment il arrive que le meilleur juge de la doctrine est précisément le plus mauvais juge du délit, et que le sens commun peut différer du sens particulier du magistrat; c'est que celui-ci porte un esprit absolu dans la chose du monde la plus relative.

Voilà aussi l'explication des nombreux mécomptes que l'on éprouve dans les procès de cette nature ; le magistrat à qui appartient la poursuite se détermine d'après ses idées, le jury d'après les siennes ; pour l'un c'est une question de logique, pour l'autre une simple impression, et chacun, la main sur la conscience, arrive à des résultats opposés. Jamais peut-être le principe inflexible du Code de brumaire an IV, qui proclamait la nécessité de l'action publique, n'a été plus faux, et jamais le principe élastique du Code d'instruction criminelle, qui rend son libre arbitre au ministère public, n'a été plus vrai qu'en matière de presse. Ici, ce n'est même plus assez que le magistrat reste maître de sa détermination ; il a besoin de quelque chose de plus ; c'est bien moins sa propre raison qu'il doit consulter, que celle des autres ; son habileté est de se mettre par la pensée à leur place, et de pressentir la manière dont ils doivent s'affecter : genre de divination que peut seule donner l'expérience. Une vérité dont le magistrat doit ici se pénétrer, c'est que la règle de sa conduite n'est point en lui, et que la condition du succès n'est pas seulement dans la réalité du délit, mais dans l'opportunité de la poursuite, dans la température variable de l'opinion au milieu de laquelle il vit. On voit la même poursuite échouer la veille et réussir le lendemain, sans qu'il y ait autre chose de changé que la disposition des esprits.

Voilà encore pourquoi ce n'est pas un jury spécial

qu'il faut à la presse. Le jury spécial apporterait à ce genre d'épreuve un esprit spécial comme lui, et non ce sens commun des masses qui a seul le discernement du vrai délit, puisqu'il n'y a de délit de la presse que celui dont s'affecte l'opinion générale. Quand la Charte veut, article 69, l'application du jury aux délits de la presse, elle ne parle pas d'un autre jury que de celui dont parle l'article 56; du jury selon la loi commune. Le texte est d'accord avec la doctrine.

La juridiction du jury sur les délits de la presse est-elle absolue? Ne souffre-t-elle d'exception dans aucune des combinaisons que peut amener le mélange du droit spécial de la presse avec le droit commun, ni dans aucun des modes que celui-ci reconnait à l'action judiciaire? En d'autres termes, n'est-elle compatible avec l'action civile qu'autant que celle-ci se porte devant le jury conjointement avec l'action publique, et l'exclut-elle partout où ne se trouve pas le jury? La Charte de 1814 se taisait sur l'application du jury aux délits de la presse; c'est la loi du 26 mai 1819 qui, la première, en a établi le principe; celle du 25 mars 1822 l'a abrogé; l'article 69 de la Charte de 1830 a ordonné qu'une loi le réorganisât de nouveau, et ce vœu a été rempli par la loi du 8 octobre 1830. Que résulte-t-il de ce que le principe s'est élevé, de l'ordre légal où il a d'abord été conçu, à l'ordre constitutionnel qui l'a adopté? En est-il devenu plus dominant et plus exclusif? Est-ce une raison nouvelle pour que l'action civile ne se sépare plus de l'action publique, et ne se détourne pas de la destination de celle-ci?

Prenons d'abord cette seconde partie de la question, puisqu'elle pourrait rendre inutile l'examen de la première. La loi du 8 octobre 1830 y a répondu; elle a envisagé le principe depuis qu'il est devenu constitutionnel, et elle a renvoyé, pour son organisation, à la loi mère, à la loi du 26 mai 1819; en quoi elle a décidé que celle-ci est compatible avec notre Charte. Tout ce qui résulte donc du surcroît d'autorité qu'a procuré au principe le changement survenu dans sa nature, c'est qu'aucune loi ne pourra désormais l'abolir, comme l'a fait celle de 1822; mais, du reste, à cela près que son existence est consolidée, le régime de 1819 lui est applicable. Or, la loi de 1819 fait mention de l'action civile; elle permet de l'intenter séparément, puisqu'elle l'assujettit à une prescription plus longue que l'action publique, et qu'elle la suppose survivant seule à l'action collatérale. La cour de cassation a donc eu raison de ne pas la supprimer par voie d'induction [1].

Mais ce qui n'est pas possible à l'autorité judiciaire par voie d'induction, ne le serait-il pas par voie législative? Dans ce nouveau point de vue, voici peut-être quelques considérations à peser :

[1] Arrêt du 5 mai 1847.

Que demande-t-on? la suppression d'une action donnée par le droit commun, c'est-à-dire une énormité dans l'ordre légal. Le droit de poursuivre en justice ce qui m'est dû est de droit naturel; la loi qui y fait obstacle ne retire pas ce qu'elle m'a donné, elle m'enlève ce que je ne tiens pas d'elle. Elle me rend le droit de me faire justice à moi-même, car la faculté de recourir aux voies de droit, est la seule bonne raison qu'elle ait de m'interdire les voies de fait.

L'énormité s'aggrave par la réflexion. La loi m'ôterait dans l'action civile le droit dont je dispose, pour le remplacer par l'action publique dont je ne dispose pas; car, même pour demander à la cour d'assises une réparation pécuniaire, le ministère public est mon introducteur indispensable; c'est-à-dire, qu'on m'enlève la seule action directe qui me reste, et, comme le ministère public n'est point obligé de poursuivre sur ma plainte, il peut me refuser l'action indirecte, et l'accès des tribunaux m'est fermé de toutes parts. C'est ma forclusion que l'on demande; c'est ma mise hors la justice.

Et voyez le contre-sens! Si je me plains de diffamation, ma plainte donne seule l'impulsion au procureur du roi; la loi me constitue le premier juge de la convenance de la poursuite; elle subordonne en ceci l'intérêt public à l'intérêt privé. Cependant ôtez-moi l'action civile, le système de la loi est renversé; mon intérêt privé, objet de la prédilection légale, est, non pas subordonné à l'intérêt public, mais sacrifié; car il n'obtient pas dans un cas privilégié, ce qu'on se garderait de lui refuser dans un cas non privilégié.

On croit se conformer à la pensée constitutionnelle; on s'en écarte. Lorsqu'on réforma la Charte en 1830, la nation avait gardé de la lutte entre la liberté de la presse et la Restauration, l'idée d'une inimitié implacable du gouvernement contre la presse, et un sentiment de détestation contre le délit de diffamation. C'est sous cette double impression que se fit la réforme : le jury fut donné à la presse pour la protéger, contre qui? contre le pouvoir qui venait, par les trop fameuses ordonnances, de proclamer son incompatibilité avec elle; mais tourner l'institution du jury contre les plaintes en diffamation! rien n'était plus éloigné de l'esprit de la réforme, et les amis de la presse, qui tenaient à la purger d'un reproche odieux, auraient fortifié les moyens d'action, loin de les atténuer.

TITRE CINQUIÈME.

DE L'INVIOLABILITÉ DU DROIT DE PROPRIÉTÉ.

« La propriété est le droit de jouir et de disposer des choses de la manière la plus absolue, pourvu qu'on n'en fasse pas un usage prohibé par les lois ou par les règlements. » (Code civil, art. 544.)

« Toutes les propriétés sont inviolables, sans aucune exception de celles qu'on appelle nationales, la loi ne mettant aucune différence entre elles. » (Charte, art. 8.)

« L'État peut exiger le sacrifice d'une propriété pour cause d'intérêt public légalement constaté, mais avec une indemnité préalable. » (Charte, art. 9.)

La Charte ne fait pas ici un double emploi avec le Code civil ; ce n'est pas dans la même pensée que l'article 544 de l'un définit la propriété *le droit de jouir et de disposer des choses de la manière la plus absolue, pourvu qu'on n'en fasse pas un usage prohibé par les lois ou par les règlements*, et que l'article 8 de l'autre déclare *toutes les propriétés inviolables*. Notre premier soin sera donc de faire la part de chacun d'eux.

Quand la Charte déclare inviolable le droit que définit le Code, que signifie cette déclaration ? contre qui est-elle faite ? quel péril conjure-t-elle ? Ne s'agit-il que de protéger les propriétés d'un citoyen contre les entreprises d'un autre? Le Code civil, le Code pénal et les tribunaux sont là : ils suffisent à cette tâche; que vient donc y ajouter la Charte? C'est ici le cas d'user du grand précepte de Montesquieu, et de distinguer les différents ordres de lois, distinction si importante qu'il ne croit pas en parler en termes trop magnifiques en faisant consister *la sublimité de la raison humaine*[1] à la connaître.

La propriété embrasse tous les rapports de l'homme en société : rapport de citoyen à citoyen, c'est le droit privé; rapport des citoyens avec l'État, c'est le droit public; rapport de l'État lui-même avec une loi antérieure et non écrite, c'est le droit naturel. Duquel de ces rapports la Charte s'occupe-t-elle?

Le droit privé, qui règle les rapports de citoyen à citoyen, est l'objet du Code civil. Le Code civil se mêle à la foule des propriétaires; il prend chacun chez soi, dans sa maison, dans son champ, dans son usine; il lui parle de la plénitude de son droit, il lui dit qu'il peut l'exercer de la manière la plus absolue, et le lui montre s'étendant jusqu'à son extrême limite; et cependant, après avoir élargi l'espace autour de lui, il lui fait entrevoir au loin cette limite, et réserve à la loi de la poser.

[1] *Esprit des lois*, liv. XXVI, ch. Ier.

Le droit public, qui pose la limite, est l'objet de lois et de règlements spéciaux. Il agit légitimement lorsqu'il déclare cette utilité, devant laquelle le droit de disposer et de jouir de ses biens cesse d'être absolu. La propriété est active dans le droit privé; elle est passive dans le droit public. C'est à ce dernier que se rapportent les lois et les règlements sur l'expropriation, sur les établissements insalubres ou incommodes, sur les dessèchements, les forêts et les mines.

Comme le droit public limite le droit privé, le droit naturel limite le droit public; ni la propriété n'est toute-puissante contre l'intérêt social, ni le droit public contre la propriété, et de même que l'omnipotence du propriétaire est subordonnée à la souveraineté nationale, de même la souveraineté nationale l'est à une loi non écrite. C'est à ce troisième degré de l'échelle que l'article 8 de la Charte a pris sa place; c'est la loi non écrite qu'il a voulu écrire; c'est de cette élévation qu'il prononce le mot d'inviolabilité, et il le prononce pour se faire entendre de tous les pouvoirs sociaux qui sont au-dessous de lui, mais surtout du pouvoir législatif. La justice ordinaire n'avait pas besoin de cette proclamation solennelle et toute spiritualiste; les plaideurs et les juges, pour se retrouver au milieu des complications du tien et du mien, lisaient les règles qui les régissent dans une loi positive, dont la sanction est toujours prête. Mais Naboth défendant sa vigne contre Achab[1], le meunier de Sans-Souci résistant à Frédéric, le bourgeois de Caen poussant la clameur de haro quand on creuse dans sa terre la tombe de Guillaume le Conquérant, n'avaient pour eux que leur conscience. Les entreprises des simples citoyens sont des voies de fait, dont la répression fortifie le principe; celles du législateur sont des voies de droit qui le compromettent, et qui, en usurpant son autorité, portent l'esprit à douter de la vérité même. C'est donc à lui que s'adresse la Charte, c'est sa conscience qu'elle veut charger d'un scrupule, quand elle fait entendre que tout ce qui est légal n'est pas légitime; c'est dans la région où l'on ne relève d'aucun juge, que les devoirs qui n'ont pas de sanction immédiate ici-bas sont utiles à rappeler; c'est là que le mot d'inviolabilité a toute sa signification.

Lors donc que l'on cherche la place de la propriété dans les grandes classifications du droit, et que l'on demande si elle est de droit naturel ou civil, on fait une question complexe à laquelle il est impossible de répondre d'un mot : elle appartient au droit naturel par son origine, au droit public par ses limites, au droit civil par la manière dont elle s'acquiert, se conserve et se perd; elle est universelle, et, en quelque sorte, ubiquiste dans

[1] *Livre des Rois*, chap. XXII.

l'ordre social; mais elle n'est inviolable que par le droit naturel; par là seulement elle est sacrée pour le législateur lui-même.

Cette notion de l'inviolabilité est plus récente qu'on ne pense. L'Assemblée constituante disait encore, dans le préambule de la loi du 22 septembre 1790, que la propriété du domaine de l'État était la plus parfaite qu'on pût concevoir, puisqu'il n'existe aucune autorité supérieure qui puisse la modifier ou la restreindre. Un an plus tard, Mirabeau, discutant la loi du 12 juillet 1791 sur les mines, déclarait que la propriété du sol était un don de la société. Dans les idées de l'époque, la propriété domaniale était donc supérieure à la propriété privée, par la raison que celle-ci était plus facilement modifiable que l'autre; ce qui ne pourrait pas se dire aujourd'hui que la propriété privée n'a au-dessus d'elle, comme la propriété domaniale, que l'intérêt public déclaré par la loi; la loi peut sur l'une ce qu'elle peut sur l'autre; celle-ci a la même limite que celle-là, et, tout bien considéré, la plus grande perfection est du côté de la propriété privée, à qui le droit de disposer et de jouir reste dans toute sa plénitude. Cette épuration de la doctrine date du Code civil.

Le sens de la Charte ainsi déterminé, deux questions se présentent : 1° la propriété inviolable ne tenant ce caractère que du droit naturel, puisque autrement elle resterait sujette à la loi positive, il importe de savoir quelle est la propriété selon le droit naturel, c'est-à-dire la propriété indépendante de la loi positive, c'est-à-dire la vraie propriété; 2° la vraie propriété une fois trouvée, nous aurons à rechercher le signe auquel on reconnaîtra la légitimité des restrictions qu'y met la loi positive, ou, si l'on veut, les conditions auxquelles la loi positive pourra la restreindre, sans la violer. Le commentaire complet des deux articles de la Charte est dans la réponse à ces deux questions.

§ Ier. — De la propriété vraie.

Dans les idées vulgaires, qui ne sont pas toujours les moins justes, on a peine à concevoir qu'une notion aussi simple soit l'objet d'une question. Il n'y a de propriété que la propriété; et, parmi les notions évidentes, celle-ci l'est à un tel point, que l'utilité de l'étudier ne se comprend pas d'abord. Les seules difficultés bien sensibles qu'elle fasse naître se portent devant les tribunaux; mais ces difficultés n'ayant pour objet que l'attribution des choses auxquelles elle s'applique, présuppose par cela même son principe; les plaideurs ne se la disputent, les tribunaux ne l'adjugent ou ne la refusent, que parce qu'ils y croient. La guerre éternelle dont la vie civile est le théâtre est une proclamation journalière du droit de propriété; l'homme a si peu besoin qu'on lui persuade ce sentiment, qu'il l'exalte trop souvent jusqu'à la passion.

Ceux qui s'étonnent de cette question, s'étonneront bien davantage de celle-ci : Y a-t-il une propriété ? Quand on commence par la définir, on va trop vite ; on s'expose à disserter sur la dent d'or. Les idées reçues n'ont plus d'autorité, dès qu'il s'agit de les reviser ; si, à une époque de réforme où chaque institution doit justifier de sa raison d'être, les préjugés en possession se défendent par leur possession même, la réforme restera pour toujours aheurtée à une pétition de principes. Cette langue des jurisconsultes et des économistes, les sciences qu'ils ont arrangées, les lois qu'ils ont écrites, toutes ces formes diverses de l'arbitraire, sont précisément l'objet du jugement à porter, et les seuls arguments admissibles doivent se prendre dans la nature des choses. Or, quel plus grand démenti à la nature des choses, que vos idées de propriété ? A bien dire, nous n'avons en propre que ce qui entre dans notre constitution physique et morale, nos organes et nos facultés ; c'est par là seulement qu'ils nous appartiennent. On conçoit que la liberté de penser, la liberté de conscience, la sûreté des personnes soient des propriétés de la nature la plus intime, car elles résident en nous. Mais en peut-on dire autant des objets extérieurs ? Leur appropriation suppose la suppression de l'intervalle qui nous en sépare, soit que l'identification s'opère d'eux à nous, ou de nous à eux. On l'a si bien senti que, pour rendre raison du miracle de l'appropriation, on a eu recours à deux explications inconciliables : tantôt nous nous les assimilons par le travail; tantôt (et c'est la doctrine de M. Troplong[1]) nous déposons au contraire en eux une partie de nous-mêmes, véritable argumentation de panthéiste, figure de style que l'on prend à la lettre pour en faire un principe, abus de mots qui ne sont devenus sérieux que par l'abus de la force; tout au plus pourrait-on dire que les choses fongibles nous deviennent propres par la consommation qui les convertit à notre substance; encore n'arriverait-on par là qu'à l'appropriation des fruits, et, pour y arriver, il n'y a de nécessaire que la possession, cette possession active, personnelle, immédiate, qui laboure et qui récolte, dont les sens rendent témoignage, et à qui il est juste de reconnaître la puissance de produire quelque chose. Mais même dans cette hypothèse, tous les principes des jurisconsultes sont faux : inutile de distinguer entre la possession précaire et la possession à titre de maître, puisqu'il n'y a plus de maître : ni entre le possesseur de bonne foi et le possesseur de mauvaise foi, puisque l'un fait les fruits siens aussi justement que l'autre. La conséquence rigoureuse est que la terre ainsi possédée n'est appropriable que momentanément, jusques et y compris sa récolte; la récolte faite, le rapport cesse entre le travailleur et le fonds producteur, et il ne pourrait

[1] Préface du *Traité de la prescription*.

se rétablir que par un labeur nouveau. Tant dure l'action immédiate de l'homme sur la chose, tant dure l'appropriation. Point de liaison entre la campagne qui finit et celle qui va suivre; le droit meurt dans l'intervalle, et ne peut se retremper qu'à sa source; il faut qu'Antée touche de nouveau la terre, et la possession la plus longue n'opère jamais de prescription. Autrement on court après un fantôme insaisissable; la sujétion permanente de la chose à l'homme, sujétion subsistant par elle-même et indépendamment de toute action, est une abstraction sans réalité et sans justice; la supériorité de l'homme sur la nature, et particulièrement sur la terre, autrement dite le domaine, est une chimère de notre orgueil. Le fonds une fois dépouillé de ses fruits, retombe dans la communauté négative et attend le premier occupant. Avant donc de chercher le caractère de la propriété, et de discerner la vraie de la fausse, prouvez qu'il y en a une vraie; jusque-là, la propriété, c'est le vol.

Voilà où nous en sommes. Grâce à cette manière d'entendre la réforme, l'époque constitutionnelle, qui apporte à la propriété ses garanties les plus solides, lui apporterait réellement ses plus grands dangers. Il y aurait bien à protester contre cette méthode altière, dont le premier principe est de n'avoir foi qu'en soi-même. Le libre examen est assurément le droit le moins contestable de l'esprit humain; mais il est douteux qu'il consiste à recommencer éternellement sa trame, sans tenir compte de la tâche déjà faite, et à ne regarder aucune de ses acquisitions comme définitive, sous peine de renoncer à lui-même. Rien ne serait plus menaçant pour notre perfectibilité, que le triste privilége de tout remettre en question, sous prétexte de se démontrer tout, et de reculer toujours du pas que l'on viendrait de faire. Que, dans la spéculation pure, Descartes vide sa puissante intelligence pour la repeupler à son gré par une création nouvelle, c'est une jouissance que peut se donner le génie, sans autre risque que de se tromper; mais le vide ne se fait pas impunément dans le monde politique. Les écoles contemporaines ont le tort commun de dénaturer la science sociale et de la faire rationnelle, d'expérimentale qu'elle est par essence; le reproche qui les attend dans l'histoire, c'est d'avoir récusé le sens commun, pour mieux s'en dispenser; c'est d'avoir oublié que le monde moral a, comme la géométrie, de ces vérités qui ont fait leurs preuves, et qui, en bonne philosophie, deviennent elles-mêmes un critérium. La science qui ne respecte pas cette limite, n'est pas plus réelle qu'une jurisprudence qui méconnaîtrait l'autorité de la chose jugée.

Parmi ces axiomes du monde moral, celui qui semble avoir le mieux mérité qu'on lui fasse grâce, c'est le droit de propriété. Depuis tantôt six mille ans que la terre a été donnée aux enfants des hommes, n'est-il pas temps de le laisser porter en paix l'édifice social auquel il sert de base? L'idée s'en est si profondément mêlée à celle de l'ordre, qu'il n'est pas donné d'en concevoir la séparation. Les Romains n'ont pu définir la justice que par le respect de la propriété [1]; et, chose remarquable, les sceptiques qui, en la niant, la qualifient de vol, n'ont pu trouver ce blasphème qu'au prix d'une contradiction dans les termes; il leur est arrivé, comme à ces pyrrhoniens qui n'énonçaient le doute universel que par une proposition affirmative, de n'exprimer leur négation que par un aveu : le vol suppose la propriété; à qui les voleurs voleraient-ils? L'idée de propriété est tellement éclatante et inévitable, qu'elle inonde, comme le soleil, ses blasphémateurs de sa lumière.

Aussi ne faut-il plus s'étonner qu'une loi pénale de nos jours ait défendu à l'esprit d'examen d'y toucher. La loi du 9 septembre 1835, qui fait un délit de toute atteinte à la propriété, c'est-à-dire à son principe, n'a point et ne pouvait avoir d'analogue dans aucune législation connue; car elle pourvoit à un besoin tout nouveau; si le droit de propriété est du commencement du monde, ses périls sont d'hier. Ceux qui s'indignent de ce retranchement aux droits de la philosophie, ne réfléchissent pas qu'il est devenu nécessaire depuis la plus récente et la plus décisive de ses conquêtes,

[1] « Justitia est constans et perpetua voluntas suum cuique tribuendi. »

son alliance avec la législation. Aujourd'hui qu'elle est sortie de la spéculation pour faire invasion dans les esprits et dans la loi, elle ne s'égare plus impunément; en cessant d'être spéculative, elle est devenue responsable, et ce n'est point à elle de se plaindre des précautions qui témoignent de sa puissance. Quand le législateur reconnaît qu'un principe est fondamental, il n'a pas de droit plus légitime ni de devoir plus sacré que de le retirer de la dispute et de lui donner l'abri d'une sanction pénale.

Nous n'entendons cependant pas retrancher le droit de propriété derrière une fin de non-recevoir; nous le défendrions mal, quand nous ne voulons même pas le défendre, et nous manquerions notre but, qui est de l'expliquer. Nous l'entendons si peu ainsi, que nous allons prendre les attaques récentes dont il a été l'objet, non pas, à Dieu ne plaise! pour réfuter un paradoxe insensé, mais comme une forme convenable à notre explication; en voyant pourquoi on le nie, nous apprendrons en quoi il consiste, et il n'est pas indifférent d'éprouver sa doctrine sur la contradiction la plus vive qu'elle ait encore essuyée; nous pousserons même le désintéressement dans cette épreuve au point d'accepter les conditions tyranniques que l'on y met; par exemple, de puiser nos arguments dans ce que l'on appelle la nature des choses, sans en emprunter un seul aux nécessités évidentes de l'état social, absolument comme si l'état social n'était pas dans la nature des choses. En d'autres termes, le consentement universel, les traditions, les usages, les codes, les besoins de la vie commune, nous les rejetons tous comme sentant trop l'influence humaine et comme suspects de partialité.

Cela une fois convenu, qu'exige-t-on du droit de propriété pour y croire? la chose du monde la moins raisonnable. On refuse d'y voir un être moral; on en demande des preuves matérielles. Nous avons renoncé aux arguments de la loi, nous l'avons neutralisée; nous ne parlons donc ici ni des idées si pures du Code civil sur le droit non écrit, auquel il ordonne de recourir dans le silence de la loi écrite, ni de la puissance qu'il donne au seul consentement de former les conventions. Nous ne rappellerons pas les nombreux symboles dont on accompagnait autrefois les mutations de propriété, ces cérémonies de la prise de possession qui, aux époques grossières pour lesquelles les transmissions de plein droit eussent été d'un spiritualisme trop fort, témoignaient cependant d'une croyance à un droit occulte; ces armes fabriquées de main d'homme, nous avons promis de les déposer. Le sacrifice est assez grand pour être signalé. Mais, sans sortir de la question philosophique, quelle raison y a-t-il d'être plus difficile avec le droit de propriété qu'avec le droit en général? Quand il s'agit du droit en général considéré comme notion de la conscience, s'informe-t-on de sa substance, de sa forme, de sa couleur? Quelqu'un l'a-t-il vu, palpé, senti? On tiendrait à injure d'être soupçonné de n'y croire qu'à ces conditions; et dès qu'il s'agit du droit de propriété, on s'arme d'une rigueur soudaine; on met à la démonstration des conditions inouïes; on veut, entre le propriétaire et la chose, un lien, une émanation, un fluide, que sais-je? quelque intermédiaire particulier qui tombe sous les sens. Il n'est cependant que l'application la plus importante du droit en général; il le résume en lui, et participe de sa nature abstraite et métaphysique.

Le domaine des choses, ainsi restitué à sa véritable nature, se prouve d'ailleurs d'une manière bien simple, à l'aide de deux faits dont aucun n'est contestable. Le premier de ces faits, c'est le besoin qu'a l'homme des choses extérieures pour se procurer un vêtement, un abri, de la nourriture; Dieu ne lui a pas donné ce besoin sans lui reconnaître le droit d'y pourvoir, et n'en a pas fait le plus grand consommateur de la création pour lui ordonner de s'en abstenir. Cette raison seule ne suffirait cependant pas; elle serait commune aux animaux, qui ont aussi, quoiqu'à un moindre degré, besoin des choses extérieures. Mais la démonstration se complète par le second fait, par notre nature morale, intelligente et libre, hors de laquelle ne se conçoit l'idée du droit ni du devoir. Celui-là seul peut être propriétaire qui ne peut jamais devenir une propriété; la possession à titre de maître n'est possible que chez celui qui n'est jamais possédé à ce titre, et la preuve qu'il est seul une personne, c'est l'impossibilité même d'en faire une chose. Si la supériorité morale est évidente du côté de l'homme, son empire sur les objets extérieurs est justifié, et le domaine n'est point une chimère de son orgueil; c'est une réalité dont il est utile de le convaincre, et plût au ciel qu'il n'eût d'autre orgueil que de se croire la plus noble des créatures!

Quand on ne lui reconnaît de propriété réelle que dans les parties constitutives de son être, dans ses facultés et ses organes, lorsqu'on en conclut que la seule manière de s'approprier les choses est de se les assimiler, s'entend-on bien soi-même? La jouissance et la disposition, double but de la propriété, ne se conçoivent que des choses extérieures. Toute espèce de droit suppose deux termes corrélatifs et distincts, l'un actif, l'autre passif; ici un sujet, là un objet, entre lesquels se forme le rapport que l'on appelle *droit;* si les deux termes se confondent, le bon sens dit que le rapport se supprime. Voilà du pain, j'en suis propriétaire; si je le mange, il se tourne en sang et en chyle; il s'identifie à mon être; il n'y a plus de propriété. Car je ne puis être à la fois sujet et objet; un rapport de l'unité avec elle-même ne se comprendrait pas; moi propriétaire de moi, serait un amphigouri inintelligible. Les adversaires de la proprieté jouent de malheur;

ils y mettent, pour y croire, une condition qui la tue. Ainsi le droit n'existe pas sans l'assimilation; or, il s'évanouit par l'assimilation : voilà le résumé le plus clair de leur doctrine, et ils ne reculent pas devant ce résultat.

Ils sont prêts à l'accepter comme la négation même de la propriété; mais ils se trompent, s'ils croient que leurs coups ne portent pas plus loin. Dans le point de vue étroit où ils se tiennent, ils n'aperçoivent que le côté vulgaire et grossier de la question, la possession des biens de ce monde et les jouissances qu'ils procurent. Leur négation fait autour de nous une ruine plus vaste qu'ils ne pensent; plus de droit de propriété, plus de droits d'aucune espèce, ni de droits corporels, ni de droits incorporels, ni d'actions, ni de créances, ni de *jus in re*, ni de *jus ad rem*. L'idée de propriété ne s'applique pas seulement aux biens matériels; elle embrasse l'homme tout entier; son nom lui est propre; son état civil et politique lui est propre; son honneur lui est propre, et ils anéantissent tout à la fois. Si l'homme n'a rien en propre, sa personne est détruite, cette personne qui constitue le moi humain, à laquelle se rapportent les idées de droit, de devoir, de mérite, de démérite, de peines, de récompense; cette personne qui oblige et qui s'oblige, qui est créancière et débitrice, responsable et justiciable ; cette personne qui survit à l'individu et passe à ses héritiers. Si l'homme n'est plus une personne, il redevient un individu dans son espèce, une chose dans la création; on peut le posséder lui-même, l'esclavage est légitime, ou plutôt l'esclavage est impossible; car, dans cette négation universelle, on ne trouverait pas même de maître pour l'esclave.

On ne se résigne pas facilement à être absurde; on prend plus aisément son parti d'être inconséquent. La doctrine antipropriétaire ne sait pas assez qu'elle est condamnée à être absolue; si elle cesse de l'être, elle n'est rien; dès qu'elle transige, elle s'immole; ce qui ne l'empêche pas de se replier sur une proposition subsidiaire; tout à l'heure elle niait la propriété, voici qu'elle la reconnaît dans les fruits de la terre; les fruits sont appropriables, elle le concède; et ils sont appropriables, non plus par l'effet de l'assimilation, mais à raison du travail qui les procure; ce qui change complétement la thèse, puisqu'il est permis aux choses extérieures de nous devenir propres. Mais si, à ses yeux, les fruits sont désormais appropriables, que lui coûte-t-il de reconnaître que le fonds qui les produit l'est également? Ainsi fait-elle; le fonds est appropriable, mais d'une certaine manière; il l'est par la vertu du travail et dans la limite précise de sa durée. Cette hypothèse, on le sent, est incomplète : elle laisse en dehors ce qui ne peut servir de matière au travail, ou ce qui s'obtient sans lui, comme les fruits naturels et les choses improductives; elle ne sait qu'en faire, et ils comptent cependant dans les biens. Toutefois, recueillons ce qu'elle a de bon. Elle reconnaît une vertu au travail; or, cette vertu c'est le droit, le droit abstrait, l'être moral que nous cherchions tout à l'heure, et que l'on se contente cette fois de concevoir par l'intelligence. Le voilà sorti de sa prison; au moment où le soleil d'août mûrit la moisson, le labourage a cessé depuis plusieurs mois, et puisque le droit survit au fait qui n'est plus, en attendant celui qui n'est pas encore, il a donc son existence propre dans l'intervalle; le fait de l'homme n'est donc plus le lit de Procuste, qui lui sert de mesure. C'est quelque chose, ce n'est pas assez. Après avoir laissé le droit s'échapper de son enveloppe, on n'en prétend pas moins que la propriété, droit permanent et perpétuel, ne peut sortir du travail, fait passager et intermittent; et que out ce qui résulte de cette concession, c'est que l'ensemencement d'une pièce de terre donne droit à la récolte qui le suit. Mais on s'arrête trop tôt; c'en est fait; ce premier pas en entraîne un autre, et la propriété permanente est désormais inévitable.

Le travail donne droit aux fruits; c'est le principe que l'on accorde. Mais pourquoi ce droit s'arrêterait-il à la première récolte? Si le principe signifie quelque chose, la récolte se rapporte au travail comme l'effet à la cause, et non parce qu'elle est la première en date; en d'autres termes, tout résultat direct du travail, quoique plus ou moins tardif ou médiat, appartiendra au travailleur. Le travail, cause génératrice du droit, n'est pas seulement dans l'action de confier à la terre la semence qui va fructifier dans quelques mois; il est aussi, il est d'abord dans la trempe donnée au sol, trempe si peu épuisée par la première récolte, qu'elle se conserve, malgré un affaiblissement graduel, pour une seconde, pour une troisième, à la seule condition que la culture sera variée. C'est la raison de l'assolement des terres, et il est vrai à la rigueur que l'occupant qui, après la première récolte, voudrait, la seconde année, semer du seigle où l'on aurait récolté du froment, usurperait le produit direct du travail de son prédécesseur. Nous voilà déjà un peu loin de la première préparation du sol; et le droit dure encore, trois années au moins après la main-d'œuvre, en vertu d'une loi de la nature. Éloignons-nous-en davantage, toujours sans recourir aux lois humaines; au lieu du labourage, supposons une plantation ou un semis; c'est un bienfait public tout aussi méritoire, et qui a de nos jours une utilité peut-être plus grande. Je sème un gland : un chêne en sort; c'est un fruit de la terre, et il est convenu que j'y ai droit. Quand se fera la récolte? Avant que le chêne ait fourni ses trois périodes d'accroissement, de maturité et de décadence, avant même qu'il soit d'une bonne exploitation de l'abattre, c'est-à-dire avant que mon droit au fruit se réalise, trois siècles peuvent s'écouler, pendant lesquels on reconnait la possession légitime du sol qui nourrit l'arbre. La simple perception du fruit demande un espace de temps qui excède la longévité humaine, à ce point que mon seul intérêt, en plantant, est de pouvoir me dire, comme l'octogénaire de la fable :

Mes arrière-neveux me devront cet ombrage.

Pour peu que moi et mes successeurs nous plantions plusieurs chênes, si surtout nous allons jusqu'à une forêt, les siècles se succèdent, la possession s'éternise, et nous touchons, par la seule force des choses, à cette perpétuité du droit, dans laquelle le système contraire finit par se perdre.

Il y a des hypothèses encore plus décisives : au lieu d'une terre en culture, qui ne demande que le secours de la bêche ou de la charrue, c'est une lande que je défriche, un marais que je dessèche, un polder conquis sur les eaux. Ce défrichement, ce desséchement, cet endiguage n'ont pu se faire qu'à grands frais et par de longs efforts. Pensez-vous qu'une récolte unique ait pu être mon seul but, et me payât de mes sacrifices? Les récoltes ultérieures, d'où proviennent-elles, sinon de la fécondité que la terre tient de moi? Réformateurs des sociétés modernes, qu'en dit votre justice?

La simple possession, la possession mesurée par le travail, bornée au fait actuel de la main-d'œuvre et sans liaison avec la main-d'œuvre qui va suivre, en d'autres termes, la possession sans la propriété, n'explique donc rien, ni ne répond aux besoins d'aucune espèce; inefficace comme industrie, insuffisante comme rémunération, elle ne remplit les conditions ni d'une bonne culture, ni d'une justice exacte; elle refuse au sol l'exploitation qu'il demande, et à la peine le salaire qu'elle a gagné; elle est ingrate et décourageante. Elle présente à l'esprit une idée violemment tronquée; pour qui admet la propriété, la possession la manifeste; elle y entraine celui qui la rejette ou cherche à se la démontrer; mais, signe ou preuve, elle ne peut rien seule et par elle-même.

Ainsi les raisons naturelles, réduites à elles-mêmes, conduisent à la propriété permanente. Si l'on y ajoute les raisons sociales dont nous nous sommes interdit l'usage, la question disparaît; jugée par l'esprit d'ordre et de discipline, la doctrine antipropriétaire est sous une accusation terrible : sur cette vieille terre dont la population s'est triplée dans les derniers siècles, déclarer sans maître tout champ dépouillé de sa récolte, inviter des milliers d'occupants à s'y précipiter, aussitôt qu'on y aura donné le dernier coup de faucille, sans autre règle que la force ou la vitesse, c'est créer dans la vie sociale un intervalle périodique pour l'anarchie; c'est plus qu'une doctrine fausse, c'est une doctrine criminelle et qui appartient à la loi pénale. Si nous l'avons examinée dans ses prétentions philosophiques, c'est qu'en écartant tout ce qui porte une empreinte humaine, et ce qu'on peut, à tort ou à raison, soupçonner de n'être qu'une nécessité factice, nous nous rapprochions davantage du droit naturel, et nous montrions plus sûrement la véritable cause de l'inviolabilité.

Nous touchons à deux conclusions importantes : 1° La propriété est permanente, et parce qu'elle constitue un droit, qui vit de son énergie propre, qui est indépendant du fait de l'exploitation, et qui n'est par conséquent pas assujetti à la même durée, et parce qu'une propriété intermittente, d'ailleurs incompatible avec l'ordre, neutraliserait jusqu'à la possession elle-même; 2° la propriété est individuelle, c'est-à-dire exclusive.

C'est un bonheur, en jurisprudence, quand l'explication philosophique s'accorde avec la définition légale. L'une vient de mettre à la propriété la double condition d'être permanente et individuelle; l'autre y attache le double attribut de disposer et de jouir des choses de la manière la plus absolue. Chacune des conditions de la première répond à chacun des attributs de la seconde; la propriété à laquelle il manque d'être permanente et individuelle, ne comporte rien d'absolu dans la disposition et dans la jouissance des choses, et est par conséquent repoussée par la définition du Code civil. Elle affecte, il est vrai, certaines ressemblances avec la propriété définie; elle produit quelques-uns de ses effets ; elle porte son nom dans la langue vulgaire ; mais elle en diffère essentiellement. Ce n'est pas cette propriété que nous cherchons, propriété de droit naturel, inviolable, supérieure à la loi positive dont parle la Charte.

Éclaircissons ces principes par leur application aux deux rapports qu'ils présentent, au sujet qui possède, à la chose possédée ; au sujet d'abord, car si une condition essentielle fait défaut en lui, c'est en vain que les autres se rencontrent dans la chose.

C'est la personne, avons-nous dit, qui est propriétaire. Mais il y a des personnes de plusieurs sortes; il y a des individus, créatures de Dieu ; il y a des communautés, des corporations, des ordres, créatures de la loi. Celles-ci ne peuvent prétendre à la propriété inviolable; elles ne sont pas antérieures à la loi de laquelle elles émanent, et elles restent dans sa dépendance ; celles-là seules y peuvent prétendre, car seules elles apportent dans l'état social une existence qu'elles ne tiennent pas de lui. Voilà pourquoi la doctrine met pour condition à la propriété vraie, qu'elle soit individuelle, par opposition à la propriété collective, qui accuse un maître de création humaine.

Écarter ainsi la propriété collective de la garantie constitutionnelle, ce n'est pas se prémunir contre une chimère, mais contre une réalité historique et scientifique qui a jadis obtenu l'empire par la loi, et qui voudrait le ressaisir aujourd'hui par la doctrine. Les sages de l'antiquité, et notamment Lycurgue et Platon, voyaient dans la propriété collective la plus haute perfection politique : elle se combinait chez eux avec l'égalité absolue, et ces deux nations se rattachaient elles-mêmes à l'idée mère de la civilisation grecque et romaine, qui ne reconnaissait qu'une seule personne, dans laquelle s'absorbaient les individus, la cité. Cet esprit fut celui des premiers chrétiens; ils n'avaient, dit le *Nouveau Testament*[1], qu'un cœur et qu'une âme; aucun d'eux ne regardait comme sien ce qu'il possédait; ils vendaient leurs héritages pour en déposer le prix aux pieds des apôtres, et en recevoir une part proportionnée à leurs besoins; les principes de la communauté étaient pratiqués sous cette loi nouvelle avec une telle rigueur, que Saphire et Ananie furent frappés de mort pour avoir dissimulé une partie du prix de leur champ. Le moyen âge a aussi connu ces principes, mais avec une modification remarquable; il les a connus, non plus comme loi générale de l'État, mais, au contraire, comme loi d'exception; c'est que la société moderne avait changé de base; l'individu y était redevenu une personne distincte de l'État, ayant en elle son foyer d'activité, de droits et de devoirs; rien ne prouve mieux la restauration de l'individu dans le monde, que la nécessité d'un acte particulier de sa volonté

[1] Actes des Apôtres, chap. IV, vers. 32 et suiv.; chap. V, vers. 1er et suiv.

pour retrouver cette communauté qui l'avait annulé autrefois; telle est l'origine des monastères. Au lieu d'une unité puissante et jalouse qui s'assimile impérieusement l'individu, c'est la volonté souveraine de celui-ci qui se retire d'une société dissoute, et se crée un abri dans ses décombres; c'était si bien à la vie civile du temps qu'il entendait se soustraire par ses vœux, que la situation contraire à laquelle il donnait la préférence, prenait par opposition le nom de mort civile. Saint Augustin[1], en confessant à ses lecteurs qu'il s'est senti atteint, au milieu de ses égarements, de la passion dominante du siècle pour la retraite, donne le plan d'un établissement de ce genre, qu'il arrêta de concert avec dix de ses amis, au nombre desquels il nomme Alype, et particulièrement Romanin, le plus riche d'entre eux et le plus ardent à se dépouiller : « Chacun, dit-il, apporterait ce qu'il pourrait avoir, et de tout cela il se ferait une seule masse que l'amitié rendrait commune à tous; on ne pourrait plus dire qu'une telle chose était à celui-ci, une telle autre à celui-là, mais que tout le bien serait en entier à chacun, et que tous auraient droit à chaque partie..... Chaque année on choisirait dans la troupe deux économes qui auraient soin de tout, et les autres demeureraient en repos sans se mêler de rien, pendant que ces deux-là seraient en charge. » Il ajoute : « Mais

[1] *Confess.*, liv. VI, chap. XIV.

quand nous vînmes à penser si nos femmes s'accommoderaient d'une telle vie, car quelques-uns en avaient déjà et je voulais aussi en avoir une, tout ce beau plan si bien concerté s'évanouit et s'en alla en fumée. » Au ve siècle, le moine Pélasge publia, au milieu des monastères qui se multipliaient, un livre *de Divitiis* [1], dans le but de persuader le renoncement à la propriété individuelle, non-seulement comme sacrifice méritoire du chrétien, mais comme condition nécessaire du salut, non-seulement dans les cloîtres, mais dans le siècle. Cette doctrine fut rejetée au nombre des hérésies par une condamnation formelle, comme si l'Église, la plus grande et presque l'unique autorité de l'époque, eût reconnu que la propriété collective ne pouvait plus être la loi de ce monde. La doctrine proscrite n'a point entièrement disparu : elle a trouvé un refuge et paraît s'être établie dans les États despotiques sous la protection de l'islamisme, partout où la personne humaine est méconnue; elle y a transporté au prince la propriété des biens. Nous allions dire de la juger par les services qu'elle sait rendre et les alliances qu'elle contracte, si nous ne la voyions faire une apparition, courte il est vrai, chez nous, en France, au milieu du XVIIIe siècle, dans la plus grande explosion des idées libérales. Il se fit après le système de Law une réaction vio-

[1] *Maxima bibliotheca Patrum*, t. VII.

lente contre les spéculations financières, et l'on ne voulut reconnaître de richesse que la richesse territoriale. Cette superstition du sol passa dans l'économie politique, il n'y eut bientôt de producteur que la terre, et l'abbé Terray eut la prétention d'atteindre toutes les productions possibles à leur source par un impôt unique, l'impôt foncier. Le publiciste de cette école, Mercier de La Rivière, en donna la théorie[1]. Selon lui, l'impôt foncier se perçoit à titre de partage de fruits, et tout partage suppose une propriété indivise. C'est qu'en effet le souverain est copropriétaire du produit net de la terre, et comme la propriété n'est que le droit de jouir, il est propriétaire dans l'acception la plus absolue du terme; aussi ne lève-t-il pas d'impôt; il prend sa part dans une chose commune. C'est ce système que Voltaire, dans son conte de *l'Homme aux quarante écus*, poursuit de ces sarcasmes dont il savait se faire des arguments. Mercier de La Rivière ne dissimule pas qu'en enseignant la confusion de la souveraineté et de la propriété, de l'*imperium* et du *dominium* dans l'État, il enseigne le despotisme; il dissimule si peu la chose, qu'il entreprend de réhabiliter le mot; il a inventé le despotisme légal : cette alliance de mots est de lui; et comme il a la bonne foi de dire que la propriété ne se conçoit pas dans un sujet multiple, mais seulement

[1] *De l'ordre naturel et essentiel des sociétés politiques*, 1766.

dans une personne individuelle, il décide que le législateur est essentiellement un, c'est-à-dire qu'il se refuse à toute division du pouvoir. Dans cette fournaise ardente de 93, où bouillonnaient les idées ennemies de monarchie absolue, de monarchie constitutionnelle, de communauté démocratique, la propriété individuelle luttait contre la propriété collective, et en triomphait. Robespierre, dans une déclaration des droits qu'il avait préparée seul, donnait de la propriété une définition où se dévoile une arrière-pensée de nivellement absolu : « La propriété, y disait-il, est le droit de jouir de la portion de biens qui nous est assurée par la loi. » La source de la propriété est dans la loi écrite ; c'est la loi qui départit et mesure les biens. Les dictateurs mêmes de l'époque reculèrent devant cette énormité ; ils n'admirent dans la constitution que la définition suivante, article 16 : « Le droit de propriété est celui qui appartient à tout citoyen de jouir et de disposer de ses biens, de ses revenus, du fruit de son travail et de son industrie. » Cette définition ôte la propriété à la loi écrite et l'élève à une plus grande hauteur ; elle l'attribue *à tout citoyen ;* elle n'en fait plus le droit *de jouir* seulement, manière de réserver le fonds au corps social, mais le droit même de disposer ; la propriété redevient individuelle.

Telle est en bref l'histoire de la propriété collective : elle a servi dans les temps antiques beaucoup moins à la liberté des citoyens qu'à la domination de la cité; on la trouve dans le monde moderne, partout où l'homme est opprimé; elle a passé dans notre civilisation avec la rapidité d'un rêve qui en remplace un autre: elle est aujourd'hui chez nous au service des écoles réformistes.

Dans notre monde tel qu'il est constitué, la propriété doit être individuelle pour répondre à deux grandes lois de la Providence, qui pourraient bien n'en faire qu'une.

A la liberté d'abord, dont elle est l'application la plus vivante : ni l'une ni l'autre ne se conçoivent impersonnelles; la propriété, comme la liberté, n'est active que dans l'individu. De là ce principe de la loi civile, que nul n'est tenu de rester dans l'indivision: un droit indivis est un droit neutralisé, et tout droit neutralisé est une violence à l'homme et un dommage à la société; voilà encore pourquoi la loi du 10 juin 1793, qui ordonne le partage des communaux, a été un bienfait;

A l'inégalité naturelle ensuite; on fait un bien grossier contre-sens, quand on dit que la propriété implique l'égalité, tandis que la propriété ne pourrait cesser de réfléchir les variétés infinies de la personne humaine, sans cesser d'y avoir sa source, sans cesser d'être. Qu'est-ce que l'homme dans votre communauté? Un chiffre, une fraction arithmétique; il fait nombre parmi trente-quatre millions de ses semblables; il a, par cette unique raison, la trente-quatrième millionième partie de la masse; fraction qui s'élève ou s'abaisse, non à raison de son mérite, ou de son démérite, mais à raison de la statistique. Le chiffre de la population étant donné, il trouve son dividende tout fait, il le laisse tel qu'il l'a trouvé, sans modification bonne ou mauvaise venant de lui, sans qu'il ait fait œuvre de ses mains ou de son intelligence; il compte dans la société comme la goutte d'eau dans le fleuve, selon la hauteur de l'étiage. Dans aucune des aberrations de son esprit, l'être intelligent et libre ne s'est encore infligé une dégradation aussi profonde.

A l'aide de ces principes, on peut porter un jugement sur un des actes les plus célèbres et les plus contestés de notre Révolution. Que penser de la vente des biens ecclésiastiques? Faut-il y voir une violation du droit naturel, ou un usage légitime du pouvoir législatif?

La propriété de ces biens péchait par deux conditions essentielles : leur possesseur n'était point une personne individuelle, et il était incapable d'en disposer.

La première de toutes les conditions, pour être propriétaire de droit naturel, c'est de ne point tenir l'existence du droit positif. Que peut avoir en propre celui dont la vie même est précaire [1]? Les personnes

[1] Hallam, *Histoire constitutionnelle d'Angleterre*, t. I, p. 109 et suiv., professe les mêmes principes sur le prétendu droit de propriété des communautés religieuses ou laïques. L'Angleterre, à l'époque de

qui détenaient les biens ecclésiastiques ne vivaient pas à un autre titre; le clergé en masse, considéré comme un ordre dans l'État, les nombreuses agrégations séculières ou régulières qui s'étaient formées dans son sein ou à côté de lui, étaient des personnes fictives que la loi pouvait défaire comme elle les avait faites; l'Assemblée constituante, qui leur a retiré ces biens avec l'existence, n'a donc violé aucune loi antérieure, et Thouret a pu dire : « La même raison qui fait que la suppression d'un corps n'est pas un homicide, fait que la révocation de la faculté accordée aux corps de posséder les fonds de terre, ne sera pas une spoliation. » Autant en pourrait-on dire des communes, si le législateur avait jugé à propos de changer cet antique élément de notre état social, et des départements, personne moderne, née de la Révolution, dont la loi du 10 mai 1838 a complété l'existence, en sous-entendant la même condition.

En cela, la foi des contrats n'a pas plus été violée que le droit naturel; ceux qui ont donné les biens n'ont jamais pu se méprendre sur la qualité de ceux

la réformation, a eu, comme la France, en 1790, sa vente de biens ecclésiastiques; mais, en France, ces biens ont été versés dans la masse commune; en Angleterre, ils ont été distribués aux lords de la chambre haute et aux chevaliers des comtés; telle est l'origine des grandes fortunes de l'aristocratie anglaise, aujourd'hui entretenues par des priviléges.

[1] C'est ce qui résulte du titre Ier tout entier, et notamment des articles 36 et suiv.

qui les recevaient. Les contrats ne stipulaient rien pour le cas de la suppression des communautés donataires, et auraient d'ailleurs cherché en vain à leur communiquer ce qui ne se communique pas, l'inviolabilité; ni les fondateurs, ni les bienfaiteurs n'auraient pu faire que le souverain renonçât au droit de changer l'organisation politique, d'abolir les ordres, de supprimer les communautés et de pourvoir aux besoins du culte par un salaire individuel, substitué à des dotations collectives.

Le second vice dans la personne des corporations religieuses, l'incapacité de disposer, était tout aussi radical que le premier. La main-morte, capable de recevoir, ne l'était pas d'aliéner; il en résultait, à chaque don, une combinaison bizarre, dont nous serions fort embarrassé de donner la qualification précise. Le donateur se dépouillait sans réserve et sans retour, et cependant n'investissait pas complétement le donataire; le droit de disposer, en quittant celui-là, ne passait pas à celui-ci; il ne résidait sur aucune tête, et restait à l'état d'abstraction inerte et sans assiette fixe. Ce contrat sans nom n'était ni un usufruit, il n'y avait pas de nu propriétaire; ni un dépôt, il n'y avait pas de déposant; ni un engagement ou une antichrèse, il n'y avait pas de créancier. Dans l'ordre de l'économie politique, il y a longtemps que l'on condamne ces personnes créées pour absorber sans produire, pour recevoir toujours sans jamais rendre, dont le triste privilége est de lier indissolublement des fonds de terre à leur destinée caduque, pour les laisser vacants et sans maître au jour où il faut périr, et l'État n'a plus à se justifier d'avoir restitué au commerce les cent cinquante millions de revenu foncier dont elles jouissaient : il pourrait passer de la défense à l'apologie, en soutenant qu'il a bien mérité du pays. Mais dans l'ordre constitutionnel et légal, et abstraction faite du dommage commun, la difficulté de trouver un nom aux dotations des corps religieux provient de ce que la propriété y était plutôt amortie que réellement transmise. Nous ne sommes pas bien sûr de ce qu'elles étaient ; mais, ce qui doit nous suffire, nous le sommes de ce qu'elles n'étaient pas. L'inaliénabilité est incompatible avec la propriété, et, quand elle est appliquée dans un sens absolu, comme autrefois aux gens de main-morte, elle va jusqu'à la rendre impossible. Le droit civil la proclame bien quelquefois dans le régime dotal, ou à propos d'une substitution, d'une libéralité aux enfants à naître, et pendant les cinq ans qui suivaient le partage des biens communaux ; mais il ne l'admet que dans certains cas, relativement à certaines personnes, et surtout pour un certain temps. S'il allait plus loin, il détruirait ce qu'il définit.

L'ancien domaine de l'État nous est un grand exemple : toujours déclaré inaliénable, et toujours aliéné, son histoire n'est que la suite des démentis qu'a reçus son principe, et a pour conclusion que sa prétention à l'inaliénabilité a été convaincue d'impuissance. La cause du mal n'était pas seulement dans l'esprit de cour, mais surtout dans l'incurable vice d'un principe heureusement impraticable ; car s'il eût été d'une exécution possible, la richesse nationale eût été en sens inverse de la richesse du domaine, et l'on eût pu dire de lui ce que Trajan disait du fisc : que le corps s'appauvrit à mesure que la rate se gonfle. Le régime constitutionnel a seul fait rentrer dans le vrai la législation domaniale : il a déclaré le domaine aliénable; mais il a transporté la garantie dans la forme de l'aliénation, qui ne peut se faire que par une loi; c'est à la fois se conformer à la nature des choses, et se prémunir contre les abus.

Il y a dans la jurisprudence de la cour de cassation une doctrine remarquable, d'après laquelle tous les biens étant naturellement dans le commerce, pour les en ôter, il faut une loi, et qui, combinant ce grand principe avec l'organisation féodale, décide que les anciens ducs du Barrois mouvant n'avaient pu valablement déclarer leur domaine inaliénable, parce qu'ayant rendu hommage aux rois de France, qui avaient ainsi sur eux le dernier ressort, ils ne jouissaient pas de la souveraineté et ne pouvaient faire une loi. Cette décision est d'une irréprochable justesse comme décision judiciaire et dans les limites de la question jugée; cela dit, et dit seulement du domaine de l'État, nous paraît incontestable; on conçoit que la volonté législative soit toute-puissante sur une propriété nationale, et ait le droit de la retirer du commerce, sinon sans proclamer un faux principe, au moins sans excès de pouvoir. Mais ce que la loi seule pourrait faire du domaine de l'État, le pourrait-elle d'une propriété privée? Si cette question constitutionnelle se présentait, reconnaîtrait-on à la loi le droit de faire cette violence à la nature échangeable de la chose et à la capacité d'une personne *sui juris*? Cette double interdiction de la chose et de la personne n'aurait-elle pas tout l'effet d'une expropriation, et ne serait-elle pas un excès de pouvoir dans le souverain lui-même? Mais ce qui n'est une question dans aucun ordre d'idées, c'est que la loi peut rendre au commerce ce qui en a été retiré, et qu'en disposant des biens ecclésiastiques, elle n'a spolié ni même exproprié personne.

Si, au lieu du droit de disposer, c'était le droit de jouir qui manquât, la conclusion serait la même : le droit qui, tôt ou tard, de manière ou d'autre, ne se résoudrait pas en une perception de fruits naturels, industriels ou civils, ne serait pas une propriété. Ainsi le domaine direct, qu'avait créé le régime féodal par opposition au domaine utile, n'était pas un véritable domaine, en dépit du nom qu'on affectait de lui donner; les lois de la Révolution ont aboli en lui une forme, une suprématie, un pouvoir politique, non une propriété.

Voilà pour la personne du possesseur; voici pour la chose possédée.

La distinction que nous venons de faire dans les personnes se reproduit dans les choses; il y en a de naturelles, il y en a de fictives. Le législateur a aussi son monde dans lequel il crée; il y fait des choses, comme il y fait des personnes. Celles qu'il n'a pas créées lui sont antérieures, et sont une fin pour lui : il n'existe qu'à cause d'elles; s'il y touchait, il violerait la condition même de son existence; les autres n'existent que par lui et ne sont dans ses mains que des moyens; il conserve sur elles les droits d'un créateur; et comme il a eu le droit de vie, il a le droit de mort. Cette distinction élémentaire, dont on n'aura jamais à faire un aussi fréquent usage que sous le régime constitutionnel, trace la ligne de démarcation entre ce qui est inviolable et ce qui ne l'est pas. Nous le répétons : l'inviolabilité ne se dérive que du droit naturel, c'est de cette hauteur qu'elle doit descendre pour s'imposer à la loi. Tout ce qui naît dans la sphère inférieure du droit positif est bien obligatoire pendant sa durée; mais autre chose est d'être obligatoire pour les citoyens et pour les tribunaux, autre chose de l'être pour le législateur; cette dernière espèce d'obligation constitue seule l'inviolabilité.

Le droit positif, dans le but même de conserver la propriété, de la reconnaître, de la fixer, de la défendre, de la garantir, c'est-à-dire de remplir son devoir, a été obligé de se mêler à elle, et, dans la longue vie des peuples, le mélange devient si intime que les deux éléments s'identifient trop souvent aux yeux du monde. Mais si la physionomie de la propriété s'altère quelquefois dans son passage à travers les institutions sociales, au point de jeter dans la perplexité le jurisconsulte chargé de la reconnaître, son caractère est indélébile, et le privilége de son origine ne se perd jamais. Ainsi, il est des cas où elle ne cesse pas d'appartenir au droit naturel, bien que ce soit la loi positive qui l'attribue; lorsque après un désordre social, la loi restitue le plus faible contre l'usurpation du plus fort, lorsqu'elle affranchit le territoire, lorsqu'elle abolit la féodalité au profit des vassaux, et la servitude personnelle au profit des esclaves, elle ne concède pas un droit qui procède directement d'elle; elle fait un retour au droit naturel, et la propriété ainsi rétablie participe à l'inviolabilité constitutionnelle. La loi du 15 mars 1790 a proclamé un grand principe dans son article 22 : « Tous droits exigés sous prétexte de commissions données par les seigneurs pour exercer des professions, arts ou commerces, ou par des actes qui, par le droit naturel et commun, sont libres à tout le monde, sont supprimés sans indemnité. »

On distingue donc entre la propriété naturelle et la propriété légale.

Sur la première, il n'y a qu'un mot à dire; elle n'a besoin d'être définie, ni même indiquée. Toutes les choses de la nature sont au nombre des biens : c'est la règle générale et l'homme la sait par instinct.

Il faut en distraire les choses communes, celles dont l'article 714 du Code civil dit qu'elles n'appartiennent à personne, et que l'usage en est commun à tous. C'est l'exception. Cependant qu'on n'étende pas trop cette exception; qu'on se tienne en garde contre la vicieuse classification des choses dans le droit romain, et surtout contre un texte des Institutes[1], qui classe l'eau courante parmi les choses communes, et l'assimile sans aucune différence à l'air et à la mer. Cette décision est fausse dans sa généralité, et fait tort au domaine de l'homme, en lui retirant ce qui évidemment lui appartient. On s'explique pourquoi l'air et la lumière sont déclarés choses communes; Dieu nous les a versés avec une profusion telle, qu'ils ne peuvent manquer à personne par la faute de la nature; ils ne sont donc pas appropriables, car l'appropriation de l'un est l'exclusion de tous les autres, et l'exclusion ne se peut dans les choses communes. Mais si chacun a sa part de l'atmosphère et sa place au soleil, l'eau ne coule pas toujours pour tout le monde; elle peut ne pas suffire, elle peut manquer tout à fait, et sa pénurie devenir une calamité; elle est donc appropriable, puisqu'elle est l'objet d'une jouissance exclusive pour les uns, d'une privation pour les autres, d'une concurrence pour tous. Qu'importe qu'elle ne puisse

[1] Lib. II, tit. I, *De rerum divisione*. « Naturali jure communia « sunt omnia hæc : Aer, aqua profluens, et mare, et per hoc littora « maris. »

se fixer comme un corps solide? Chaque bien a son genre d'utilité; celle de l'eau courante est précisément dans sa nature mobile et fugitive, sans laquelle elle ne servirait ni de moyen d'irrigation, ni de force motrice. Le Code civil, dans ses dispositions imparfaites sur les cours d'eau[1], qu'il considère moins comme des biens que comme des servitudes, les régit cependant comme des dépendances du sol, et s'écarte en cela des Institutes[2].

Mais on ne saurait passer aussi vite sur la propriété légale, dont le caractère artificiel a des ressemblances trompeuses qui usurperaient volontiers l'inviolabilité, et qui ne s'étudient bien que de près. C'est une de ces matières dans lesquelles on n'est clair qu'en raisonnant sur des exemples.

On a rangé[3] dans cette classe, également et au même titre, les noirs esclaves, la propriété littéraire et industrielle, les offices, les monopoles, les priviléges; toutes propriétés, dit-on, qui n'existent que par la loi. Repoussons d'abord une classification qui accole comme homogènes des éléments aussi disparates : qu'importe que les choses ainsi réunies émanent du législateur? L'identité de leur origine autorise-t-elle à confondre celles qui bravent le droit

[1] Article 640 et suivants.

[2] On sent qu'ici je me sépare entièrement de la doctrine adoptée par l'arrêt de la cour de cassation du 10 juin 1846, qui déclare que les cours d'eau non navigables n'appartiennent à personne.

[3] M. le duc de Broglie, *Rapport sur l'abolition de l'esclavage*, p. 262 et suivantes.

naturel avec celles qui le respectent, ou qui au moins ne le blessent pas? Jamais une science bien faite n'assimilera la propriété littéraire à la prétendue propriété des esclaves, ni aucune d'elles à cette autre prétendue propriété des offices; jamais elle ne les appellera du même nom; car de les appeler du même nom, à les régir par les mêmes principes et à leur attribuer les mêmes effets, il n'y a qu'un pas, et ce pas a déjà été franchi. M. le duc de Broglie, dans ce rapport qui restera d'ailleurs comme un modèle du genre, affirme qu'un notaire est tout à la fois propriétaire de sa maison et de son office, et qu'il peut faire acte de propriété à l'égard de l'une et de l'autre[1], quand il est manifeste qu'un notaire ne peut faire de son office ce qu'il fait de sa maison. Comme pour mieux démontrer le danger de déplacer les limites et de mêler les espèces, M. de Broglie ajoute[2] : « C'est le législateur qui crée en quelque sorte la matière de la propriété légale, *tantôt en transformant fictivement les personnes en choses; tel est le cas pour les esclaves;* tantôt en instituant des êtres de raison, des choses de convention, par exemple, les charges, les offices publics; tantôt en restreignant, au profit de quelques-uns, ce qui naturellement est du domaine de tous; c'est ainsi que deviennent possibles la propriété littéraire, les brevets

[1] Page 265.
[2] Page 267.

d'invention, les monopoles, les priviléges. *Tout cela existe de par la loi, n'existe que sous le bon plaisir de la loi, et tire de la loi non-seulement son inviolabilité positive, mais son droit au respect dans le for intérieur. La veille du jour où la loi a déclaré que les esclaves étaient des choses, l'esclavage n'était qu'un acte de violence, l'esclave avait le droit de légitime défense, et les gens de bien faisaient très-bien de lui prêter main-forte; il en sera de même le lendemain du jour où cette loi sera abrogée....* » Dans l'attente du grand acte de justice qui se prépare, nous ne dirons pas notre pensée sur la question de savoir si un esclave a le droit de briser ses fers, et la raison qui nous empêche de la résoudre aurait peut-être dû empêcher de la poser. Mais nous protestons contre l'inviolabilité que l'on prostitue à l'esclavage, bien qu'on la qualifie de positive. Et quant au respect que l'on nous demande pour lui dans le for intérieur, c'est précisément dans le for intérieur que nous lui refusons le nôtre, sans nous dispenser d'ailleurs de nos devoirs comme magistrat. Nous avons reconnu à la loi le droit de créer des personnes; mais tant qu'il y aura une différence entre ce qui est légitime et ce qui est légal, nous ne lui reconnaîtrons jamais celui de transformer les personnes en choses. Il ne suffit pas toujours que la loi ordonne à la propriété d'être, pour que la propriété soit, et la souveraineté elle-même ne peut rien tirer du néant. Cela dit, nous comprenons très-bien que l'esclavage étant un fait accompli dans un monde où il s'est si profondément creusé une place, il est juste de ne l'en retirer qu'avec le moins de déchirements possible. Nous renvoyons au paragraphe suivant ce que nous avons à dire sur la question d'indemnité, que fait naître son abolition projetée.

Après l'esclavage, la propriété littéraire; c'est passer d'un pôle à l'autre. La destinée de la propriété littéraire est à remarquer : elle est la plus évidente de toutes, et elle en est la plus restreinte; nulle autre ne dérive plus directement du droit naturel, et nulle n'est plus dépendante du droit positif. Récapitulez les objections faites contre la propriété en général; il n'en est pas une qui ait de prise sur celle-ci; à la différence des autres, elle n'affecte pas d'empire sur les objets extérieurs; elle ne donne point à résoudre le problème de l'appropriation; elle n'a besoin, pour se justifier, ni de démontrer la supériorité du maître sur la chose, ni d'enseigner que Dieu a mis la nature au service de l'homme. Au lieu d'appeler à lui les objets pour se les assujettir, l'homme ici tire de son être quelque chose d'intime, pour s'en détacher et le produire; il n'absorbe plus, il dépense; il dépense la partie la plus excellente de lui-même; ou plutôt, le style étant l'homme, l'homme qui écrit, s'expose et se livre tout entier au public. Dans cet enfantement d'une œuvre intellectuelle, on ne se demande plus comment il peut l'acquérir, mais comment il pourrait la perdre. Et cependant il est convenu que cette espèce de propriété est temporaire, quand les autres sont perpétuelles; la loi positive n'est occupée que du soin de trouver l'espace de temps qu'elle lui permettra de vivre; on propose tantôt dix ans, tantôt vingt, tantôt trente. D'où vient cette bizarrerie? De ce qu'elle est une propriété légale, répond M. le duc de Broglie, et que la loi peut limiter la vie qu'elle donne; car la défense de réimprimer un livre ne peut venir que de la loi, et c'est elle seule qui constitue la propriété littéraire. Distinguons. Apparemment ce n'est pas la loi qui a créé le livre, et cependant la propriété ne serait légale que par là. Nous dirions bien des chefs-d'œuvre du génie français qui ont été réduits par la loi à des publications clandestines, d'autres qui n'ont pu rentrer dans leur patrie que sous les formes d'importations étrangères, et qui l'ont dotée d'une illustration frauduleuse; mais ceux à qui la loi a soufflé la vie, où sont-ils? où peuvent-ils être? Depuis quand la première, la seule indépendance peut-être de ce monde, n'est-elle pas celle de la pensée? ne nous méprenons pas sur la défense de réimprimer le livre pendant le temps donné à l'auteur pour en jouir exclusivement; cette défense se fait à titre de protection et de garantie, non de création. La fonction de la loi est ici la même qu'à l'égard des autres propriétés, qui resteraient, sans son aide, à la merci de l'usurpation et du pillage: elle défend la réimpression du livre, comme elle défend le vol; car réimprimer un livre sans le consentement de l'auteur, c'est la manière de voler la propriété littéraire; mais en la protégeant, elle ne la dénature ni ne la fait déchoir de son origine, pas plus qu'en déterminant le temps nécessaire pour prescrire, elle ne fait que la raison première de la prescription ne lui soit antérieure et supérieure. Il faut donc restituer la propriété littéraire, ou plutôt la laisser au droit naturel. Ce qui n'empêche pas qu'elle ne soit essentiellement temporaire, et que le domaine public ne soit sa véritable fin; mais elle l'est par une raison toute philosophique et qui exclut celle que nous venons de rejeter. Le dirons-nous? elle est temporaire parce qu'elle est excellente; son infériorité apparente s'explique par la supériorité très-réelle de sa nature.

Cette explication se déduit de l'opposition que nous venons de signaler entre les biens ordinaires et les biens intellectuels, de la différence dans leur point de départ et dans leur but, et de la marche inverse qu'ils suivent. Les biens ordinaires tendent du monde extérieur à l'individu, l'appropriation ne s'opère pas autrement; les biens intellectuels tendent de l'individu à l'espèce; c'est le contraire de l'appropriation. Les uns divergent vers les différents maîtres auxquels ils s'assujettissent, et se partagent, se morcellent, se réduisent en conséquence; les autres prennent leur vol du cerveau qui les a conçus, vivent d'une vie qui n'est plus la sienne, et vont à un rendez-vous commun; ils y adhèrent à une masse unique, éternel patrimoine du genre humain, dont la propriété merveilleuse est de se propager sans cesse, de s'étendre sans s'affaiblir, de se communiquer sans diminution, ou plutôt de s'enrichir des dons qu'elle fait. Là, concentration, ici diffusion; là, amour de soi, jouissance privée, jalousie, égoïsme; ici, désintéressement, zèle de l'humanité, enthousiasme de sa destinée. Les lois de l'appropriation ne sont point faites pour cette communauté intellectuelle; elles y contrarieraient la Providence, en arrêtant la transmission des connaissances humaines, chacun gardant celle qu'il y aurait apportée, et se refusant à tout mélange par lequel elle cesserait d'être privative. Elles y seraient impraticables; car, la fusion une fois accomplie, comment retirer sa mise du fond auquel elle est incorporée? Le moyen de reconnaître et de suivre, dans cet océan, la goutte d'eau qu'on y a versée? et puis, une justice exacte serait-elle humainement possible? n'a-t-on fait autre chose qu'un apport à cet enseignement mutuel? n'en a-t-on rien reçu? Que doit Virgile à Homère, Racine à Virgile, Euler à Euclide, Galilée à Copernic, Newton à Descartes qu'il a combattu? Qui fera le décompte du créateur original, et de l'imitateur qui perfectionne, du prêt et de l'emprunt? Il est donc vrai : le domaine public attend tôt ou tard l'œuvre qui lui est due. Si la propriété ordinaire est individuelle, exclusive et perpétuelle, la propriété intellectuelle est collective, communicable et temporaire, sauf la gloire qui reste éternellement fidèle à la personne. Ainsi le veut la loi suprême de la civilisation.

Ceci est vrai de la propriété industrielle, qui, tout en s'appliquant à d'autres objets, a la même origine et la même destination. Les brevets d'invention et les marques sont des signes qui la constatent, mais qui ne la constituent ni ne l'altèrent. La propriété vraiment légale s'attache, si l'on veut y réfléchir, à une personne civile ou individuelle, comme l'office au notaire; mais elle n'est pas destinée au domaine public, au lieu que la propriété intellectuelle ou industrielle y est portée par une attraction spontanée; la loi positive ne fait que suspendre pendant un temps son essor naturel, et, ce temps passé, elle l'abandonne à son propre poids qui détermine sa chute dans le domaine public. La loi positive ne l'attribue pas plus qu'elle ne l'a créée.

Un temps viendra que ces principes, bien compris des peuples policés, passeront du droit naturel dans le droit des gens, et combleront une lacune de leur civilisation; la propriété intellectuelle et industrielle, constatée dans les formes prescrites par les lois nationales, ne s'arrêtera plus aux frontières de chaque état; elle aura le respect de tous les peuples qui tiennent à être justes, et elle aura aussi sa catholicité avec l'unité de son dogme. La contrefaçon sera un ennemi public et universel, poursuivi, chassé à l'égal de la piraterie. On reviendra de l'erreur qui traite un droit naturel comme un droit civil, en étendant jusqu'à lui la condition de réciprocité[1] de nation à nation : principe que l'on fausse en le déplaçant, et qui, ainsi entendu, suppose qu'une injustice en autorise une autre. Ce n'est là, nous en convenons, qu'un simple vœu, que la généreuse France elle-même n'est point encore dispensée de faire pour elle. Un arrêt de la Cour de cassation d'une date récente, du 14 août 1844[2], semble décider que la propriété industrielle est un droit civil soumis à la condition de réciprocité. Mais aussi nous croyons voir dans cet arrêt un sentiment de représailles se mêler à la question de principe; la Cour de cassation nous a appris depuis cinquante ans, par d'illustres exemples, qu'il n'est ni d'erreur, ni de vérité qu'elle ne finisse par reconnaître. Peut-être aussi faut-il, pour que la réforme se fasse, que le signal vienne d'ailleurs que de l'autorité judiciaire, et pour qu'elle se fasse sans dommage, qu'elle vienne de plusieurs points à la fois. Mais de quelque point de l'horizon que parte l'initiative, la gloire l'attend.

Autre propriété appelée légale : ce sont les offices créés par l'article 91 de la loi du 28 avril 1816; ceux-ci ne procèdent pas, en effet, du droit naturel, en quoi ils diffèrent des œuvres de l'intelligence et de l'industrie; mais ils ne lui sont pas contraires : en quoi ils diffèrent de l'esclavage.

[1] Article 11 du Code civil.

[2] Affaire Gueland contre Rowland; Dalloz, LXIV, I, 385.

Cette loi de 1816 a son commentaire dans son origine. Sortie d'un désastre, elle a été chargée d'en payer les dettes. Malheur au principe de droit, né d'une loi de finances! Le besoin d'argent conseille, l'impôt est levé; l'embarras financier passe, et le principe reste; il reste seul, survivant à la nécessité qui n'est plus, et obligé de se justifier sans elle. Il fallait augmenter les cautionnements, et procurer un avantage quelconque, en échange du supplément qu'on allait exiger. Comment s'y prendre? mettrait-on un prix à l'office même? mais c'eût été la vénalité des charges, et la vénalité des charges, mauvaise sous tous les gouvernements, puisqu'elle met dans le commerce un démembrement de la puissance publique, eût été un crime sous le régime constitutionnel. Même à l'époque néfaste de 1816, où toutes les portes du passé menaçaient de se rouvrir, on n'osa pas; et c'en est assez pour rayer ces mots de *propriété des offices*, qui expriment ce qui n'est pas, ce qui ne peut légalement être. Dans l'impossibilité de faire argent de l'office, on chercha autour de lui le moindre de ses accessoires, un rien qui pût devenir quelque chose. On fit une découverte : on trouva le droit de présentation. Qu'est-ce que le droit de présentation? et d'abord, est-ce un droit? pas le moins du monde. Un droit correspond nécessairement à une obligation corrélative. Où est ici l'obligé de qui a le prétendu droit? Ce ne pourrait être que le gouvernement à qui la présentation est faite, et qui examine le sujet présenté. Mais ce qui reste certain parmi tant d'incertitudes, c'est que le gouvernement ne perd rien de sa liberté, ni d'après la loi de 1816, qui permet seulement de présenter le successeur à l'agrément du roi, ni d'après celle du 21 avril 1832, qui ne soumettait à l'enregistrement que l'ordonnance de nomination, comme l'indispensable complément du traité, ni d'après celle du 25 juin 1841 qui reporte la perception du droit sur le traité même, sauf restitution, si la nomination ne s'ensuit pas; la prérogative royale n'est entamée dans aucune phase de cette législation; elle agrée ou refuse, comme elle l'entend; le traité ne renferme ni ne transmet de droit sur rien ni sur personne, avant qu'elle se soit prononcée. Il y aurait donc d'un côté le porteur d'un droit, et il n'y aurait aucun obligé de l'autre : cela ne se peut. Ainsi, la présentation du successeur par le titulaire, c'est-à-dire l'introduction d'un candidat près de l'autorité compétente, n'est pas un droit : c'est une simple faculté commune à tous, que la loi ne donne ni ne retire; qui, par conséquent, ne peut servir d'équivalent à la somme versée, ni de matière à un contrat commutatif. A défaut de l'office qui ne constitue pas une propriété, à défaut de la présentation qui ne saurait constituer un droit, où donc est la chose créée par la loi, en échange du supplément qu'elle exige? Je crois enfin comprendre : le candidat, présenté par le titulaire, a plus de chances d'être nommé qu'un autre : voilà tout. Cette faveur, attachée à la présentation du titulaire, a son côté juste, et nous n'avons rien à en dire, si l'administration se borne à en faire un motif de préférence, une règle intérieure de conduite, et, si l'on veut même, un usage; mais le mal est d'y mettre la condition d'une finance. Donner à un acte désintéressé l'apparence trompeuse d'une propriété ou d'un droit appréciable, c'est exactement faire, au nom de la prérogative royale, en vertu d'une loi, et partant, d'une manière licite, ce qui, de la part d'un agent de l'administration, et pour son compte, serait un délit punissable de la dégradation civique. Le supplément de finance n'a donc pas son équivalent : c'est un contrat sans cause.

La loi de 1816 en a promis une autre pour régler l'application de son principe; mais on attend encore la loi promise, ou plutôt on a cessé de l'attendre. Il est plus facile de proclamer un faux principe, que d'en donner une théorie raisonnable et d'en organiser l'exécution; c'est un embarras que l'on a laissé aux tribunaux. Ceux-ci n'ignorent pas qu'entre le cédant et le cessionnaire, il y a une justice dont il est possible de trouver les règles, et ils s'acquittent de leur tâche. Mais du législateur aux officiers ministériels, il n'y a aucun lien; il est toujours le maître, à la seule condition de rembourser la finance, de rentrer dans le vrai, et il n'y rentrera jamais trop tôt; car le principe de 1816 est dépravateur. La dette dont il grève les cessionnaires est factice, et cependant elle leur donne des besoins réels; il relâche des consciences que le tarif tend à resserrer, et les tient dans la tentation journalière de manquer à un devoir, pour satisfaire à une obligation; vénalité bâtarde et honteuse, qui introduit l'esprit de spéculation où la loi recommande le désintéressement, des mœurs suspectes où l'on présume de la pureté, des soupçons où l'on affiche un titre officiel à la confiance, et à qui plus d'une fonction utile et honorable doit déjà la défaveur collective dont elle est frappée.

Tels sont les caractères de la propriété vraie; il reste à en connaître les limites.

§ II. — Des limites du droit de propriété.

Il n'y a pas de droit sans limite; le droit de propriété n'est pas exempt de cette nécessité sociale, et il est juste de mettre, à bien poser la sienne, la même rigueur qu'à déterminer son caractère.

Il est en présence, ou de l'utilité politique, qui lui est préférable, et à laquelle il doit céder, ou du droit des tiers, qui est son égal, et devant lequel il doit s'arrêter.

L'utilité publique peut avoir deux objets : ou le sacrifice de la chose, moyennant une indemnité préalable, c'est l'expropriation; ou seulement son mode de jouissance; c'est le régime auquel certaines propriétés sont soumises dans leur exploitation, non par le caprice de l'homme, mais par leur nature même.

Le droit des tiers est que personne ne fasse de sa propriété un usage dommageable à autrui : je ne puis former chez moi certains établissements sans autorisation, et l'incendie volontaire de ma propre maison est un crime, si elle est assurée, ou si elle peut communiquer le feu au voisin.

Notre étude ne portera que sur l'utilité publique dans ses rapports avec la propriété. Le droit des tiers est évident par lui-même; il a l'assentiment de tous, car il est le droit de chacun; il n'y a point de gouvernement qui le réduise à la nécessité de se prouver et de se défendre; il a sa règle dans la justice universelle, et son vengeur dans les tribunaux administratifs et judiciaires. Lorsqu'au contraire la limite de la propriété se pose au nom de l'utilité publique, le pouvoir n'est plus neutre; il n'intervient plus comme tuteur des intérêts privés, mais comme partie; c'est pour et contre lui que l'on cherche la limite. Quand la question est de faire la loi à la loi, les explications deviennent nécessaires; on ne reconnaît pas toujours de juge commun, et il n'y a de salut que dans la netteté de la doctrine. C'est proprement le droit constitutionnel.

Le danger est alors partout, dans les doctrines et dans les mots; et il est d'autant plus grand, que le sophisme est aux ordres du pouvoir. La langue de la science se fausse avec les idées, ou reste indécise comme elles. L'impropriété dans les termes est constamment le symptôme d'une altération dans la doctrine ; tantôt on oppose *la souveraineté à la propriété*, pour assujettir l'une à l'autre, sans s'apercevoir que ces deux idées sont d'ordres différents, et qu'on ne peut les mettre sur la même ligne, pour établir les rapports d'une supériorité hiérarchique de la première sur la seconde, la souveraineté devant protection à la propriété, et n'existant pas à autre fin : s'il est vrai qu'elle ne puisse imposer à celle-ci un seul sacrifice injuste, c'est que le principe du juste n'est pas en elle, et qu'elle est obligée de le chercher au dehors. Il y a donc entre elles un tiers pour les départager : ce tiers, c'est le droit. Tantôt on cite ce passage de Sénèque : *omnia rex imperio possidet, singuli dominio*, où la morale stoïcienne distingue, il est vrai, l'empire du domaine, et reconnaît par là l'indépendance du droit, mais dont l'inconvénient est de supposer que le prince possède aussi bien que les individus, quoiqu'à un autre titre. Tantôt on allègue le *domaine éminent*, appellation franchement despotique, sentant son origine féodale, qui distingue et gradue deux domaines, place l'un au-dessus de l'autre, détruit nécessairement celui qu'elle subordonne, et équivant à une négation de la propriété individuelle. Que l'on ne s'y méprenne pas ; ceci n'est pas une querelle de mots. Ceux pour qui le domaine éminent n'est qu'une inexactitude de langage sans conséquence, peuvent le voir à l'œuvre dans l'histoire : dans le douzième siècle, Philippe Auguste expulse les Juifs du royaume, mais en confisquant leurs biens, et en déchargeant ses autres sujets de leurs dettes envers eux ; le tout en vertu du domaine éminent ; dans le XVIIe siècle, après la révocation de l'édit de Nantes, Louis XIV refuse aux protestants le droit de s'expatrier, punit les émigrants de la confiscation de leurs biens, prohibe et annule toutes les manières directes ou indirectes d'en disposer : autre effet du domaine éminent. On ne lui fait pas tort, en le chargeant de ces attentats, auxquels il a servi sinon de cause, au moins d'explication. Nous en avons pour preuve la théorie de ces violences, telle qu'on la trouve, avec une approbation fort peu déguisée, dans l'ancien répertoire de jurisprudence, et telle que M. Merlin l'a conservée dans le sien, apparemment comme souvenir historique[1] : « De toutes les lois pénales faites pour empêcher les émigrations, *les seules justes* sont sans doute celles qui défendent aux fugitifs d'emporter avec eux les richesses que leurs ancêtres leur ont transmises, ou celles même qu'ils ont acquises dans le royaume par leur industrie. Les liens de sujétion et de cité sont nécessairement subordonnés à la condition de demeurer dans un état ; on ne peut point enchaîner au delà la volonté de l'homme, ni

[1] *Répertoire*, v° *Religionnaires*, § 7.

le priver du droit que lui donne la nature, de fixer son séjour dans tel lieu de la terre qu'il juge à propos. Il faudrait au moins pour cela un pacte exprès entre la société et chacun des individus qui la composent. Mais, *par un juste retour*, la société en faisant cesser la communauté de tous les biens, de toutes les richesses répandues dans son territoire, ne les a réparties entre ses membres, ne leur a donné le droit de les accroître, qu'à la charge qu'ils continueraient d'être citoyens : elle s'en est conservé *le domaine éminent;* de sorte qu'un fugitif ne peut emporter avec lui ni conserver dans sa fuite sa fortune particulière, de même que le vassal commet son fief, dès que, par son fait, il n'est plus en état de remplir les devoirs de la vassalité : il ne peut s'en jouer au préjudice des clauses de l'investiture et du domaine direct réservé par le seigneur suzerain. » Cela est clair, et ne doit pas plus se réfuter que s'oublier : voilà comment Philippe Auguste a chassé les Juifs tout nus, et comment les protestants n'ont sauvé leurs personnes des mains de Louis XIV, qu'en y laissant leurs dépouilles.

Toutefois, en détestant cette doctrine, ne soyons pas injuste envers l'ancien régime; on le caractériserait mal, on le calomnierait même, si l'on allait jusqu'à l'accuser d'avoir absolument méconnu le droit de propriété. Les autres droits des Français, égalité devant la loi, sûreté individuelle, liberté de conscience, liberté de la presse, et jusqu'au droit de travailler dont il a fait un droit régalien, il les a tous niés; nous les tenons de la révolution, qui les a conquis sur lui. Mais il reconnaissait le droit de propriété, ou, pour parler plus exactement, il le pratiquait; c'est en cela qu'il différait du pur despotisme. Dans l'exécution des travaux publics, il indemnisait les propriétaires dépossédés, sinon en vertu d'un principe reconnu *à priori*, du moins par un sentiment d'honnêteté, qui faisait que l'administration répugnait à s'emparer du bien d'autrui sans le payer. Ce n'est pas que ce sentiment même fût toujours également efficace; en matière de voirie, quand il s'agissait d'ouvrir une rue ou un chemin, on mettait trop souvent l'indemnité à la charge des propriétés voisines, dont on supposait ou dont on exagérait la plus-value, et, dans certains cas, un usage que combat Perrot[1], auteur d'un *Dictionnaire de la voirie* sous l'ancien droit[2], en dispensait tout à fait; le prince s'en chargeait par générosité; la morale (car ce n'était pas autre chose) la morale du pouvoir devenait plus sévère pour la construction d'un canal; l'utilité de l'entreprise était plus générale; la grandeur de l'œuvre et souvent la gloire y intéressaient directement le prince, « ces ouvrages importants, dit encore Per-

[1] Arrêt du conseil d'Etat du 25 mai 1765. Beaumanoir, ch. XXII, cité par Montesquieu, *Esprit des lois*, liv. XXVI, ch. 15.

[2] Indemnité. Voy. aussi le *Traité de la police*, par Delamarre.

roi[1], se font toujours aux frais du roi; » et, en effet, une clause par laquelle le roi promettait l'indemnité, était de style dans les arrêts de concession. L'édit d'octobre 1666, par lequel Louis XIV, sur la foi du génie de Riquet, ordonna la construction du canal du Midi, l'un des monuments de son règne, rapporte la clause en ces termes : « Lesquels terres et héritages seront par nous payés aux particuliers propriétaires, suivant l'estimation qui en sera faite par experts nommés par les commissaires qui seront par nous députés.... » Jugeons ici de la différence précise de ce régime au nôtre; l'occasion est décisive. Sur toutes les autres parties de notre droit public, l'un accordant ce que l'autre refusait, on les apprécie par opposition, et tout est dit. Mais lorsque l'ancien ne refusait pas ce que le nouveau proclame, la différence, car il y en a toujours une, est à étudier. Le pouvoir absolu, dans des mains honnêtes, ne fait point de concessions sans stipuler le droit des tiers; mais cette stipulation n'est jamais que la condition d'un contrat; elle n'équivaut pas à un principe permanent, général, obligatoire, auquel résisterait d'ailleurs sa nature de pouvoir absolu; elle a besoin d'être expresse, et, grâce à elle, l'entrepreneur n'est substitué aux droits du prince qu'avec une restriction. C'est ainsi que Riquet, entrepreneur à forfait, pour le prix

[1] *Ibid.*, v° *Canaux*.

de 3 630 000 livres, du canal du Midi, en a loyalement supporté les charges, et s'y est à la fois immortalisé et ruiné. Mais supprimez la clause, qu'arrive-t-il? La substitution de l'entrepreneur dans les droits du prince est pure et simple; c'est en face du prince que sont placés les tiers; c'est le prince qu'ils ont à combattre; c'est contre lui qu'ils cherchent la protection d'une règle fixe, sans la trouver. Nous n'ignorons pas la célèbre formule : *Sauf notre droit en autres choses, et l'autrui en tout,* dont la chambre des requêtes[1] a fait honneur à l'ancien régime, qu'elle voit écrite dans tous les arrêts de concession, et qu'elle y sous-entend, quand elle n'y est pas; mais cette formule est vague; elle réserve tout et ne décide rien; elle ne dit pas, dans le conflit du droit du prince et du droit d'autrui, où sera l'inviolabilité; il n'est pas certain qu'on l'ait sous-entendue dans tout le royaume, et il est à craindre que ce ne soit un usage de quelque parlement du Midi, qu'un sentiment d'équité a tout à coup rendu universel. Quelle qu'ait été sa portée, il est au moins douteux qu'il eût pu lutter contre les théories générales du pouvoir absolu, théories qu'on ne laissait pas dormir, quand on en sentait le besoin. Au dire de Saint-Simon, ce même Louis XIV sollicita les oracles de la Sorbonne sur l'établissement d'un impôt; il en reçut cette réponse que les biens de

[1] Arrêt du 19 juillet 1827; Dalloz, XXVII, 1, 314.

ses sujets étaient les siens; il crut à la réponse, puisque l'impôt fut levé. Sous le même règne, en 1695, on publia, avec privilége et approbation du roi, un livre intitulé : *Testament politique de monsieur de Louvois*, dans lequel ce prince se laissait dire à lui-même : « Tous vos sujets, quels qu'ils soient, vous doivent leurs personnes, leurs biens, leur sang, sans avoir droit d'en rien prétendre. En vous sacrifiant tout ce qu'ils ont, ils font leur devoir, et ne vous donnent rien, puisque tout est à vous. »

Une impartialité exacte ne pourrait-elle pas tout concilier, en disant que le pouvoir absolu, impatient d'ailleurs d'un lien quelconque, consentait cependant à ne pas opprimer en détail? il réservait la théorie du domaine éminent pour la politique, pour l'établissement d'un impôt, pour les émigrations qu'il avait ordonnées ou défendues. Mais dans la pratique journalière, il se pliait à la propriété individuelle qui ne compromettait pas son principe; l'arbitraire dans les grandes occasions, la justice dans les petites; rien de plus simple :

. . . . Ce sont là jeux de prince,
On respecte un moulin, on pille une province.

Du reste, dans les choses même que l'on respectait, et tout en indemnisant les propriétaires, nulle garantie pour eux dans l'indication des terrains à occuper : ils étaient à la discrétion de l'entrepreneur. « Nous ordonnons, disait encore Louis XIV dans son édit de 1666, que l'entrepreneur puisse prendre toutes les terres et héritages nécessaires... » L'entrepreneur pouvait prendre : ces mots sont caractéristiques ; heureusement que cet entrepreneur était Riquet, et il traita de gré à gré avec les riverains.

On voit maintenant la différence de l'ancien régime au nouveau, sur une vérité qu'ils s'accordent à reconnaître. Des deux côtés, la morale et le sentiment du juste ; mais là, une maxime relative, flexible, controversée, et dont le plus heureux résultat pratique est un simple usage ; ici, un principe certain, permanent, rigoureux, plus fort que les plus forts, plus élevé que les plus élevés, commandant à ceux qui commandent, jusqu'à proclamer l'inviolabilité d'un droit. Le langage se perfectionne avec les idées : le nouveau régime allègue, non pas un domaine supérieur à un domaine, ce qui ne peut être, mais l'utilité publique et communale, c'est-à-dire la prédominance de l'intérêt de tous sur l'intérêt de chacun, loi nécessaire des sociétés humaines. Il avoue qu'il exproprie ; c'est beaucoup, car ce mot signifie qu'il ne reprend pas sa chose, mais qu'il occupe celle d'autrui. Les formes se perfectionnent avec les mots. Ce n'est plus l'administration disant au propriétaire : « J'ai besoin de ta maison, en voilà le prix, va-t'en ; » on y fait plus de façons. L'administration est une partie, le propriétaire une autre : voilà deux intérêts en présence; ils vont lutter à armes égales. Et d'abord, c'est à l'administration à constater l'utilité publique dans des formes dont elle n'est pas maîtresse, et à la charge d'être contredite. Cela fait, qui prononcera le grand sacrifice que la société demande, l'expropriation? qui fera céder le droit, sans le violer? L'autorité judiciaire, la seule réellement neutre; la seule, non pas qui soit impartiale, mais en l'impartialité de laquelle on ait foi; la seule dont le rôle grandisse dans la même proportion que la liberté des citoyens, et qui se fortifie au milieu de l'affaiblissement des autres. Ce n'est pas tout. L'indemnité, qui la fixera? ce ne sera aucune des deux parties, ce ne sera pas même l'autorité judiciaire qui les départage : l'expertise est sujette à trop d'erreurs et trop d'influences. On empruntera à la société son sens le plus sûr, le jury. La propriété aura la même garantie que les biens les plus précieux du citoyen, la vie, l'honneur, la liberté, au niveau desquels on l'élève : jamais loi humaine n'avait autant fait pour elle.

L'expropriation pour cause d'utilité publique, moyennant une indemnité préalable, a son caractère propre, sur lequel il est facile de se méprendre, parce qu'elle confine à des cas analogues, et cependant distincts. Il faut d'abord qu'il y ait expropriation, c'est-à-dire une chose que l'on ôte à son maître, pour la faire passer en d'autres mains :

or, il se peut que la propriété souffre quelques restrictions, ou même quelque diminution de valeur, sans qu'il y ait expropriation.

Il ne suffit pas qu'il y ait expropriation ; il faut qu'elle ait pour cause l'utilité publique. Si elle se fait à un autre titre, si un créancier saisit les biens de son débiteur, ce n'est plus l'expropriation dont nous nous occupons.

Il ne suffit pas qu'une chose quelconque soit enlevée à son possesseur; il faut que cette chose constitue une propriété vraie. Dans le cas contraire, il peut y avoir privation, dommage ; il n'y a pas expropriation.

Il ne suffit pas que, dans le cas d'un dommage ou d'une privation, on alloue une indemnité, pour que cette indemnité soit le signe de l'expropriation; elle peut être allouée par des raisons déduites d'un autre ordre d'idées.

Reprenons.

L'imposition d'une charge sur un héritage n'est pas une expropriation, puisque l'héritage reste à son maître; à la vérité, il ne lui reste qu'avec une charge de plus et une valeur proportionnelle de moins, mais telles sont les conséquences de l'état social ; elles assujettissent les choses, comme elles obligent les personnes. Si des rapports de contiguïté ou de voisinage naît une servitude; si les lois de la nature condamnent mon fonds à recevoir les eaux des fonds supérieurs ; si les lois de l'homme me défendent de bâtir dans la zône qu'elles déterminent autour d'une place de guerre, c'est une nécessité que la société ou la nature fait à ma propriété, c'est une condition de son existence, et pour laquelle aucune indemnité ne m'est due. Je ne suis point exproprié, je ne fais aucun sacrifice; il est rigoureusement vrai que ma propriété me reste; elle me reste telle qu'elle peut exister dans son intégrité relative, la seule que j'aie le droit d'exiger pour elle.

Toutefois, ceci n'est vrai sans exception que des servitudes dont l'établissement respecte l'intégrité matérielle de la chose et n'entame pas sa substance, comme des servitudes négatives qui consistent à s'abstenir, et, par exemple, de la prohibition de bâtir; autrement il y a expropriation partielle, et l'indemnité est due. Le propriétaire de la source ne peut en changer le cours, lorsqu'il fournit aux habitants d'une commune, village ou hameau, l'eau qui leur est nécessaire (article 643 du Code civil); mais il peut réclamer une indemnité; pourquoi? parce que la servitude prend une partie de l'eau, dont le volume lui appartient en entier. Le propriétaire d'un fonds enclavé peut réclamer un passage sur le fonds voisin (article 682), mais à la charge d'une indemnité: pourquoi? parce que le voisin est privé du terrain sur lequel est établi le passage. On en pourrait dire autant des usages forestiers, si la loi, au lieu de défendre d'en créer de nouveaux, l'ordonnait à l'avenir; ils diffèrent des servitudes, auxquelles on les compare trop souvent, en ce qu'ils ne respectent pas la substance forestière et qu'ils menacent de la détruire.

C'est ici le lieu de rappeler une observation, que nous avons déjà eu plusieurs occasions de faire : on aura beau écrire les garanties de la liberté, on ne les écrira jamais toutes. Comme la liberté a nécessairement sa limite, le pouvoir qui sera chargé de poser la limite, comme chez nous le pouvoir législatif, tiendra la liberté dans sa dépendance. Le despotisme s'arrange des formes légales, aussi bien que de l'absence même des formes. Chose singulière! un régime dont la perfection est de tout écrire, se termine à un principe qui ne s'écrit pas : le seul frein réel est un frein invisible. Ceux-là donc qui jettent de l'incertitude sur le droit naturel, ou qui en affaiblissent la croyance dans les âmes, nuisent à la liberté autant qu'il est en eux, en poussant au scepticisme constitutionnel. La limite de la propriété étant l'utilité publique, l'exagération de l'utilité publique est un danger. La loi qui s'habitue à faire tomber le droit individuel devant l'utilité publique, peut très-régulièrement tuer la propriété.

On reproche cette tendance à notre époque, et l'on cite comme un de ses symptômes la loi du 29 avril 1845 sur les irrigations. On avait d'abord pensé que le passage des eaux naturelles ou artificielles pouvait être réclamé sur les fonds intermdiaires, au nom de l'utilité publique, et on lui appliquait le principe de l'expropriation; puis, on s'est aperçu que cette utilité était moins publique que privée, et au lieu d'une expropriation, on n'a demandé aux fonds intermédiaires qu'une simple servitude. Mais c'était trop, ou trop peu; trop peu, si l'utilité publique était pour quelque chose dans la mesure, car on pouvait et on devait aller jusqu'à l'expropriation; trop, si elle n'y était pour rien, car on ne devait même pas créer de servitude. On s'est fait illusion, si l'on a cru que l'établissement de cette servitude pouvait se passer de l'utilité publique, et que la compétence de la loi pour l'établir était la même que dans l'article 682 du Code civil, pour accorder un passage au fonds enclavé. L'enclave crée une nécessité qui n'est pas l'œuvre de la loi; on a pu penser qu'il était moins dommageable de grever d'un passage une propriété voisine, que de laisser une autre propriété sans exploitation possible; la loi n'a fait que choisir entre deux maux le moindre, et elle déclare la servitude bien plus qu'elle ne la crée. Mais la loi de 1845 va plus loin; elle accorde aux eaux naturelles ou artificielles un passage forcé sur les fonds intermédiaires, pour le plus grand avantage d'un autre fonds déjà en culture. Elle n'a point pour objet de pourvoir à une nécessité première de la propriété; mais de procurer le mieux à qui a le bien. C'est une évidente déviation des principes.

Si l'on répond que l'amélioration d'un fonds, et, par exemple, la conversion d'une terre arable en prairie, rentre dans l'intérêt général, on change la raison de la loi; on revient au motif que l'on a abandonné, à l'utilité publique, et l'on abandonne celui pour lequel on s'est réduit à la simple servitude, l'utilité privée. Mais alors on tombe dans une autre méprise; l'utilité publique qui légitime l'expropriation est celle qui résulte directement de l'expropriation même, et non pas cette utilité indirecte que la société tout entière recueille de la meilleure exploitation des propriétés particulières. Si le principe devait s'entendre dans ce dernier sens, la loi pourrait s'emparer de l'exploitation des terres; la propriété ne serait plus le droit de disposer et de jouir de sa chose de la manière la plus absolue; l'oracle du droit naturel parmi nous, l'Assemblée constituante nous aurait déçus, en nous disant dans son décret du 28 septembre 1791, article 2 : « Les propriétaires sont libres de varier à leur gré la culture et l'exploitation de leurs terres... » L'utilité publique chasserait de partout le droit individuel.

Et, même dans l'hypothèse de l'utilité publique indirecte, on fait tort au propriétaire du fonds intermédiaire en ne l'expropriant pas; on le prive de la garantie du jury; on le livre à tous les hasards de l'expertise; on lui ôte le droit d'exiger, le cas échéant, qu'on l'exproprie de sa propriété tout entière. L'imposition d'une servitude peut ne laisser entre ses mains qu'une propriété mutilée, impropre à tous les usages, ou au moins à celui qui lui importe; si l'aqueduc force le pauvre à faire une prairie du coin de terre où il sème du bled, on risque de lui arracher son pain. Tout est danger dès qu'on s'éloigne des principes.

Les principes sont plus rigoureux encore en matière de monopoles exercés par l'État.

Le monopole diffère de l'expropriation en ce que celle-ci enlève à des individus certains immeubles, pour les appliquer à une destination nouvelle, et que celui-là dépossède collectivement la société tout entière d'une de ses facultés, pour l'exercer à sa place; l'expropriation n'a lieu que moyennant une indemnité préalable; le monopole dépouille sans aucun retour. La simple utilité publique et directe suffit pour justifier l'expropriation; mais, pour que le monopole soit autre chose qu'une spoliation, il faut plus que l'*utilité*, il faut la *nécessité*; en d'autres termes, il faut que la faculté dont l'État s'empare, ne puisse être exercée que par lui seul; ce n'est pas assez qu'il l'exerce mieux qu'un autre, il faut que l'exercice ne soit possible que pour lui. C'est un monopole légitime que celui de l'administration des postes; ce genre de service est tel que l'industrie privée ne saurait s'en acquitter : désintéressement personnel dans les affaires et les secrets dont on est dépositaire, privilége indispensable pour le transport, taxe fixée de manière à ce que le service se défraye lui-même, sans dégénérer en spéculation; les conditions de cette tâche ne peuvent être remplies que par l'État, à tel point que la compagnie qui s'en chargerait ne le pourrait que comme lui étant substituée. Il en est de même de la fabrication de la poudre, par des raisons que chacun sent et qui ne paraissent point susceptibles de discussion. Mais la discussion se présente sur le monopole des tabacs. Depuis plus de cinquante ans que l'on éternise, de prorogation en prorogation, son existence provisoire, on a eu recours à deux manières de la défendre : les uns (et c'est le plus grand nombre) avouent qu'il viole le principe, mais ils subordonnent le principe à la raison financière; les autres nient la violation du principe, qu'ils faussent en l'expliquant. De ces deux apologies du monopole, je n'hésite pas à préférer l'ennemie déclarée du droit; elle dispense au moins de raisonner avec elle, et ne fait du retour au principe qu'une question d'opportunité, tandis qu'il n'y a rien à espérer de la seconde; celle-ci entreprend de me démontrer que la loi, qui me défend de cultiver le tabac dans mon champ, non pas comme une chose mauvaise en soi et mauvaise dans toutes les mains, mais comme un privilége qu'elle réserve à d'autres, est une loi normale et définitive. Voici comme le directeur général des contributions indirectes en 1819 soutenait cette thèse : « Remarquez que nous n'appelons ici propriété que ce qui existe et est possédé. La raison et le langage nous défendent d'intituler propriété *une industrie non encore exercée :* des domaines, des magasins, des ateliers, un commerce établi, *sont des propriétés;* l'industrie est *une faculté.* Or, dirons-nous que l'homme en société est libre d'exercer toutes les facultés, comme bon lui semble? La Charte indique-t-elle rien de pareil? En ce cas, plus de lois; car les lois n'ont pas d'autre objet que de régler et de restreindre l'usage des facultés du citoyen. — Mais, du moins, cette faculté inoffensive, désignée sous le nom d'industrie, cette faculté dont l'exercice crée la richesse publique et les fortunes individuelles, doit-elle être, objecte-t-on, affranchie de contrainte et de privation? Il n'en est rien; la société souffrirait chaque jour mille dommages, si les industries étaient exercées *comme un droit naturel, et non pas comme un droit positif établi par les lois*[1]. » Voilà la théorie du monopole dans son expression la plus simple et la plus naïve. La propriété est peut-être de droit naturel; mais la propriété, c'est la chose réduite à elle-même, c'est mon champ indépendamment de la culture que je lui donne; l'exploitation que je prétends en faire tient à l'usage de mes facultés, et l'usage de mes facultés est régi par les lois; les lois n'ont d'autre objet que de le restreindre; leur essence n'est pas de le protéger; l'industrie, qui n'est

[1] *Moniteur* du 10 avril 1819, p. 428.

que l'exercice de mes facultés, est par conséquent un droit positif établi par les lois; c'est grâce à elle que j'ai l'usage de mes dix doigts. Ainsi l'ancien régime avait raison de déclarer le travail un droit régalien, et la loi de 91 a eu tort de proclamer l'industrie libre; ainsi le Code civil a eu tort de définir la propriété le droit de disposer et de jouir de sa chose de la manière la plus absolue, et l'Assemblée constituante de reconnaître à chacun le droit de varier à son gré la culture de sa terre; la Charte surtout, la Charte ne dit rien, quand elle déclare la propriété inviolable; elle est inviolable pour tout le monde, excepté pour la loi; la loi a contre elle le droit de lui mettre une limite, et la limite se pose sans tenir d'elle aucun compte. Voilà ce qu'il faut croire pour que le monopole des tabacs soit légitime.

Il ne peut y avoir expropriation où il n'y a pas de propriété vraie, et l'on sait ce que nous entendons par ce mot. La loi n'exproprie personne, quand elle abroge son ouvrage, qu'elle révoque une concession, qu'elle réforme un abus, bien qu'elle retranche quelque chose à celui qui en profitait. Elle n'exproprierait personne, en supprimant les offices, ou le droit de présentation qu'il plaît de nommer ainsi. Cela serait vrai, même quand la loi allouerait une indemnité; l'indemnité procéderait d'une autre cause que de la dépossession d'un propriétaire. Il y a de vieux abus qui deviennent des besoins, et dont la réforme radicale causerait plus de ravages que l'abus même; l'état social a la vertu de s'assimiler tout ce qui dure, et des intérêts légitimes ont le temps de naître et de croître sur un fonds vicieux. Il arrive quelquefois alors que le législateur, en proscrivant l'abus pour l'avenir, indemnise celui qui en vivait, et il y a là un sentiment d'équité et presque de justice sociale. L'indemnité ne devient pas un titre pour l'abus et ne le légitime pas; elle n'est qu'un palliatif au dommage qu'entraîne la transition du mal au bien. Toutes les fois que le mal s'invétère, il y a une erreur commune, dont le législateur est complice quand il l'a tolérée, dont il est l'auteur quand il l'a instituée, et il est juste qu'il ne ruine pas les victimes de l'erreur qu'il a causée ou soufferte. Nous en trouvons un exemple dans l'article 78 du Code forestier. L'introduction des bêtes à laine dans les forêts, a toujours été regardée comme le moyen le plus rapide de les détruire. Elle a constamment été défendue, et la prohibition remonte au delà de l'ordonnance de 1669. Cependant l'abus a persisté, et le Code forestier compose avec lui, non en l'autorisant, car la prohibition pour l'avenir redouble au contraire de sévérité, mais en ouvrant l'action en indemnité dans certains cas.

Une occasion éclatante va se présenter d'examiner ce principe : l'abolition de l'esclavage des noirs se fera-t-elle avec ou sans indemnité pour les maîtres? La discussion s'engage moins sur l'indemnité en elle-même, que sur le titre auquel on l'accorderait. Si c'est à titre d'expropriation pour utilité publique, on tombe dans une contradiction; on reconnaît que l'esclave est une propriété vraie, et par conséquent que l'esclavage est légitime. Mais s'il est légitime, pourquoi l'abolir? Car il n'y a d'autre raison de l'abolir que son illégitimité même; il a d'ailleurs son utilité propre, et il se défend par d'incontestables services rendus à l'agriculture et au commerce. Cessez de voir en lui un attentat au droit naturel, et il n'y a plus que des raisons de le maintenir. Dans le cas de l'expropriation, la chose expropriée continue de subsister; elle passe seulement d'une main dans une autre; il y a mutation. Dans l'abolition de l'esclavage, la prétendue chose cesse d'exister: elle ne quitte pas son premier maître pour passer à un second; il y a suppression, et il ne reste rien dont l'indemnité puisse être le prix. Le titre auquel les colons la réclament serait donc une raison de n'en point accorder, puisqu'il conduit à la légitimité de l'esclavage, et partant à son maintien.

L'opinion contraire s'attache à concilier l'indemnité avec l'illégitimité de l'esclavage et la nécessité de son abolition; elle lui cherche un autre principe que l'expropriation; elle l'explique par l'erreur commune. L'erreur est d'avoir cru qu'on pouvait faire d'un homme une chose; elle est commune, parce qu'elle s'est établie et accréditée chez tout le monde; chez les colons, qui, malgré les préjugés de leur position, n'ont jamais pu étouffer en eux la voix de la raison et de la conscience, au point de croire que l'esclavage était juste et n'aurait pas de terme; chez le législateur, qui est le premier et le plus grand coupable; le christianisme lui a servi de prétexte pour instituer l'esclavage, et il a donné aux nègres le droit de demander ce qu'était cette vérité religieuse, qui ne se communiquait qu'au prix de la liberté; après l'avoir établi, il l'a encouragé par des immunités et des primes[1]; quand une révolution l'a fait disparaître, il l'a rétabli. «Quand le gouvernement, dit M. de Broglie[2], prend sur lui d'intervenir ainsi, au nom de l'État, dans la direction des capitaux et d'en altérer la distribution naturelle, il rend l'État, jusqu'à un certain point, solidaire des conséquences: diriger, c'est s'engager plus ou moins; on est responsable des embarras dont on est cause, et qui tend la main pour entrer, doit la tendre pour sortir.» Ainsi tout le monde s'est trompé, tout le monde a trompé; la réparation doit se partager comme la faute. La différence ne sera donc pas seulement dans le principe, mais aussi dans l'étendue de l'indemnité: quand elle est la suite d'une expropriation, elle doit être complète; le propriétaire dépossédé doit rester indemne; quand elle vient réparer un tort commun, elle est partielle et relative.

[1] Voy. le *Mémoire* de M. de Broglie, p. 270.

[2] Page 271.

Il peut y avoir expropriation, l'expropriation peut provenir du fait de la puissance publique, sans avoir pour objet l'utilité publique, telle qu'il faut ici l'entendre, c'est-à-dire l'exécution d'un travail intéressant l'état ou la commune; elle est alors régie par d'autres principes, et ne s'accomplit pas dans les mêmes formes; nous en avons un exemple dans la confiscation des biens des émigrés.

La Charte a dû envelopper dans la même déclaration d'inviolabilité les biens de toute origine, biens ecclésiastiques, biens d'émigrés, et, si haut qu'on remonte dans l'histoire, il n'est aucune des catastrophes du droit de propriété qu'elle ne couvre de son égide. Elle renchérit même en énergie sur les constitutions précédentes : celles de l'an III et de l'an VIII se bornaient à proclamer irrévocables les ventes des biens qu'elles appelaient encore *nationaux :* manière de les protéger qui les distinguait des autres et les maintenait dans une classe à part. La Charte fait mieux : elle efface la différence et confond *toutes les propriétés* en une seule masse, dans laquelle elle défend de distinguer, de telle sorte que la dénomination de *biens nationaux,* repoussée par le texte, ne peut plus constitutionnellement s'entendre que des biens domaniaux désignés dans l'art. 1er de la loi du 28 octobre 1790. Mais où la Charte confond tout dans un intérêt d'ordre et de paix, la doctrine distingue dans l'intérêt de la science; son privilége est de se défendre des passions de la politique, et de venir, quand le calme est rétabli dans l'atmosphère, étudier les coups terribles qu'elle a frappés pour leur donner une place et un nom, comme le cultivateur, après la bataille, laboure et féconde le champ qu'elle a ravagé. Il n'y a pas eu expropriation dans la vente des biens ecclésiastiques; il y en a eu dans celle des biens d'émigrés : mais à quel titre?

On a dit, à l'occasion de la loi du 27 avril 1825 sur l'indemnité des émigrés, que les confiscations de 92 et de 93 avaient eu lieu en vertu du domaine éminent, et que l'indemnité venait compléter la mesure et la légitimer. Mais ce raisonnement ne prouve qu'une chose, c'est le besoin qu'a la politique elle-même de demander au droit des prétextes ou des excuses. Le domaine éminent, comme on l'appelle, n'a été pour rien dans les confiscations. Ce n'était pas l'émigration que la république voulait punir dans ses adversaires politiques, comme Louis XIV l'avait punie dans ses adversaires religieux : le droit d'émigrer venait d'être reconnu par l'Assemblée constituante; Louis XIV l'avait nié. Ce que la confiscation voulait atteindre, c'était l'émigration en état d'hostilité contre la France. Il y avait guerre, c'était le droit de la guerre que l'on appliquait : l'une des deux puissances belligérantes mettait la main sur les biens de l'autre. A ne consulter que les faits et les lois, telle est la cause précise de la confiscation. Les lois réfléchissent les faits avec une fidélité que chacun peut vérifier dans l'histoire; on y suit pas à pas les progrès de la lutte, ses passions, ses périls. D'abord c'est le principe pur et simple de l'indemnité de guerre qu'adopte le législateur : « Considérant, dit-on dans un décret du 12 février 1792, qu'il est instant d'assurer à la nation l'indemnité qui lui est due pour les frais extraordinaires occasionnés par la conduite des émigrés, et pour leur ôter les moyens de nuire à la patrie... » Voilà le principe, voici les conséquences. Deux mois après, le décret du 8 avril de la même année ajoute : « Les biens des Français émigrés et les revenus de ces biens sont affectés à l'indemnité due à la nation » et le séquestre est organisé. Nous arrivons à 93 : la querelle s'envenime, la guerre se fait à outrance, la colère passe du champ de bataille dans la loi; on n'abandonne pas le principe de l'indemnité, notez-le bien, mais on y ajoute, on le dépasse. Dans le décret du 28 mars, il se mélange de dispositions pénales; le séquestre se change en confiscation, l'émigration volontaire en bannissement perpétuel; la mort civile, cette excommunication temporelle, est fulminée, et, dans ce redoublement de rigueurs, le principe civil de l'indemnité, dégagé des dispositions pénales que la colère y ajoute, reste toujours comme le motif historique et légal de la confiscation; il ne se sépare pas du droit de guerre, dont le double but est de réparer le dommage passé et d'empêcher le dommage à venir. On était donc bien loin de la vérité, lorsqu'en 1825 on présentait la mesure de 92 comme une expropriation pour utilité publique, et qu'on donnait la loi d'indemnité comme son complément nécessaire. On dénaturait le fait en l'expliquant. L'expropriation avait eu une indemnité pour but, non pour condition; elle acquittait une dette, et ne faisait pas naître de créance; l'ancien propriétaire payait et n'acquérait pas de droit. L'effet de la loi de 1825 a donc été de l'indemniser de l'indemnité qu'il avait subie; c'est un des retours les plus frappants des choses d'ici bas.

L'inviolabilité, proclamée en 1814 au profit de toutes les propriétés sans distinction, n'était pas subordonnée à l'indemnité de 1825; elle remontait par elle-même à l'origine des ventes, sans condition aucune, et il a fallu que la loi de 1825, pour se créer un objet, fît acception de la différence effacée par la Charte.

L'expropriation n'est pas la seule manière dont l'utilité publique agisse sur le droit de propriété; elle ne demande pas toujours au maître le sacrifice de sa chose en l'indemnisant; lors même qu'elle la lui laisse, elle peut encore s'immiscer dans l'exploitation, la hâter, la surprendre, la restreindre, la diriger. Le but de la loi n'est plus alors d'ôter à un citoyen la propriété d'une chose, mais de soumettre toute une espèce de biens à un régime spécial et permanent.

Nous n'envisageons ces législations spéciales que

sous le rapport qui nous touche; ce n'est pas un traité que nous entendons faire; nous recherchons seulement si, en limitant le droit, elles ne le violent pas, et si, dans le régime qu'elles établissent, le principe constitutionnel reste sauf.

Il restera sauf, si les restrictions qu'on y met ne sont pas arbitraires, et elles ne seront pas arbitraires si, d'une part, l'espèce de biens qui en est l'objet importe à la société tout entière, et si, de l'autre, la propriété individuelle est impuissante à la conserver ou à la faire valoir. A ces deux conditions, il est évident que l'intervention de la loi est légitime. La mauvaise économie d'une propriété ordinaire ne donne lieu qu'à un dommage privé; la chose périt pour le maître et ne périt que pour lui, mais la déperdition d'une substance nécessaire, et inférieure à la consommation générale, l'administration vicieuse ou même l'abandon d'une chose, quand la société s'en ressent en mal, sont un dommage public que l'office du législateur est de prévenir.

Ainsi, il importe à la société tout entière que les marais soient desséchés; il ne peut dépendre des individus qui les possèdent, de condamner toute une contrée à vivre dans une atmosphère insalubre. L'avantage de rendre à la culture des terrains improductifs, n'est à nos yeux qu'une considération secondaire, insuffisante pour justifier seule l'immixtion du législateur : la vraie raison est dans la santé publique.

La bonne exploitation des mines importe également à la société tout entière; elle peut, par son mode, compromettre la vie des hommes; elle intéresse, par ses produits, l'industrie et la défense nationale, tous les arts de la paix et de la guerre, que l'on ne compromettrait pas sans péril.

La société tout entière a besoin de la conservation des forêts; elle en a besoin pour les services publics, tels que la marine, l'artillerie, les endigages, qu'on ne laisserait pas impunément en souffrance, pour la consommation particulière qui serait elle-même menacée, si la police n'y pourvoyait; elle en a besoin comme condition d'une bonne constitution atmosphérique, puisqu'un déboisement excessif peut aller jusqu'à déranger l'harmonie du climat, en lui ôtant un moyen naturel d'absorption des pluies et en occasionnant des inondations.

Or, la propriété individuelle, abandonnée à elle-même, ne saurait subvenir à aucune de ces nécessités; il en est qu'elle aggraverait au point d'en faire un fléau. Remarquons que son inaptitude provient de deux causes sur lesquelles la volonté de l'homme ne peut rien; sa nature propre et la nature des biens qu'il s'agit d'excepter de la règle. D'une part, ses facultés sont, en général, insuffisantes pour les grandes entreprises, telles que les dessèchements de marais et les exploitations de mines : elle ne peut se passer du concours d'autrui : mais ce que son insuffisance rend nécessaire, son esprit le rend impossible; ses qualités constitutives deviennent des défauts, ses attributs essentiels des obstacles : la propriété individuelle est ici particulièrement incapable, par la raison même qu'elle est individuelle. Quand il faudrait associer des capitaux, combiner des efforts, se soumettre à une direction commune, établir des commissions, organiser des syndicats, toutes choses qui se rapprochent de la propriété collective; son instinct est d'être exclusive, rebelle à toute communauté, indépendante jusqu'à l'isolement; sa prétention, de rester inviolable, même dans ses caprices; de grands intérêts seraient donc délaissés sans l'intervention de la loi.

D'une autre part, il y a en ce monde des choses d'une nature réfractaire à l'action de la propriété individuelle, comme les mines; il en est qui ne résisteraient pas à l'exercice de son droit absolu, et qu'elle ne sait toucher sans les faire périr, comme les forêts.

Les forêts sont une preuve bien frappante qu'en dépit du temps et des révolutions, chaque nation est une personne continue et toujours identique à elle-même. Elles ne forment pas un de ces fonds inépuisables qui défient l'abus du droit individuel, et jusqu'à nos goûts les plus destructeurs; elles composent un approvisionnement général que nous a mesuré la Providence, dont la reproduction est plus lente que la consommation, et qui n'est dans les mains d'une génération qu'un dépôt à transmettre à celle qui va la suivre; aussi les contemporains souffrent et se plaignent des malversations de leurs prédécesseurs. Si nous ajoutons foi à des statistiques accréditées, la France a possédé trente-trois millions d'hectares de bois : c'était trop; l'espace manquait à la population, aux villes, à l'agriculture. Aujourd'hui, pour une population double et des besoins centuples, elle en compte à peine sept millions; tant il est facile de se débarrasser de son superflu! Un temps a été qu'on abattait un arbre comme un ennemi, qu'on le renversait comme un obstacle. Les armées se cherchaient à travers les bois, et il fallait que la cognée détruisît les arbres, avant que les armes détruisissent les hommes. On ne s'est pas aperçu du moment où l'équilibre s'est établi entre les besoins et les ressources; le soin de l'avenir et la science forestière ne pouvaient naître que de la pénurie, et le zèle dans la destruction ne s'est pas ralenti, comme si la substance que l'on tourmentait n'eût jamais dû périr. L'embarras de nos antiques richesses existait encore, assure-t-on, sous le règne de Louis XI, de Louis XII à Henri IV, de Henri IV à Louis XIV : la rapidité des ravages a effrayé Sully et Colbert. Les plaines de la Beauce ont sans doute remplacé par d'autres richesses les forêts dont on les a dépouillées; mais dans de vastes contrées du centre, de l'est, de l'ouest et du midi, on a fait des vides sans les remplir : rien n'a compensé les pertes. En 90, ceux qui ont retiré les forêts ecclésiastiques aux personnes fictives qui les détenaient, ont eu l'imprudence de les livrer à des personnes réelles, sans rien stipuler pour leur conservation, et le droit d'abuser s'est exercé sans prévoyance et sans pitié. Là n'était cependant pas le plus grand mal; le mal qui ne gît que dans un fait peut avoir un terme; l'ordre succède au désordre, et les forces réparatrices de la nature ne s'épuisent pas; mais quand le mal est dans le droit, où est le remède pour le législateur, à qui le droit est sacré? L'abus d'aujourd'hui n'était pas un abus autrefois; dans l'origine, les propriétaires de forêts, avec une facilité que donne une exubérance gênante, prodiguaient des concessions de toute sorte à des communautés d'habitants sous le nom d'usages, à des usines sous le nom d'affectations. C'était un bien pour eux de percer leurs fourrés épais, et de conquérir un guéret sur un bois; aussi appelaient-ils près d'eux les habitants et les usines, à qui les usages et les affectations étaient, à la rigueur, des conditions d'existence. Mais quand les usines et les communautés eurent trop bien rempli leur tâche, la destinée de la propriété forestière eut quelque chose de singulier et d'alarmant; elle devint incapable de supporter des charges légitimes : le droit d'usage restait vivant à côté d'un bien qui dépérissait; c'était un consommateur toujours affamé sur une proie toujours décroissante, et dont les entrailles ne renaissaient pas sous le bec du vautour. La France appauvrie, ainsi réduite à compter avec elle-même, n'avait pas seulement à concilier les soins de l'avenir avec des droits acquis, elle avait encore à redouter, pour ce qui lui restait de bois, l'usage le plus ordinaire de la propriété privée; la propriété privée dans les mains les plus sages, chez le meilleur père de famille, et que nous supposons incapable de rien sacrifier à l'avidité des jouissances immédiates, est encore, sous le rapport général, une mauvaise ménagère de ses forêts; elle peut avoir des raisons bonnes pour elle, mauvaises pour l'État, d'augmenter la partie arable de son sol aux dépens de la partie forestière, et la fortune particulière la mieux administrée peut être en opposition avec l'intérêt tout aussi bien entendu de la fortune publique. Voilà comment l'économie politique a dû prévaloir sur l'économie domestique dans l'exploitation de cette espèce de biens, et pourquoi le législateur a pu légitimement dire au propriétaire d'une forêt : Vous ne créerez pas de nouveaux usages; vous n'abattrez pas vos bois sans une déclaration préalable; vous ne défricherez pas votre sol sans autorisation.

L'aménagement des forêts ne demandait après tout que des lois de police; mais le régime des mines offrait de plus à résoudre un des problèmes les plus difficiles du droit de propriété. Ce n'est assurément pas une propriété comme une autre, qu'une chose enfouie au sein de la terre, à laquelle on ne parvient qu'à grands frais et avec de grands dangers, dont on dirait plutôt qu'elle a été soustraite que donnée aux enfants des hommes, qui n'est ni douée de fécondité, ni par conséquent susceptible de culture, qu'on ne peut ranger au nombre des fonds producteurs ni des fruits, qui périt par l'usage qu'on en fait, qui périt même pour ne pas renaître, et cependant c'est une propriété ; elle compte au nombre des biens les plus nécessaires et les plus précieux. Mais à qui appartient-elle? Là est le problème.

Est-ce au domaine de l'État? Il y a peu d'apparence. Le domaine de l'État, personne fictive, ne saurait être propriétaire de droit naturel : il ne possède qu'en vertu des attributions formelles du droit positif. Les mines ne lui appartiennent pas comme biens vacants et sans maîtres, car la question est précisément de savoir si elles n'ont pas un maître, dont le titre dérive soit de leur gisement, soit de leur nature; elles ne lui appartiennent pas davantage comme n'étant pas susceptibles de propriété privée; car elles sont très-susceptibles de cette possession exclusive qui caractérise la propriété privée. Quand Mirabeau a soutenu le contraire en 1791, il est parti du faux principe que la société est la source du droit de propriété, et qu'elle n'a pu donner que la propriété de la surface. Le droit romain sous les empereurs, et après lui le droit féodal attribuent au domaine sur les mines une redevance qui était généralement fixée au dixième, et une redevance supposait que la propriété résidait dans les mains d'autrui. On a pu conclure le contraire d'un édit de Henri II, de 1548; mais les lois du 12 juillet 1791, et du 21 avril 1810 les ont rendues au domaine privé.

Est-ce à l'inventeur? Pas davantage : l'invention n'est qu'un mode de l'occupation[1], et, pour qu'elle produise son effet, il ne suffit pas de savoir qu'une chose est dans tel lieu; il faut encore et surtout l'appréhender de fait; or, l'appréhension exige que l'on ouvre le sol, ce qui n'est possible que du consentement du propriétaire, ou avec l'intervention de l'autorité. Ne serait-ce pas au propriétaire du sol même? Cette hypothèse a quelque chose de plausible. La propriété du sol emporte celle du dessus et du dessous, et semble comprendre naturellement la mine. Toutefois, que l'on y réfléchisse : cette règle du droit civil, en donnant la propriété du sol pour mesure à celles du dessus et du dessous, suppose que celle-ci a la même étendue, les mêmes bornes, la même configuration que que celle-là. La pensée tire des limites de chaque héritage une ligne perpendiculaire, qui continue en haut et en bas la propriété du sol avec une exactitude géométrique, et fait dans la même proportion monter et descendre le droit. Cela se conçoit à

[1] Question de droit, v° *Mines*, § 1, p. 321; voy. ff. *de acq. rer. dom*

merveille, tant qu'aucun obstacle ne s'y oppose. Mais que la ligne perpendiculaire rencontre une mine, c'en est fait de l'exactitude géométrique : bien que la mine ait son lit dans la terre, elle forme cependant un corps distinct, hétérogène, compacte, rebelle aux divisions du sol et aux découpures capricieuses que nos intérêts et nos lois lui font subir : elle a son mode particulier d'existence et d'exploitation. Il faut que les puits se creusent, que les galeries s'étendent suivant la direction de son gisement; autrement les lignes descendant de la surface rendraient les travaux impossibles; le propriétaire d'un sillon, impuissant pour rien faire, serait tout-puissant pour empêcher. Évidemment cette propriété souterraine a d'autres lois que la propriété superficiaire, et, ce qui lève tous les scrupules du législateur, c'est que la différence ne vient pas de l'homme.

Ainsi repoussé de toutes les hypothèses connues, le législateur de 1810 en a trouvé une nouvelle qui pourrait bien être la vraie. Une mine est une matière inerte qui attend au fond de la terre qu'on vienne l'y chercher, et qui ne vaut que par l'extraction. Son véritable propriétaire ne serait-il pas celui qui l'exploite? Cela posé, il ne resterait qu'à trouver l'ouvrier. L'opération coûtera beaucoup et aura ses dangers; il faudra des capitaux et de l'expérience : double garantie à obtenir. Une fois obtenue, le droit se fixera sur la tête de qui l'aura fournie. A quel titre? A titre incommutable, et non à titre précaire. L'intérêt privé ne se résoudrait pas à de si énormes dépenses et à de si longs travaux, pour un bien temporaire qui devrait lui échapper tôt ou tard. Le concessionnaire est donc propriétaire dans toute l'acception du mot, et, à la différence de la loi du 12 juillet 1791, qui n'accordait que le droit d'exploiter, celle de 1810 accorde la propriété perpétuelle, disponible, transmissible, et dont on ne peut être exproprié que dans les cas et selon les formes prescrites pour les autres propriétés.

Le texte porte : « L'acte de concession donne la propriété, » seule garantie que l'on ait trouvée au système nouveau, mais qui n'en est pas moins vicieuse et contre laquelle il faut se prémunir. On ne donne que ce que l'on a; l'autorité de laquelle émane la concession, le conseil d'État, n'a jamais eu la propriété de la mine, et, eût-elle appartenu à l'État, ce qui n'est pas plus vrai, elle n'eût pu encore être aliénée que par une loi. Ici comme ailleurs, le principe du droit est encore dans la nature, laquelle, en créant les substances minérales et fossiles, a fait à ses règles ordinaires une exception, qui passe de l'ordre physique dans l'ordre légal; à la vérité elle les a placées à part dans le domaine utile, mais c'est elle qui les y a placées. Le législateur, en adaptant à cette espèce de biens un mode d'appropriation, n'a déféré à l'autorité administrative que le choix de la personne, qui a des preuves à faire et un préalable à remplir : l'acte de concession n'est que l'instrument; il ne donne pas la propriété, il la déclare.

C'est ainsi qu'à notre sens la loi positive peut poser les limites de la propriété, et la régir ou la restreindre sans la violer. Notre droit public sort honorablement de cette épreuve difficile; tout préjugé national à part, à cela près de quelques exceptions qui ne sont pas irréparables, le droit public d'aucune autre nation civilisée ne porte aussi loin le respect de la propriété, ni ne la touche avec autant de pudeur.

FIN DU PREMIER VOLUME.

www.ingramcontent.com/pod-product-compliance
Lightning Source LLC
LaVergne TN
LVHW020530230826
846091LV00002B/222
9782329431970